교육정책
스포트라이트

vol. 1

KB138874

미래형 교육전문가를 위한 교육 이슈

교육정책 스포트라이트

vol. 1

교육정책디자인연구소 정책팀 지음

테크빌교육

프롤로그

5·31교육개혁은 민주화, 정보화, 지식사회화가 서로 영향을 주고받으며, 세계화와 국제화를 지향하는 새로운 패러다임의 교육개혁이었다. 그동안 케케묵은 한국사회의 고질적인 교육문제인 '입시경쟁', '사교육비 부담'과 같은 다양한 교육문제를 해결하여 국민의 고통을 덜고자 하는 것이 그 근본 취지였다. 하지만, 신자유주의 시장 원리 속에서 교육은 선별과 경쟁, 시험과 평가로 얼룩진 지난 20년의 쓰디쓴 평가를 피할 수 없다. 아이들은 여전히 주입식 교육을 받으며 SKY를 가기 위해 경쟁한다. 수능과 정시, 수시 논란으로 사회가 두 쪽이 났었던 것을 보면, 20년 전 나의 학창시절 모습과 별반 다를 게 없어 보인다.

경기도교육청에서 이를 대체할 만한 4·16교육체제를 만들었지만 확산시키기에는 아직 교육시스템의 한계가 있다. 학생, 학부모, 교사 모두 중앙집권적인 교육체제와 정책에 익숙해져 있고, 변화보다는 안정을 요구하는 목소리가 여전히 대세다. 혁신학교를 중심으로 학교와 교사의 변화를 요구하는 목소리도 있지만, 이념적 논쟁과 '내 아이만 잘 키우면 된다'는 사고가 충돌하는 갈등의 현장도 심심치 않게 나타난다. 교육계는 늘 답이 없다는 목소리가 중앙정부와 정치권에서 매번 나오고 있고, 그 과정에서 '교사패싱'은 당연한 현상으로 귀결된다.

교사나 학교에 관한 부정적 언론기사가 자주 나오고, 그 기사에 대리만족을 느끼는 사람들도 있다. 1970~80년대 학창시절을 경험한 사람들은 그들이 만났던 최악의 교사가 공교육의 기준이 된다. 그 공고한 인식은 깨기 어렵다. S여고 사태 이후로 교사에 대한 신뢰도는 바닥이며, 2018년 12월 일어난 안타까운 강릉 펜션 사고에서도 난데없이 교사와 학교 탓이 불거져 나왔다. 학교 현장이나 교사들의 사기는 떨어질 대로 떨어졌으며, '뭘 해도 우리는 안 된다'는 푸념만 늘고 있다.

그렇다고 아무것도 안 할 수는 없지 않나 하는 생각을 했다. 위기가 곧 기회일 수 있다. 누군가는 좌절하지만, 누군가는 희망을 노래한다. 이 책을 함께 쓴 이들은 그런 평범한 낙관론자들이다. 어쩌면, 우리가 할 수 있는 것이 이것뿐이라 그럴 수도 있다.

　지금까지 교육정책은 교사와 무관했다. 전문적으로 공부한 이들이 없었던 것도 그 이유 중 하나였고, 교수 그룹에 맡기는 것이 관례화된 것도 이유였다. 우연한 기회에 교육정책을 접할 계기가 생겨 이에 관한 공부를 꽤 오랜 기간 해왔다. 교사 신분에 무슨 정책 공부냐며 애들이나 똑바로 가르치라고 핀잔을 주는 이들도 있었고, 어떤 이들은 굳이 뭘 그런 것까지 하냐며 폄훼하기도 했다. 교육정책디자인연구소 정책위원장의 타이틀로 공청회와 토론회를 갈 때도 교사들은 곁에 많지 않았다. 상징적으로 한두 명 자리에 함께한 교사들도 대안을 제시하지 못하고 주제와 상관없이 '교사행정업무가 너무 많다', '교사들이 얼마나 힘든 줄 아느냐'로 늘 똑같은 결론을 내버리는 안타까운 현상도 많이 목격했다. 최근에 중앙부처가 만든 토론회에서는 교사라는 이유로 사십만 교사를 대표하여 적폐에 가까운 취급을 당하는 수모를 겪기도 하였다. 작금의 현실이 교사와 학교의 현실을 대변한다지만, 농부는 밭을 탓하지 않는다. 교사들은 묵묵히 현실을 수용하고, 대안을 제시하고 논리적인 흐름을 만들어야 한다.

　이런 상황 속에서 몇몇 뜻 맞는 분들과 함께 교육정책디자인연구소를 만들었다. 교사 중심의 교육정책을 만들자는 것이 아닌, 연구자 그룹 중심으로 균형적인 교육정책을 만들어보자는 것이었다.

지금은 한국교원대 교육정책대학원 교수로 계신 김성천 소장님이
이 연구소를 만들면서 제일 걱정을 한 것은 '과연 교사들이 정책에
관심이 있을까'였다. 교사들은 정책에 관심이 없다는 것이 일반적
인 시각이다. 틀렸다고 믿고 싶었다. 다행히도 연구소는 회원 수를
늘려가며 계속 커가고 있다. 매년 수 권씩 도서를 출간하고 매달 2
회가량의 이슈 리포트를 발행한다. 20호가 넘게 발간된 그들의 결
과물을 보면, 교사들도 정책에 관심을 많이 가지고 있었지만 지금
까지 기회나 계기가 없었던 건 아닌지, 혹은 교사들을 철저하게 배
제한 정책만 양산된 건 아닌지 되짚어 봐야 할 것이다.

정책은 특정 계층이나 인물들의 소유물이 아니다. 교육정책의
최종 종착지는 학교 현장이므로 학교 현장에 있는 학생과 교사에
게 맞는 교육정책을 만드는 것은 당연한 일이다. 하지만 현실은 그
렇지 않다. 학교 현장에 맞는 교육정책은 지금까지 도입된 사례가
거의 없다. 몸에 잘 맞지 않는 옷을 입은 것처럼 입혀준 대로 정책
을 걸치고 살고 있는지 모르겠다. 외국의 교육 사례를 무분별하게
도입하고, 무엇이 맞거나 틀리다고 하면 갑자기 만들거나 없어지
는 것이 일상다반사다. 이런 오락가락 정책에 교사의 목소리를 담
고 싶었다. 현장의 숨결과 감각을 담아 많은 학교 현장의 교사들
에게 희망과 영혼을 불어넣어주는 그런 정책이 필요하다고 말하
고 싶었다.

여기 17개의 주제를 담았다. 모두가 '뜨거운 감자'이고 결론이 나지 않은 현재진행형의 주제다. 어떤 것은 도입 전이기도 하고, 어떤 것은 도입하였으나 논란 가운데 있기도 하다. 어렵고 골치 아프지만 우리는 대안을 모색하려 노력하였다. 반대를 위한 반대를 하지도 않고, 받아들여야 할 것들과 바뀌어야 할 것들에 집중하며, 국민의 요구와 눈높이에 맞춰 담담하게 써내려 갔다. 교사의 시각에서는 부담스럽게 느껴지거나 거부감이 드는 부분이 있을 수 있다. 하지만 우리는 연구자 입장으로서 교사들만의 시각을 대변하지는 않았다. 다만, 학교 현장의 입장에서 정책에 대한 명암과 정책 도입 시 전제되어야 하는 조건과 현실적 대안을 객관적으로 제시하고자 노력하였다. 일부 적극적인 목소리를 담은 것은 양보할 수 없는 현장 교사의 목소리로 기억해주었으면 좋겠다.

교육정책디자인연구소 정책팀 모임은 교육정책디자인연구소의 첫 번째 소모임으로 이제 3년째 무르익은 탄탄한 모임이다. 연구소 내 교육학 박사, 교수, 교육전문직, 초·중·고등학교 현장의 교사들이 모여 있다. 전공도 다르고, 관심 분야도 다르지만, 정기적으로 모여 특정 교육 분야의 주제를 정해 함께 학습하고 토론하며 집단지성을 발휘한다. 일과를 마치고 저녁에 모이지만, 늦은 밤공기를 마시는 것이 매우 상쾌하고 행복하다고 그들은 말한다.

초기에는 주제에만 집중하다 보니 좋은 내용들을 깊게 다루지 못하고 휘발되는 것 같아 아쉬웠다. 그래서 2018년 초부터는 발제자가 발제한 후 토론하고, 가다듬은 내용을 중심으로 이슈 리포트를 발간하였다. 이렇게 만든 이슈 리포트가 시나브로 쌓여 2018년 기준 15개 이상 된다. 이슈 리포트가 나가자 반응이 꽤 좋았다. 특정 주제에 대해서 심도 깊은 내용을 언급하는 사례 자체가 거의 없었기 때문이다. SNS에 자료를 공개하자 기자, 출판사, 시도교육청 관계자, 심지어 중앙정부 관계자도 연락이 왔다. 여기서 주목해야 할 것은 지금까지 이렇게 학교 현장에서 대안을 제시하며 열린 마음으로 주제에 대해 접근했던 적이 없었다는 것이다.

교사들도 다양한 스펙트럼을 가질 필요가 있다. 누군가는 교육정책을 만들고, 누군가는 교육정책을 실행하며, 누군가는 교육정책과 교육과정을 접목시킬 수 있어야 한다. 나는 교사들이 그렇게 믿고 있고, 그럴 수 있을 거라 생각한다. 우리 스스로 교육의 미래를 열어갔으면 한다.

이 책은 바로 우리 교사들과 교육정책을 만드는 사람들에게 화두가 되는 교육 이슈들을 잘 이해할 수 있게 하는 교육정책 입문서의 마중물 역할을 한다. 교육정책에 대해 막연히 어렵다고 생각하는 현장의 교사들에게, 현장의 관점과 목소리가 무엇인지 제대로 듣고 싶은 교육정책가들에게, 우리 아이의 미래와 교육은 어떻게 변화할지 궁금해하는 학부모들에게 이 책을 권하고 싶다.

마지막으로 바쁜 일과 가운데 함께 치열하게 공부하는 교육정책
디자인연구소 정책팀 분들과 김성천 소장님께 감사의 말씀을 전
한다.

뜨거웠던 여름을 기억하며, 2018년 마지막 날
교육정책디자인연구소 정책팀을 대표하여

홍섭근

목차

조기영어교육이란(亂)!

임재일(용인 서원초 교사)

2018년 무술년, 조기영어교육에 대한 논쟁이 뜨거워져 교육 공동체가 한바탕 '어지러운' 현상에 시달렸다. 그동안 대한민국에서 영어교육은 계층 사다리를 오르는 수단으로 받아들여져, 의사소통을 위한 외국어 교육보다는 진학, 구직, 승진 등과 같은 '자격교육'으로 왜곡된 채 교육 열풍의 중심에 서 있었다. 이러한 교육 열풍은 영어교육이 자녀의 입신양명의 확실한 카드로 믿게 되는 교육 광풍으로 치닫게 되면서 조기영어교육에 대한 열망과 의지가 점차적으로 가열되는 기이한 사회현상을 빚어왔다.

이러한 폐단을 개선하고자 국회와 정부는 2014년 '공교육 정상화 촉진 및 선행교육 규제에 관한 특별법(이하, 선행학습금지법)'을 제정하고 공포해, 사교육에서 선행학습을 잠재우고 공교육 정상화를 위한 국가 책임 교육정책을 단행했다. 한시적으로 허용되던 초등학교 1, 2학년 대상의 영어 방과후학교도 금지되었다. 또한 교육부는 영유아의 정상적인 연계 발달을 도모하기 위해 유치원 및 어린이집에서 특별 프로그램으로 운영하던 조기영어수업 폐지를 추진했다. 이를 두고 언론 및 시민단체의 찬반이 팽팽하게 맞서고 있다.

교육부의 선행학습금지법은 사교육 시장의 지나친 팽창을 막고, 영유아의 정상적인 발달을 도모하기 위한 조치였으나, 사설학원과 같은 법적 규제 밖에서 풍선효과가 나타날 수 있다는 반대 여론도 만만치 않은 상황이다. 무엇보다 많은 학부모들이 학습권 침해와 교육 양극화 조장, 형평성 논란을 언급하며 전면 무효화 주장을 펼치며 교육부와 첨예하게 대립하면서, 2018년 10월, 결국 재검토하기로 결정되었다. 현재 초등학교 1, 2학년 방과후학교에서는 영어수업을 허용하겠다는 입장까지 조심스럽게 나온 상태이다.

이에 본 장에서는 조기영어교육의 혼란을 극복하기 위해 몇 가지 쟁점을 정리해 제언을 드리고자 한다. 첫째, 유치원, 어린이집, 유아사설학원 및 지자체 주민센터 영어교실까지 조기영어교육을 규제하는 선행학습금지법을 적용할 필요가 있다. 둘째, 학부모의 불안과 궁금증을 해소시킬 수 있는 공교육 영어교육과정 체제가 재정비되어야 한다. 셋째, 영어교육 목적이 무엇인지, 우리나라 조기영어교육은 EFL(외국어학습)환경에서 영유아에게 얼마나 유의미한지 등 사회적 인식과 담론이 재정립되어 '나이효과'를 뛰어넘는 올바른 공감대 형성이 시급하다.

결론적으로 초등학교 3학년부터의 정규 영어교육과정을 내실화하고, 교육수요자의 불안과 궁금증을 해결할 수 있는 '영어교육 종합대책'이 마련될 때, 조기영어교육의 사회적 어지러움[亂] 현상이 비로소 해소될 수 있을 것이다.

1. 조기영어교육 배경과 실태

가. 조기영어교육의 발달 배경

1) 영어교육의 중요성 대두

해방 이후 지난 70여 년간 영어는 상급학교 진학과 구직, 승진에서 반드시 거쳐야 하는 사회적 '통과의례'가 되면서, 험난한 세상에 꽃길이 될 '계층 사다리' 역할까지 해주는 풍조가 생겨났다. 정보화 시대가 되면서 IT 인력이 급증해 프로그래밍 관련 영어 사용의 빈도가 높아졌고, 세계화와 개방화 시대 역시 세계 공용어로 영어의 필요성을 부각시켰다.

이러한 사회적 풍조와 인식이 영어교육의 열풍을 만들었으나, 국제적인 지구촌 시대를 맞아 여러 문화와 접촉하고 교류할 기회가 커졌음에도 불구하고 영어 습득은 미래의 더 나은 기회를 보장하는 수단으로만 인식되는 한국만의 특수한 교육문화가 탄생되었다.

2) 조기영어교육 탄생 배경

영어교육이 의사소통을 위한 배움이라기보다는 입신양명용 자격교육으로 왜곡되다 보니 한 해라도 더 빨리 영어를 가르치려는 '조기영어교육'의 열풍이 일어났다. 사회적 요구에 의해 중학교 1학년 때 처음 배웠던 영어과목을 1997년부터는 초등학교 3학년부터 가르치게 했고, 이후에는 수업시간을 3, 4학년은 주당 1시간에서 2시간으로, 5, 6학년은 2시간에서 3시간으로 늘렸다. 그러나 여전히 초등학교 1, 2학년부터 영어교과를 도입해야 한다는 요구가 사회 일각에서 거세게 일고 있다.[1]

사교육 시장에서는 영어를 주요 상품으로 내걸어 학부모의 교육 열망에 부응하기 시작하였으며, 유치원과 어린이집에서도 특별 프로그램에 영어를 넣는 것이 일반화됨으로써 공교육보다는 사교육으로 영어교육의 주도권이 넘어가는 한국의 기형적인 교육 풍토가 형성되었다. 일명 영어 유치원, 영어 사관학교와 같은 특별 사설학원까지 등장하면서 조기영어교육에 대한 열망과 의지가 점차 가열되고 있다. 급기야 형편이 좋고 여건이 되는 가정에서는 해외 조기유학까지 보내는 모습이 드물지 않으며, 조기영어교육이 열풍을 넘어 광풍으로 치달으면서 뜨거운 사회적 이슈가 되고 있다.

나. 조기영어교육의 실태

1) 조기영어교육 현황 및 문제점

육아정책연구소의 2015년 전국보육실태조사에 따르면, 어린이집에 다니는 만 1~2세 영아들의 18.8퍼센트가 영어특별활동 프로그램을 참여하고, 만 3~5세 아이들은 59.7퍼센트, 유치원에서는 46.9퍼센트의 아이들이 참여하고 있는 것으로 나타났다.[2]

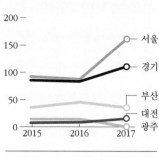

표1. 주요 시도 유아 영어학원 수

유아 영어학원은 유아 대상 반일제 이상 프로그램을 운영하는 실용외국어 학원

출처: 경향신문

기관에 다니는 유아의 절반이 영어교육를 받고 있는 상황이다.

영·유아 부모들은 어린이집과 유치원 특별활동 중 체육(30.9%) 다음으로 영어(25.6%)를 중요한 교과로 꼽았으며, 만 3~5세 아이들 부모 중에서는 영어가 가장 중요하다고 생각하는 비율이 29.7퍼센트로 나타나 영어에 대한 학부모의 기대가 매우 높은 것으로 나타났다.

선행학습금지법 시행 이후, 영어유치원은 2015년 376곳에서 2017년 474곳으로 늘었으며, 이러한 현상은 서울과 수도권에서 특히 두드러지게 나타났다. 영어유치원 시장 규모는 최대 2,700억 원으로 추산하는데, 이는 2016년보다 8퍼센트 증가(2,500억 원)한 금액으로, 아동 인구수가 주는 상황에서 사교육비는 오히려 크게 증가한 것을 의미한다.

교육부에 따르면, 2017년 영어유치원의 1인당 월평균 수강료는 82만 623원으로 나타났다. 아이가 두 명인 가족의 경우 영어유치원비만 한 달에 160만 원 이상 지출한다고 볼 때, 이런 비정상적인 영어교육 현상은 하루빨리 개선할 필요가 있다.[3]

사교육걱정없는세상 조사자료에 따르면, 영어유치원에서의 하루 평균 교습 시간이 5시간 7분으로 초등학교 저학년 하루 수업시간보다 긴 것으로 나타나 유아기 아이들이 발달 단계에 맞는 정상적인 연계지도를 받지 못하고 있는 것으로 나타났다.[4] 이러한 현상은 초등학교 방과후 영어교실에서도 두드러지게 나타났다. 교육부에 따르면, 전체 32만 4,200명 중 1학년이 21퍼센트로 가장 높고, 2학년이 20.8퍼센트로 그다음을 기록해 초등학교 방과후 영어교실

표2. 영어유치원 하루 평균 교습 시간

초등학교 1~2학년 수업시간	영어유치원 교습시간	중학교 수업시간
3시간 20분	5시간 7분	4시간 57분

서울시 영어유치원 월평균 비용 현황

월평균 학원비	최대(송파구 S어학원)
103만 244원	216만 원

출처: 중앙일보

표3. 초등학생 방과후 영어 프로그램 학년별 참여 현황

		전체 32만 4,200			
1학년	2학년	3학년	4학년	5학년	6학년
6만 8,040 (21.0)	6만 7,443 (20.8)	6만 3,775 (19.7)	5만 4,299 (16.7)	3만 9,584 (12.2)	3만 1,059 (9.6)

단위: 명, 괄호 안은 비율%, 2017년 4월 말 기준

자료: 교육부

에서도 조기영어교육 열기가 높은 것을 알 수 있다.[5] 이는 초등학교 3학년부터 시작하는 정규 영어교과를 앞지르는 선행학습에 해당돼 학생들의 출발점이 달라져 정상적인 영어교육을 구현하는 데 큰 장애가 되고 있다.

2) 2014년 선행학습금지법 도입

조기영어교육 현상이 성행하자 국회는 지난 2014년 2월 20일 '공교육 정상화 촉진 및 선행교육 규제에 관한 특별법안'을 본회의에서 통과시켰다. 그동안 학교 수업시간에 공평한 출발선을 지키지 못했던 교육적 불균형을 해결하여 학교 정규교육과정의 내실을 꾀하고자 함이다.

학교의 정규교육과정 및 방과후 수업 프로그램에서 선행교육 및 선행학습을 유발하는 평가를 금지하고 학원 또는 개인 과외 교습자도 선행교육의 광고 및 선전을 금지하는 내용을 중심으로 사교육 선행학습 열풍을 잠재우고, 공교육 정상화를 위한 국가 책임교육 정책을 펼치고 있다.

2. 조기영어교육에 대한 쟁점

가. 선행학습금지법 vs 조기영어교육

1) 선행학습금지법에 대한 찬성 의견

교육 양극화를 부추기고, 사교육에 지나치게 의존하는 사회적 풍조를 바로잡기 위해 선행학습을 금지하는 법은 긍정적 평가를 받고 있다. 또한 학교교육을 정상화해야 교육의 본래 취지에 부합하는 방식으로 아이들을 가르칠 수 있음을 명확히 한 것이다.

선행학습은 아이들에게 학교 수업의 흥미를 떨어뜨리고, 자기주도 학습의지를 약화시키는 문제가 크다. 따라서 선행학습금지법은 사교육에 침해당하고 입시 위주의 주입식 교육으로 변질된 공교육을 정상화하기 위한 첫걸음으로 평가된다.

2) 선행학습금지법에 대한 반대 의견

선행학습 금지는 개인의 학습권에 대한 침해로 학생마다 이해 속도가 다르고 그에 따라 요구되는 학습 수준이 다를 수밖에 없음에도 불구하고 일률적인 교육을 강요함으로써 학습 수준의 하향평준화를 초래할 것이라는 우려가 있다.

그리고 단속을 피한 변칙적인 방식으로 선행학습을 지속할 수 있다는 점에서 규제의 실효성이 의문시된다. 또한 공교육을 정상화하기 위해 필요한 규제라고 하지만, 사교육 의존 현상은 선행학습만의 문제가 아니므로 근본적인 해결책이 될 수 없으며 그 효과가 미미한 상징적인 의미만 있다고 비판받는다.

3) 선행학습금지법과 조기영어교육과의 상충지점

2014년 시행된 선행학습금지법은 학교교육과정을 정상화하기 위한 조치로 국가교육과정에 의해 편성된 학교교육과정을 앞서는 교육과정을 운영하지 못하도록 하고 있다(법 제8조 1항)[6]. 이는 방과후학교에도 동일하게 적용되어 아이들을 가르치고 평가하는 모든 교육과정을 공교육이 책임지고 내실화하겠다는 입장이다.

초등학교 3학년부터 시작되는 영어교육은 이제 선행학습금지법에 따라 1, 2학년 정규교육과정은 물론이고 방과후학교도 영어 강좌를 개설하는 것이 법으로 금지됐다. 방과후학교는 위탁업체와 시민단체들의 반발과 민원으로 법의 시행을 3년 6개월 유예하고 초등학교 1, 2학년 방과후학교 영어수업 역시 2018년 2월 28일까지 한시적으로 허용되었다.

이러한 맥락에서 2018년 1월 9일 교육부가 원안을 고수하는 입장으로 '초등학교 1, 2학년 방과후학교 영어 프로그램 최종 금지'가 내려짐에 따라 유치원 및 어린이집 영어교육에 대한 후속적인 금지 조치를 1월 내로 결정하겠다고 입장을 밝혔다. 방과후학교 영어학습을 금지하거나 국공립 유치원 및 어린이집 영어교육을 금지하게 되면 영어 조기교육의 수요가 사교육 쪽으로 이동하는 부작용이 생길 수 있어 이에 대한 우려들이 쏟아져나오는 실정이다.

영어유치원과 같은 사설 영어학원과 지자체 주민센터가 운영하는 영어교실은 선행학습금지법의 대상이 아니어서 법적 규제를 가할 수 없어 풍선효과가 나타날 가능성이 높다. 실제 100만 원의 사설 영어유치원은 내버려둔 채, 교습비 3만 원의 어린이집이나 방과후학교를 규제하는 것에 대해 반발이 크다. 선행학습금지법은 계층에 따른 경제적 차별정책이라며 학부모를 중심으로 전면 무효화 주장이 거세게 일고 있다. 관련된 기사마다 사립은 '울상', 사설학원은 '환영'을 표하는 댓글들이 넘치며, 언론에 민감한 학부모들의 불안을 가중시키는 등 사회적 혼란이 크다. 결국 교육부는 2018년 1월 15일 '유아 방과후 영어수업 금지'를 잠정 보류하고 2019년으로 늦춰 원점 재검토하기로 결정했다. 정책숙려기간을 가지며 더 많이 논의할 필요가 있다고 동아일보, 중앙일보, MBC뉴스 등은 보도했다.[7,8]

2018년 10월 4일 국회 대정부 질문에서 새로 취임한 교육부장관은 유치원 방과후 영어수업을 허용하겠다고 전격 발표하면서 다시 초등학교 1, 2학년 방과후 영어수업이 논란이 되었다. 선행학습금지법으로 초등 1, 2학년 방과후 영어수업은 금지된 상태지만, 유치원생은 배워도 되는 '이상한 영어교육 시스템'이라는 지적이 나오고 있다.[9] 교육부는 유치원 조기영어교육 허용에 이어 초등 1, 2학년 영어수업도 허용하는 방향으로 가야 한다면 선행학습금지법

표4. 전국 초등 영어 방과후 수업 듣는 학생

	2017년 (전체 학년 허용)	2018년 (1·2학년 금지)
전체 수강생	29만 4,578명	16만 4,070명
1·2학년 수강생	12만 5,434명 (전체의 43%)	없음

* 2018년 4월 30일 기준

자료: 교육부

을 개정해야 한다는 의견을 내비쳐 조기영어교육 논란이 재점화 되었다.

이에 전교조를 비롯한 스물한 곳의 교육단체는 교육부 규탄 기자회견을 갖고 과잉 영어학습에 대한 우려를 표명하며, 이번 조치는 고소득 계층과의 영어 불평등을 심화시키는 결과를 초래할 것이라고 비판했다. 또한 소위 영어유치원으로 불리는 유아 영어학원 수요를 키워 영어유치원에서 사립초, 국제중, 특목고와 자사고로 이어지는 특권교육 트랙이 강화될 것이라고 우려하며 정부는 납득할 만한 답변을 제시해야 한다고 거세게 항의했다.[10]

하지만 교육부는 10월 말까지 '유치원 방과후 영어교육 문제'를 결론짓겠다고 했지만, 사립유치원 비리 문제로 조기영어교육에 대한 이슈가 묻혀 2018년 11월 25일까지 공식적인 발표가 없는 상태이다.

3. 조기영어교육 쟁점 극복을 위한 제언

가. 유치원, 어린이집, 유아사설학원 및 지자체 특별수업까지 선행 영어학습 모두 규제

초등학교 1, 2학년 방과후 영어 프로그램이 폐지된 만큼, 그보다 어린 영유아를 대상으로 하는 영어수업도 금지해야 발달단계에 맞는 연속적인 교육이 가능하다. 유치원과 어린이집만 규제하면 유아 사설학원과 지자체 주민센터 영어교실의 이용이 증가하면서 사교육 풍선효과는 물론 영어교육 양극화로 국민 불만만 가중될 수 있다. 따라서 유아 대상 영어학원의 선행학습 프로그램까지 모두 규제하는 선행학습금지법이 마련되어야 한다.[11, 12, 13]

나. 초등학교 3학년부터 시작하는 정규 영어교육과정의 내실 있는 재정비 추진[14]

학부모가 기대하는 영어교육과 국가에서 제시하는 영어교육과정의 수준과 범위가 너무 차이가 커 아무리 좋은 교육정책이라도 학부모의 불안감을 불식시키지 못하고 있다. 영어교육 정상화 정책을 믿고 따라가도 되는지에 대한 불안과 의문을 해소할 수 있도록 공교육에서 내실 있는 영어교육과정이 제시되어야 한다.[15]

조기영어교육 금지는 공교육의 정상화를 위한 밑그림을 제대로 그리겠다는 교육부의 강력한 의지가 반영된 만큼 초등학교 3학년부터 시작되는 정규 영어교육과정을 아이들의 발달단계에 맞게 목표, 내용, 방법, 평가 등을 다시 체계화하는 작업이 필요하다.

다. 영어교육의 목적이 무엇인가에 대한 사회적 인식과 담론 재정립

영어교육을 잘 받아야 사회진출이 용이하고 더 많은 기회를 얻는다는 만연된 인식을 불식시켜야 한다. 맹목적인 교육열풍에서 비롯한 경쟁적인 영어학습 풍토에서 자녀의 꿈과 재능을 살리는 방향으로 부모의 교육열정이 전환되어야 한다.

영유아 발달단계에 관한 많은 연구에서 의미 있는 외국어 학습은 ESL(제2언어학습) 방식보다 EFL(외국어학습) 방식이 더 효과적이며, 나이가 어린 학습자보다 인지적으로 어느 정도 발달된 나이가 되었을 때 영어교육을 실시하는 것이 더 효과적이라는 것이 밝혀지고 있다. 이런 연구결과[16, 17, 18]를 토대로 영어교육에서 막연히 갖고 있는 '나이효과the younger, the better'로부터 부모들을 계몽시켜야 한다. 이를 위해서는 영어교육계의 학문적 담론이 재정립되어야 하며, 관련 연구들을 통해 사회적 인식이 쇄신될 수 있도록 적극 홍보해야 한다.

또한 시대 흐름에 따라 대학수학능력시험 외국어영역에서 '절대평가'로 전환된 영어교과의 위상을 다시 논의할 필요가 있다. 세상이 달라지고 우리 사회가 추구하는 미래상 역시 바뀌었다. 따라서 미래에는 유창성과 정확성을 평가하는 영어교육 방식이 아니라 '적절성appropriacy'을 중시하는 방식으로 영어 의사소통 및 창의적 언어 사용에 대한 역량을 평가해야 한다. 4차 산업혁명은 시공간을 초월하는 융합의 시대를 열어주었고, 미래에 살게 될 우리 학생들은 단순히 듣기, 말하기, 읽기, 쓰기, 문법 기능을 신장시키는 것을 초월하여 영어 사용의 창의융합적 역량을 발휘하는 것이 더 중요하다는 인식을 영어 수요자들에게 새롭게 인식시켜야 한다.

국책연구소인 육아정책연구소는 2015년 11월 '취학 전 유아에게 외국어를 가르치는 것은 큰 효과가 없고, 아이들이 놀 수 있는 권리까지 빼앗아가며 시간과 비용을 낭비하는 것이다'라는 결론을 낸 연구[19]와 서적[20]을 발표했다. 사회 인식을 바꾸고 새로운 담론을 형성하기 위해서는 조기영어교육의 폐해와 그 심각성을 증명하는 논문을 축적하는 한편, 영어 공교육의 정상화 방안을 찾는 연구[21]를 앞으로도 계속 수행할 필요가 있다.

라. 강력한 영어정책이 될 수 있는 체계적인 '2019 영어교육 종합대책' 발표

학교의 영어교육 내실화와 학부모의 인식 전환에 앞서 '교육의 국가 책임 강화'를 강조하는 정부인 만큼 학부모의 불안감을 해소할 수 있도록 영어교육을 좀더 체계적으로 다듬고 새로 정립할 필요가 있다.

초등학교 3학년부터 실시하는 영어수업은 선행학습이 이루어지지 않았다고 전제하고, 교육과정에서 교과서 개발, 교사의 질 관리 및 예산확보 방안까지 포함하는 영어교육 종합대책[22]이 마련되어야 할 것이다.

주

1 한국교육개발원(2014). 한국의 교육개혁: 평가와 과제. CR 2014-36.

2 남지원 기자(2018.01.18.). 경향신문. 어린이집, 유치원 영어수업 금지에 반발하는 부모들, 왜?

3 신지후(2018.01.08.). 한국일보. "학교에 없어진 영어, 학원 찾아서…" 사교육 되레 키운다.

4 중앙일보 보도자료(2018.01.08.).

5 신지후(2018.01.08.). 한국일보. "학교에 없어진 영어, 학원 찾아서…" 사교육 되레 키운다.

6 시행 2016.12.20. [법률 제14392호, 2016.12.20., 일부개정].

7 중앙일보(2018.01.15.). '유치원, 어린이집 영어수업 금지 원점서 재검토'.

8 양효걸(2018.01.16.). MBC이브닝뉴스. 정부 '유아 방과후 영어수업 금지' 사실상 철회.

9 김연주(2018.10.06.). 조선일보. 유치원은 되고 초교는 안 되는 영어 조기교육.

10 News1 뉴스 보도자료(2018.10.16.). '유치원, 초등 저학년 방과후 영어수업 허용 방침 철회해야'.

11 교육디자인네트워크(2018.01.09.). '유치원, 어린이집 방과후 영어수업 금지를 환영한다'.

12 뉴스토마토(2018.01.10.). 시민단체들 "방과후 영어수업 금지에 유아학원도 포함시켜야".

13 김능현(2018.01.16.). 서울경제. 교육부 '영어금지' 초등 1~2학년 대상 주민센터 영어교실 실태조사 착수.

14 이병민(2002). 우리나라에서 조기영어교육이 갖는 효과와 의미. 외국어교육연구 제5집.

15 사교육걱정없는세상(2017.12.01.). '교육부의 초등 1,2학년 영어 방과후학교 일몰 결정 환영 및 3대 후속 대책 촉구'.

16 김민진(2012). 조기영어교육 경험이 유아의 사회언어학적 능력 발달에 미치는 영향. 유아교육학논평, 16(5), pp459-486.

17 신동주(2007). 유아기 영어경험이 초등학교 1학년 영어학습에 미치는 영향. 유아

교육학논평, 11(2), pp349-374.

18 전예화(2003). 영어교육 어릴수록 효과적인가?. 유아교육연구, 23(3), pp285-305.

19 최대현(2018.10.17.). 노동과 세계, 국책연구소 '조기 외국어 교육, 뇌발달 저해가져와'.

20 최창욱(2018). 21C 영어교육 혁명. 러닝엔코. 조기영어교육 시 유아의 뇌 발달 지체 현상이 일어나고, 학생의 영어 성취도는 학부모 및 양육방법과 사회, 문화적 자본과 같은 가정환경에 더 큰 영향을 받는다며, 지속적인 영어 노출과 '노래' 및 '소리내어 영어독서 읽기' 등의 영어교육방법을 제시한 서적임.

21 최근 경기도교육청에서는 '영어 공교육 혁신과 영어교육 정상화 및 엉어교육 방향 정립'이라는 제목으로 앞으로의 비전과 공교육 영어교육 내실화를 꾀하고자 연구한 바 있음(2018년 10월).

22 연합뉴스(2018.01.09.). 교육부 유치원 어린이집 방과후 영어 금지 '진퇴양난'.

온종일 돌봄 정책 추진에 따른 초등학교 돌봄 시스템 현황과 대안

홍섭근(경기도교육청 장학사)

1. 들어가며

가. 최근 사회적 상황에 따른 초등학교 내 돌봄 시스템에 대한 관심 증가

최근 들어 초등학교 내 방과후학교와 돌봄교실에 관한 관심이 많아지고 있다. 방과후학교와 돌봄을 돌봄 시스템으로 통일하여 설명하겠다. 최근 한 가정에 한 아이를 낳아 기르는 현상과 맞벌이 가정 증가가 돌봄 시스템 요구와 맞닿아 있다.

2017년도에는 출산율이 1.05까지 떨어졌고, 태어난 아이가 채 36만 명이 안 된다. 10년 동안 100조 원 넘게 돌봄 서비스에 투입했는데 출산율은 지속적으로 떨어지고 있다.[1] 여성의 사회적 참여가 늘어나면서 국가 차원의 돌봄 시스템 정책에 따라 출산율이 영향받을 수밖에 없다. 현재의 돌봄 서비스는 한계가 있으며 지속적으로 출산율 감소를 가중시킬 것이다.[2] 초등학교마다 상황과 편차가 커서 학부모들이 원하는 오후 시간 학생들의 돌봄 수요를 받아줄 수 있는 구조가 마련되어 있지 않다. 특히 신도심 지역일수록 더욱 치열하다. 상황이 여의치 않아 사교육 시장에 의존한 채 일명 '학원 뺑뺑이'를 돌리게 되는 현실에 놓이는 것이 다반사다.[3] 교통사고의 위험성이나 아동 대상 강력범죄가 늘어나고 있는 상황에서 학교 밖보다는 학교 안에 돌봄 시스템을 확충하는 것이 유익하다는 데 공감하는 부모들이 늘어나고 있다. 부모들은 상대적으로 저렴한 비용과 신분이 확실한 초등학교 교사들이 상주하는 학교를 주목한다.

나. 유 전 장관의 글로 인한 유휴교실 내 보육과 돌봄 시스템에 대한 관심 촉발

유시민 전 보건복지부 장관(이하 유 전 장관)은 2017년 12월 12일 청와대 국민청원 게시판에 초등학교 교실을 공공보육 시설로 활용하자는 취지의 청원을 직접 올렸다. 유 전 장관은 청원 글에서 "출생아 수 감소는 초등학생 수 감소로 이어지고 학생 수 감소는 초등학교에 여유 공간이 생긴다는 것을 의미한다. 학생 수 감소에 따라 생기는 초등학교의 여유 공간 일부를, 다시 말해서 지금 특활공간으로만 사용하고 있는 교실의 일부를 공공보육 시설로 활용할 것을 청원한다."고 밝혔다. 이 글은 3일 만에 청원 숫자 5만을 넘어서고 언론과 학부모들이 많은 관심을 보이자 교육부와 보건복지부는 이견을 조정해 합의했다.[4] 다만 유시민 장관이 말한 보육시설(어린이집)은 현 상황에서 즉각적으로 학교 내로 들어오기 어려울 수 있다. 학교를 관리하는 시도교육청은 유·초·중·고까지만 담당하고 있고, 어린이집은 누리과정 예산만 지원하는 형태라 법적 관리 대상으로서 실효적인 운영을 할 수가 없다. 만약 어린이집이 학교 내로 들어오게 된다면 관리 주체(운영주체)나 관리 인력(교육인력)을 어떻게 할지 많은 논란이 생길 것이다. 많은 국민들이 이것이 학교나 교사들의 이기주의라고 생각하는데 현실적으로 단순한 문제는 아니다. 마치 경찰과 군인을 한 부서에서 관리하는 것과 같다. 어떤 정책이 명분을 얻기 위해서는 법과 제도가 마련된 이후 정책이 실행되는 것이 옳다. 더욱이 병설유치원이나 돌봄 시스템이 제대로 확충되어 있지 않은 상황에서, 어린이집부터 충원하는 것은 순서에도 맞지 않다. 가장 중요한 학생의 입장이 되어 무엇이 교육적인지를 살피는 것이 우선이지, 여론의 눈치만 봐서는 안 된다. 실제 박근혜 정부 때는 유·보 통합[5]을 인수위부터 정권 내내 다뤘지만 결론이 나지 않았다.

또한 실제적으로 유휴교실이 늘어나는 지역은 교육수요자인 학생이 감소하는 곳이라 어린이집에 필요한 인력도 감소한다는 현실적인 문제도 생긴다. 교육이 단순하지 않은 것은 복잡성을 가지고 있기 때문이다.

다. 저출산고령사회위원회 2019년부터 초등 3시까지 방과후학교 전면 의무화 발표

2017년 12월 저출산고령사회위원회(이하 위원회)에서는 초등학교 1~4학년 '돌봄 절벽'을 해소하기 위해 연평균 8,000억 원을 투입해 초등학교 방과후학교 의무화를 추진하기로 결정했다. 이르면 2019년부터 도입한다. 위원회가 방과후학교 의무화를 추진하는 이유는 선진국과 달리 초등학교 저학년일수록 정규 수업이 일찍 끝나기 때문에 학원과 같은 사교육 기관을 이용하거나 '나 홀로 아동'으로 방치된다고 보기 때문이다. 현재 초등학교 1, 2학년은 오후 1시, 3, 4학년 오후 2시, 5, 6학년은 오후 3시에 수업을 마친다.[6] 경제협력개발기구OECD 주요국의 초등학교 일일 수업시간이 미국, 캐나다는 4.9시간으로 전 학년이 동일한데 반해 우리나라는 초등학교 1, 2학년이 2.93시간, 5, 6학년이 3.87시간으로 1시간 이상 차이가 났다.[7]

강원도교육청은 2018년 3월부터 초등 1, 2학년들에게 하루 100분의 놀이 시간을 제공하면서, 하교 시간을 오후 1~2시에서 오후 3시로 늦추는 일명 '놀이밥 100분, 3시 하교' 시범학교를 운영한다. 아이들에게 놀 권리를 확보해주는 동시에 학교 돌봄 기능도 강화해 학부모와 정부는 반색하는 분위기다. 하지만 현장 교사들은 업무 부담 증가를 이유로 반발하고 있는 상황이다.[8]

2. 돌봄 교육 정책 흐름

가. 온종일 돌봄 시스템의 정의[9]

국정기획자문위원회의 보고서[10]에는 지자체 중심의 컨트롤 타워 운영을 통한 온종일 돌봄 체계 구축(교육부, 복지부, 여가부)이 제시되어 있다. 기존 방과후학교와 돌봄교실은 학교마다 차이가 있지만 일반적으로 돌봄학교는 초등학교 저학년인 1, 2학년 아이들을 대상으로 하며 3시부터 7~8시까지 운영하고, 방과후학교는 초등학교 3~6학년 아이들을 대상으로 오후 5시까지 운영한다. 방과후학교는 학교 상황에 따라 여러 학급이 운영되지만 돌봄의 경우에는 한두 학급이 운영되는 것이 일반적이며, 운영 관리에 많은 행정력이 소요된다. 앞으로 온종일 돌봄 시스템에서는 이를 통합하여서 운영한다는 의미를 내포하고 있다.

온종일 돌봄 시스템은 현재의 돌봄 정책이 수요대비 공급부족, 지역 내 돌봄 사업과 분절적 추진, 중앙정부 위주의 돌봄 사업 추진, 행정적 재정적 지원 근거의 미비 등의 문제가 있음을 인식하고 있다. 온종일 돌봄 시스템은 앞으로 체계적 종합적 돌봄 수급 계획에 기반을 두고, 수요자 중심의 통합 돌봄 서비스를 제공하며, 지자체 주도의 운영방식으로 지역사회의 자율적 운영을 위한 지원을 모색한다고 밝히고 있다.

나. 돌봄 시스템의 역사와 한계

방과후학교는 노무현 정부의 핵심 교육정책이었다. 이것은 저렴한 비용의 서비스를 학교 내에서 운영한다는 좋은 취지로 시작했으나, 학교 측이 져야 할 부담과 사교육을 공교육의 영역 안에 들여왔다는 비판이 제기되기도 했다. 초창기에는 학교 내에 업체가 들어오는 것이 허용되었으나, 최근에는 개인이 계약을 맺는 형태로 바뀌었다. 다만 업체에 소속된 인력이 계약만 개인이 맺고 업체에 수수료를 내는 형태를 취하고 있어, 계약구조에 대한 논란과 질적 개선에 대한 요구가 있다. 학교장 주관으로 모든 것을 하려다보니, 질보다 양으로 승부하는 경향이 뚜렷하다. 프로그램과 강사의 수준, 행정력 소모로 인한 운영방식의 한계와 같은 총체적 부실에 시달리고 있다. 학부모들은 그나마 긍정적일 수 있지만 프로그램의 선택 문제와 최근에 대두된 방과후 영어수업 허용 문제처럼 선행학습에 대한 수요도 일부 발생한다. 한 마디로 방과후학교에 대한 정의, 역할 등 모든 것들이 혼란스럽고, 학교 안에서 이것을 담당하고 있다는 것 자체가 교육 기관인지 방과후 기관인지 역할이 모호하게 되었다. 박근혜 정부에서는 돌봄학교 확대를 핵심 공약으로 내세웠다. 초창기 시설 개선 사업으로 일부를 시도교육청에 배부하는 데 그쳤다. 결국 돌봄 확대 공약은 했지만, 결과적으로 볼 때 실질적으로 변한 것은 아무것도 없이 학교 책임으로 묶어두는 데 그쳤다.

표1. 부처별 초등 돌봄 서비스 운영 현황

구분	7시-9시	9시-13시 또는 15시	방과후-17시 또는 22시
초등 돌봄교실 (교육부)	총 0.7만 명	정규교육과정 1~2학년 9시~13시 3~4학년 9시~14시 5~6학년 9시~15시	총 24만 명 (1~2학년 21만 명, 3~6학년 3만 명)
지역아동센터 (복지부)	미운영		총 8.2만 명 (1~3학년 4.2만 명, 4~6학년 4만 명)
청소년 방과후 아카데미(여가부)	미운영		총 0.6만 명 (1~3학년 미운영, 4~6학년 0.6만 명)

표2. 지역 기반 온종일 돌봄 모형(안)(예시)

구분	① 기능 특화형	② 지역 분화형	③ 기능 통합형
모형특징	• 기존 돌봄 사업을 이용 대상, 시간대 등 기능 특화 • 별도 돌봄 서비스 개발보급	• 지역의 지리적 접근성 등을 고려하여 구역별 돌봄 전담기관을 선정, 운영하는 방식	• 돌봄 기관별 고유서비스를 제공하면서 협약 등 통해 일부기능 보완·융합
지자체 역할	• 지역내 돌봄 수급 파악 • 서비스별 내실화 지원 및 충족되지 않는 돌봄 수요대응을 위한 자체적 대안 돌봄 서비스 제공	• 지역내 돌봄 수급 파악 • 돌봄 전담기관 발굴·지정 및 거점 역할수행을 위한 제도적, 재정적 지원 (예: 필요한 경우 차량 운행, 급식 제공 지원 등)	• 지역내 돌봄 수급 파악 • 돌봄 기관 간 총괄·연계 및 협업 적극 추진 (예: 교육청과의 협약 등으로 학교-지역 돌봄 기관 간 협업 적극개입·지원)
적용 가능환경	• 지역 내 돌봄 서비스 수급이 비교적 원활한 경우 • 지자체 자체 돌봄 서비스를 지원할 예산, 공간 등 확보	• 돌봄 기관 분포가 희소, 기관별 지리적 접근성 부족 • 돌봄 수요는 구역별 거점기관으로 충족 가능한 수준	• 새롭게 돌봄 공간을 마련하기 어려운 지역, 기관 간 돌봄 네트워크가 활발하고 상호 협력·융합운영 가능한 지역

다. 외국 사례

모든 나라는 문화적인 환경을 바탕으로 교육 시스템을 만든다. 그러한 배경 차이가 있기에 교육 시스템을 동일하게 만드는 것은 불가능하다. 다만 비슷한 상황을 미리 겪은 선진국들의 교육복지 시스템은 출산율 저하로 고민하고 있는 우리에게 많은 시사점을 준다. 표3의 내용은 주요 국가의 돌봄 시스템 운영 상황을 정리한 것이다.

표3. 외국의 돌봄 시스템 특성

국가	내용
스웨덴	공공복지와 교육의 일부분으로서 국가가 방과후 보육을 추진하고 있고, 법률체계도 잘 갖춰져 있어 모범적이라고 볼수 있다. 학령기 아동의 효과적인 발달을 목적으로 학교교육과 방과후 프로그램의 연계를 통해 학교 교사와 방과후 아동 보육교사가 협력하여 프로그램을 진행한다.
독일	독일의 경우 방과후 돌봄 사업의 전담 기관인 호르트(Hort)는 관련 법령에 근거하여 독자적인 교육 임무를 수행하는 사회교육기관으로 명시되어 있고, 학령기 아동을 위한 생활의 장소, 경험의 장소로 제공되고 가정과 학교의 보충적인 성격을 지향하고 있다. 독일의 방과후 돌봄 사업은 국가, 교회, 사회복지단체, 지역사회가 함께 하는 국가적 차원의 공립사업이며, 보육의 정책·실행·연구가 밀접하게 통합되어 있어 다른 나라에 비해 제도와 내용이 앞선다는 평가한다.
일본	일본의 방과후 돌봄 서비스는 그 배경 및 법과 제도가 공공복지의 성격을 가지고 있고, 스웨덴의 방과후 보육정책 목적과 유사하다. 1960년 「아동복지법」에 아동관 설치·운영을 법제화하였고, 초등학교 1학년~3학년을 대상으로 하고 있다. 아동관의 운영비용은 지자체 예산으로 부담하며 부모는 무료로 이용한다.
미국	미국의 21stCCLC는 연방정부가 직접 방과후학교를 활성화하고 지원하기 위해 마련한 프로그램으로 그 근거는 초·중등교육법에 명시되어 있다. 21stCCLC로부터 지원받은 단체나 기관은 지역사회 아동 및 청소년들의 보호와 육성을 위해 다양한 방과후 프로그램을 운영한다. 많은 주와 학교에서는 이 프로그램의 재정을 이용하여 소외계층 학생들의 방과후학교를 지원한다.
핀란드	핀란드의 방과후 돌봄 프로그램은 초저 학년 대상의 '방과후 활동'과 고학년 대상의 '방과후 클럽'으로 구분하고 있다. '방과후 활동'은 초등학교를 갓 들어온 1,2학년을 대상으로 아침과 오후 시간에 운영되며, 사회복지사가 담당. 학교 교과과정 이외의 돌봄과 과제를 봐주는 활동이 이뤄진다. 방과후 활동 내용은 앞서의 설명대로 아동의 복지지원, 정서와 사회성 발달을 목적으로 진행한다.

출처: 국회입법조사처(이슈와 논점, 2014), 희망제작소(2017), 새로운 사회를 여는 연구원(2014) 수정

3. 돌봄 시스템 핵심 쟁점과 대안

온종일 돌봄 시스템이 도입되어 제대로 정착된다면 앞으로 우리 나라에 많은 변화를 가져올 것이다. 하지만 그전에 해결되어야 할 쟁점들이 많다. 특히 운영주체 문제는 도입에 많은 걸림돌이 되고 있다. 지금까지의 관행대로 예산과 인력을 추가적으로 지원하지 않은 상황에서 학교 교사들이 운영주체가 된다면 수업이나 돌봄 모두 질적 하락을 가져올 것이 분명하다. 이를 위해 지자체가 운영 주체가 되는 법적 제도적 환경을 만들 필요가 있다.

시설 개선 비용도 추가적으로 필요하다. 온종일 돌봄 시스템을 기존 초등학교에 그대로 적용할 경우 운영에 제한 요소가 많다. 저 학년 학생에 적합하고, 놀이 공간으로서도 활용되는 시스템으로 재구조화가 필요하다.

인력에 대해서도 많은 고민이 필요하다. 그동안의 시스템은 인 력의 추가 지원 없이 교사들에게만 맡겨 운영했다. 하지만 이것은 교육력 저하는 물론이고 형식적인 운영에 그치는 등의 문제를 야 기할 것이 분명하다. 별도의 추가 인력을 고용하되 지역 학부모들 을 활용하여 준정규직으로 운영할 필요가 있다. 관리 주체는 역시 지자체가 되어야 하며, 사회적 기업이나 협동조합 형태도 고려할 수 있다.

안전에 대한 책임 문제는 학부모나 교사 모두에게서 나오고 있 다. 현행 법과 제도는 학교 내에서 벌어지는 모든 사안에 대해 학교장에게 책임을 묻고 있다. 이것이 해결되지 않는 한 학교장들이 굳이 사고의 위험을 안고 온종일 돌봄교실을 운영하려 하지 않을 것이다. 이외에도 여러 사안들이 있는데, 우선적으로 지자체의 역할과 교육청의 역할을 명확하게 구분할 필요가 있다.

결과적으로 교육부, 보건복지부, 여성가족부를 통한 중앙정부의 밀어붙이기만으로는 한계가 있다. 차라리 지자체와 시도교육청에서 조례나 MOU 방식으로 자체적으로 지자체 상황에 맞는 온종일 돌봄 시스템을 개발하도록 지원하고 자율권을 주는 방식이 낫다고 판단된다. 이에 대한 자세한 내용을 정리하자면 아래와 같다.

표4. 온종일 돌봄 시스템의 현황

내용	현황과 문제점	대안	향후 온종일 돌봄 체계 반영사항(유의사항)
운영 주체	• 단위학교 • 단위학교의 열악한 상황으로 인해 형식적으로 운영하는 곳이 다수	• 지자체 • 지자체의 인프라, 예산, 인력 활용 • 사회적 기업·협동조합에 예산을 분배(23년 간격 인증제)	• 단위학교에 업무 배분 시 양적 확장은 가능하나, 사업의 질은 담보하지 못하게 됨
시설	• 학교 교실을 그대로 쓰고 있음 • 박근혜 정부에서 지원되던 일부 시설비가 중단 • 다만 유휴교실을 어떻게 이해할 것인지에 대한 논의는 필요함. 단순히 비어있다고 유휴교실이라고 볼 수 없음. 특별활동을 해야하는 상황이 존재	• 초기 공약처럼 유휴교실을 쓰는 A형과 폐교 활용을 하는 B형, 기타 지자체 시설을 활용하는 C형 필요	• 획일적인 모델 적용보다는 지역 상황에 맞게 지자체교육청이 협업 • C형인 경우는 현재 시스템을 보완하거나 학교와 연계하여 운영하면 되므로 확산하는데 크게 어렵지 않음 • 보도자료에서 제시된 2019년까지 예산 연간 80억 지원은 부족

인력	• 별도의 지원인력이 없어 학교에서는 행정실무사·교사가 업무 진행 • 강사 인력풀도 없고, 열악한 지역은 사실상 업체가 장악함(계약은 개인이 하나 수수료를 떼어줌)	• 지자체에서 지원인력 파견, 또는 교사의 고용휴직 활용 • 강사인력풀은 지자체에서, 강사 교육·컨설팅·연수·교육과정기획은 교육청에서	• 업체에 대한 제제(견제) 방안 모색 필요 • 방과후학교 강사를 계약직으로 뽑으면몇 년 내로 무기계약이나 정규직을 요구하게 됨. 처음부터 지역주민(주로 경력단절여성)을 대상으로 하는 준정규직 차원 모색 필요
안전	• 학교에서 있지만 안전은 담보 못함 • 사고 발생 시 교사와·학교 책임 • 강사에 대한 범죄여부는 학교에서 범죄사실 조회 • 학교는 안전하다고 믿으나 사실 그렇지 않음(외부인 통제 불가한 상황)	• 안전 인력과 행정지원 인력 보강 (마을학교 교장 등 행정적 책임자 12인 필요) • 방과후 수업 시 발생한 사고에 대해 안전관련 보험 의무화(최대 2억 가량) • 외부인 학교 출입에 대한 제제 필요현 시점보다 보안에 대한 문제 다수 발생할 가능성 높음	• 초·중등교육법에서 학교장 책임에 대한 내용 개정 • 방과후 수업 시 지자체에서 안전을 책임진다는 내용 법제화 필요
등·하교	• 개인과 가정에 맡기기 때문에 많은 어려움 발생	• 등·하교문제에 대한 안전·비용 등개선책 필요 • 일부 지역에서는 스쿨버스, 등·하교 서비스 등 필요	• 지자체에서 상황에 맞게 자체 시스템 개발 유도 • 시행령·조례 필요
대상	• 주로 1~2학년 돌봄, 3~6학년 방과후로 통합 운영 • 저학년과 고학년의 통합운영은 여러 문제 발생	• 경우에 따라서는 통합운영을 하나, 관심도와 주제 따라 분리 운영 • 인원에 대한 가이드라인 필요	• 거점별 학교 운영으로 지역 클러스터 운영 • 대상이 많아지면 운송수단과 안전에 대한 별도 고민 필요

내용	현황과 문제점	대안	향후 온종일 돌봄 체계 반영사항(유의사항)
운영 시기	• 돌봄은 2시부터 7시까지이나 사실상 5, 6시면 종료 • 방과후는 2시~5시 • 사실상 이 시간이 끝나면 아동은 학원을 전전하게 됨 • 주말·야간·방학 운영 거의 안함	• 현행과 같이 모든 학교의 질을 낮추기보다, 학부모 대상 수요를 조사한 후 거점 운영 • 지자체에서 사회적 기업이나 협동조합을 선정하여 거점별로 일부 지역에서 주말·야간·방학 운영시스템 도입	• 오후 3시까지 의무화를 할 경우 교원들의 강력한 반발과 학교 황폐화를 가져올 수 있음 • 현행 돌봄과 방과후에 대한 학부모들의 만족도 분석과 요구사항 반영 필요
교육 과정 및 수업 내용	• 돌봄 교육과정은 문서상에만 존재 • 방과후는 일부 존재하나 매우 열악함 • 교육과정에 대한 실망으로 돌봄이나 방과후에 대한 수요가 크지 않음	• 선행학습금지법 취지를 살려야만 하나, 교육과정에 대한 지원을 학교에서 하고, 운영주체는 지자체가 맡게 되면 역할분담 가능 • 강사의 주기적인 연수로 역량강화 유도 • 고학년의 경우 진로교육과 연계필요	• 방과후도 초반 기존 사교육 업체가 들어와서 문제가 되었음 • 온종일 돌봄도 사교육 업체의 난립 예상
강사 임금	• 인원과 상황에 따라 유동적 • 돌봄은 70만 원 내외 • 방과후도 업체 수수료를 떼고 나면 70~80만 원 내외	• 지자체에서 고용하는 준정규직(지역에 거주하는 고학력 경력단절여성 우선) • 지역에 애정을 가진 지역거주자들에게 강사를 맡겨야 함	• 교사에게 맡길 경우 과거 방과후 초기와 같은 현상이 벌어짐 • 지역에서는 교사가 우수인력일 수 있지만, 장기적 관점에서는 부담으로 작용
예산	• 돌봄은 대개 학교예산(일부 교육청 지원) • 방과후는 수익자부담(일부 지자체나 교육청 지원)	• 예산은 지자체와 중앙정부가 대는 방향으로 가야 함 • 교육을 국가가 책임진다는 관점으로 수익자부담은 최소화	• 기존 사교육 업체, 방과후 업체의 반발에 대비해야 함

| 지자체 역할 | • 혁신교육지구와 같이 MOU의 느슨한 결합 형태로 지원
• 지자체에서는 교육청이 아닌 학교에만 지원할 수 있음. 때문에 학교의 행정 업무가 과도하게 증가 (일부 센터가 마련된 지역은 예외)
• 혁신교육지구 운영지자체를 제외하고는 교육예산은 대부분 시설투자 (인조잔디, 원어민교육, 강당, 급식실, 화장실 등) | • 온온종일 돌봄 체계에 대한 예산을 의무 편성하도록 함
• 시설투자에 대한 가이드라인 마련 (제제) 필요
• 사회적 기업·협동조합 육성 필요
• 분기별 교육정책에 대한 학부모의견 반영 | • 일반자치와 교육자치의 역할 결합에 대한 법적 근거 마련
• 모델별로 지자체-교육청-학교의 역할에 대한 규정 필요
• 지자체에서 교육청으로 예산이 지원 가능하도록 하거나, 교육지원센터개설 |

4. 나가며

향후 온종일 돌봄 정책을 추진함에 있어 몇 가지 사안을 유의할 필요가 있다. 우선 돌봄 시스템에 대한 적용 시기를 단일화하지 않았으면 한다. 그리고 돌봄 시스템의 정의와 도입 방식을 명확하게 해야 한다. 온종일 돌봄에서 어린이집을 무리하게 추가했을 경우 또 다른 난관에 부딪칠 수 있다. 단계적으로 초등 돌봄교실과 병설 유치원 확충, 법과 제도 마련, 유보 통합 과정 등이 필요하며, 이에 앞서 이해관계가 얽힌 집단을 설득하는 과정도 선행해야 한다. 이 과정에서 학교 시설의 복합화에 대한 문제가 대두될 수 있다. 따라서 수요자의 요구 조사, 지역 시설에 대한 조사, 활용 가능성에 대한 것은 정책 연구를 통해 로드맵을 구체화할 필요가 있다. 시도교육청과 지자체가 실무자 협의를 통해 '혁신교육지구 사업'을 점진적으로 확대해야 한다. 법제화를 하는 것도 하나의 방법이다. 현재 지자체의 교육예산은 시설투자 사업에 많은 부분이 투입되었고, 평생교육사업은 도서관 사업 정도로만 인식되어 왔다. 교육 프로그램에 대한 투자를 하는 혁신교육지구 사업에서 돌봄 시스템의 확장을 열 수 있다. 그 중심에는 '학부모 교육정책 참여제'[11]를 실시할 필요가 있다.

돌봄 시스템은 정책적으로 지역에 따라 지자체 중심 모델과 학교 내 모델에 대한 접근 방식이 달라야 한다. 더 나아가 1학교 2교장 체제가 필요하다.[12] 획일적으로 운영하기보다 사회적 기업이나 협동조합을 지역별로 선정하여 거점별로 시범 운영도 요구된다. 중·장기적으로는 학부모의 노동시장 문제와 연결될 수밖에 없다. 단순히 아이를 오래 맡아준다고 출산율 증가나 교육적 효과가 있는 것은 아니다. 사회나 기업이 의무적으로 퇴근 시간을 준수할 수 있도록 노동시간 단축을 위한 법과 제도가 필요하다. 북유럽과 같이 부부 할당 육아휴직의무제와 같은 제도도 필요하다.

다가올 2018년 6월 지자체장과 교육감 선거에서도 온종일 돌봄과 같은 교육 복지 분야가 중요한 쟁점이 될 가능성이 크다. 문재인 정부의 주요 교육정책 공약이지만, 세부적인 것은 중앙정부와 지자체, 시도교육청이 협의해 나가야 한다. 과거와 같이 단순 공약과 대규모 예산 투입만으로는 좋은 정책을 만들기 어렵다. 학교 현장의 상황을 자세히 알아보고, 지역 상황에 따른 맞춤형 대처를 하는 것이 좋다. 과거를 돌아볼 때 미래가 보인다. 정책에서도 크게 다르

지 않다. 획일적인 교육정책이 그동안 얼마나 현장을 악화시켰는
지 인식해야 할 시점이다.

주

1　정책팀(2018.03.04.). 연합뉴스. 10여년간 100조 투입했는데 출생아는 역대 최저.

2　2017년 기준 1.05 출산율.

3　신지후(2018.02.23.). 한국일보. 돌봄교실 탈락에 "학원 뺑뺑이 시켜야 하나요" 곳곳 탄식.

4　채혜선(2018.01.08.). 중앙일보. 유시민 청원 현실로… "'초등학교 교실 어린이집 활용' 합의".

5　어린이집과 유치원의 관리부서와 인력 통합문제.

6　신성식(2017.12.27.). 중앙일보. 초등 1~4학년 오후 3시까지 방과후 수업 의무화 추진.

7　한국교육과정평가원(2013).

8　임우선, 김호경(2018.01.25.). 동아일보. 강원도교육청의 실험… 초등 1, 2학년 '놀이밥 100분, 3시 하교' 시범 운영.

9　온종일 돌봄체계 구축 운영 기본계획(2017).

10　국정기획자문위원회. 2017.7.

11　학부모를 교육정책 모니터링. 교육정책 사업 추진, 교육 예산 심의, 학부모 아카데미 의무화 등.

12　방과후학교장(애프터 스쿨 장)을 지자체장이 임명하고 시도교육감이 동의하여, 일정 시간 이후 모든 책임은 방과후학교장이 지는 형태.

대안교육, 공교육과 함께 또 같이 미래교육을 고민하다!

이동배(분당 야탑고 교사)

1. 대안 교육의 등장 배경

여러분은 대안교육하면 어떤 장면이 떠오르시나요?

자연에서 아이들이 마음껏 뛰어노는 모습, 학생들이 직접 농사를 짓는 모습, 아니면 일반학교의 적응에 실패한 소위 문제아들이 다니는 곳이 먼저 떠오를 것입니다. 이런 이미지들은 대안교육의 협소한 부분만을 보여주고 있습니다. 대안교육이란 무엇일까요? 위키백과의 설명에 따르면 대안교육代案敎育, alternative education은 기존 제도권 교육의 한계를 극복하기 위한 교육이라고 나와 있습니다. 사실 대안교육의 정의는 연구자의 관점에 따라 다르게 정의될 수 있기에 대안교육이 왜 등장하였는지를 살펴봄으로써 그 의미를 이해할 수 있을 것입니다.

대안교육의 등장 배경으로 첫째, 기존 지배 체제에서 도구화된 학교와 획일화된 교육의 모순에 대한 비판으로 등장하였습니다. 서구사회에서는 교육이 지배세력의 도구로서 작용한다는 다소 급진적인 사회주의 성향을 가진 학자들에 의해 비판이 제기되었습니다. 예컨대, 라이머의 『학교는 죽었다』, 볼스와 진티스의 『자본주의와 학교 교육』, 애플의 『교육과 이데올로기』, 일리치의 『탈학교 사회』 등을 들 수 있습니다.

자본주의가 발달하면서 도구로서의 이성을 바탕으로 한 지식 위주 교육과 산업사회에 필요한 인력을 양성하기 위해 대량생산체제에 부합한 교육체제가 필요하게 되었습니다. 즉 거대한 자본주의 사상을 반영하는 교육목적과 교육과정이 편성되었고, 그 사회의 지배적인 사상과 가치가 주입되는 교육이 공교육의 중심을 이루게 되었습니다. 획일화된 지식을 전수하는 근대화된 학교가 등장한 것입니다. 그리고 이에 대한 비판으로 대안교육이 등장하게 된 것입니다.

둘째, 탈학교론과 같은 비판적 사회주의 교육이론들은 당시 학교교육의 모순점을 제기하는 점에서는 성공이었으나 대안교육의 철학적 가치나 구체적 전략이 미흡하다는 비판을 받았습니다. 기존 체제보다 거시적인 관점에서 사회를 바라볼 때, 물질만능주의와 기계화된 문명에 대한 근본적인 반성과 더불어 인간 존재의 가치를 중요시하며, 인간과 자연의 공존을 추구하는 생태론적 세계관이 등장하게 되었습니다. 대표적인 사상으로는 진보주의와 실존주의 철학을 들 수 있습니다. 이러한 사상을 바탕으로 기존 학교교육의 틀에서 벗어나야 한다는 필요성이 제기되었습니다. 교육적 차원을 뛰어넘어 지속가능한 가치를 주장하는 환경운동, 인권운동과도 맥락을 같이 합니다. 이러한 가치관은 오늘날 대안교육의 핵심적인 가치인 아동중심 교육, 생태교육의 기저를 이루고 있습니다.

셋째, 종교적 가치와 신념을 지키려는 단체를 통해 등장하였습니다. 기존 공교육 체제 하에서 종교의 중립성을 강조하다 보니, 종교적 가치와 신념을 전수하고자 하는 종교단체에서 주로 학교를 설립하거나, 가정 내 홈스쿨링을 통한 대안교육을 시작하게 되었습니다.

이처럼 대안교육은 그 시대와 사회가 가지고 있는 문제점에 대한 비판과 더불어 기존 공교육 체제에 대한 반성적인 성찰, 그리고 종교적 신념과 가치를 지키고자 하는 운동과 더불어 시작되었습니다. 김영화(2001)는 대안교육을 '기존의 교육과는 다른 교육으로서 현재의 학교가 안고 있는 문제를 해결하려는 다양한 교육방법과 실천'으로 보고 정유성(1999)은 '기존의 제도 교육에서 규정한 학교의 형태와 내용에서 벗어나 독자적인 교육이념에 따라 새롭고 다른 교육을 실현하고자 하는 학교'로 정의합니다. 즉 대안적인 삶의 가치를 추구하는 교육실천 공간이 학교의 형태로 나타난 것이 대안학교입니다. 그렇다면 대안교육의 한 축을 담당하는 대안학교는 언제부터 시작되었을까요?

2. 우리나라 대안학교의 태동과 소개

본문에서는 대안교육의 사례로서 홈스쿨링을 제외하고 대안교육을 실천하는 학교를 중심으로 이야기하고자 합니다. 우리에게 잘 알려진 대안학교는 사실 손에 꼽을 정도입니다. 그중에서도 대안교육이라는 말이 등장하기 전에 이미 우리나라에서 대안적인 교육을 실천하는 학교들이 있었으니, 바로 풀무농업기술고등학교와 거창고등학교가 그런 예입니다. 그러나 공식적인 제도교육 틀 안에서 최초의 대안학교를 이야기할 때는 '간디학교'를 꼽을 수 있습니다. 이외에도 도시형 대안학교로 시작하여 현재 대안형 특성화학교로 혁신학교 거점모델에 해당하는 '이우학교'가 있습니다.

그중 '풀무학교'와 '간디학교', 두 학교를 중심으로 각 대안학교의 설립배경과 교육의 목표를 통해 대안학교가 추구하는 교육적 가치가 무엇인지, 또 두 학교의 공통점은 무엇인지 살펴보고자 합니다.

우리나라 대안학교 역사를 말할 때, 공식적으로 최초의 대안학교는 1997년 경남 산청의 간디청소년학교[1](현재는 간디고등학교)를 꼽습니다. 간디의 사상 중 '진리를 향한 단순함, 노동하는 삶과 공동체주의'의 영향을 받아 교육철학도 '전인적인 인간, 공동체적인 인간, 자연과 조화된 인간'을 목표로 삼고 있습니다. 이를 바탕으로 '사랑과 자발성의 교육', '간디의 불복종 정신', '쓸모 있는 교육', '실존주의 인간관'의 교육이념을 실천하고 있습니다.

1998년 특성화학교로 인가받기 전의 간디청소년학교는 영국의 서머힐학교처럼 연령과 학년에 구애됨이 없이 개인의 능력에 따라 수업을 받는 통합학교 학제를 운영했습니다. 기숙사 학교이며, 교육의 주요 특징은 다음과 같습니다. 첫째, 의식주 해결교육을 중심으로 하는 삶의 교육을 중시합니다. 둘째, 감성교육을 중요시합니다. 체험 학습, 감각 교육, 예술 활동을 통해 감성을 회복시키는 교육을 지향합니다. 현재 간디학교는 인가형 학교인 간디고등학교, 비인가형 학교인 간디어린이학교, 금산간디학교, 산청간디중학교, 제천간디학교 등으로 확장되어 있습니다.

다음으로 간디학교보다 40년이나 먼저 1958년에 충청남도 홍성군 홍동면에 설립된 '풀무농업기술고등학교'(이하 풀무학교)가 있습니다. 풀무학교는 성서에 바탕을 둔 깊이 있는 인생관과 학문과 실제능력에서 균형 잡힌 정직하고 유용한 평민, 하나님과 이웃, 지역과 세계, 자연의 생명과 더불어 사는 평민을 육성하는데, 교육 목표는 다음과 같습니다. 첫째, 예배와 성서과목을 통한 교육. 둘째, 자기와 남의 가치를 깨닫고 존중하는 기본층의 평민 육성. 셋째, 머리(학문), 가슴(신앙), 손(노작)의 조화로운 교육. 넷째, 학생 중심의 작은 학교 지향. 다섯째, 교사회, 이사회, 학부모회, 학생회가 동등한 자격으로 협력 보완하는 무두무미無頭無尾 교육을 지향. 여섯째, 지역과 더불어 사는 학교를 지향하고 있습니다. 실제로 학교에서 개발한 무농약 유기농법을 활용해 만든 농산품을 지역사회에 환원하고, 지역과 학교가 더불어 사는 협동공동체를 이뤄가고 있습니다. 풀무학교는 오늘날 경기도나 서울의 지자체와 학교가 협력하는 모델로서 주목받고 있는 마을교육공동체 모델로 볼 수 있습니다.[2]

이 두 학교가 갖는 교육이념의 공통분모를 찾아보면 첫째, 자주적이고 전인적인 개인의 발달에 교육의 초점을 맞추고 있습니다. 학생을 인격체로 존중하고 학생의 자유와 자율성을 존중하는 교육을 하고 있습니다. 둘째, 개인의 자율성 존중에서 더 나아가 이를 통해 더불어 사는 공동체적 삶의 가치를 추구합니다. 풀무학교의 '더불어 사는 평민', 간디학교의 '공동체적 인간'의 교육이념은 이웃과 더불어 사는 공동체를 중시하고 모든 교육과정에 이를 반영하고 있습니다. 셋째, 인간과 자연과의 삶의 조화를 중시하는 생태주의 가치관을 중시하고 있습니다. 물론 두 학교가 농촌에 자리잡고 있기에 그럴 수 있지만 도시형 대안학교 또한 자연과의 조화를 중시하고 있습니다.

3. 대안학교의 분류와 법제화 과정에 따른 과제

대안학교의 분류에는 다양한 준거가 있습니다. 제도교육과의 관계에 따라 제도 밖, 제도 안, 제도 곁의 교육으로 분류할 수 있고, 대안학교의 교육 특성에 따라 자유학교형, 생태학교형, 고유 이념형, 재적응 학교형 등으로 나눌 수도 있습니다(이종태, 2001). 혹은 지역에 따라 전원형 대안학교, 도시형 대안학교로, 교육대상에 따라 유, 초, 중, 고등학교로, 운영형태에 따라 정규학교형, 계절학교형, 방과후 프로그램 형으로 구분하기도 합니다. 예컨대, 간디고등학교는 제도 안 학교이자, 생태학교, 전원형학교, 정규 중·고등학교로 볼 수 있습니다. 현재 대안학교의 법적 근거에 따른 분류로는 각종학교, 대안교육 특성화 중·고등학교, 대안교육 위탁기관, 특별교육 이수 기관, 학교 내 대안교실 등으로 나눌 수 있습니다. 그리고 현재 대다수의 많은 대안학교들이 비인가 학교[3]입니다.

그렇다면 제도교육 밖 대안학교의 법제화 과정에 대해 살펴보겠습니다. 현재 대안학교의 법제화는 1997년 특성화 고등학교와 자율학교 제도 도입에서부터 시작되었습니다(이병환, 2007). 이후 대안학교의 영향력과 사회적 요구 등에 따라 관련법이 개정되었는데, 2005년 '초·중등 교육법 제60조의 3항'에 의거하여 '대안학교의 설립 운영에 관한 규정'으로 제정되었습니다. 이 법에 의하면 대안학교는 각종학교[4]로 분류가 됩니다. 또한 대안학교 중 교육부의 인가를 받은 학교를 특성화학교[5]라고 합니다. 특성화학교는 대안학교가 법제화되어서 행정적, 법적 지원을 받는 학교입니다. 반면 공교육 과정을 어느 정도 따라야 하기 때문에 교육과정상 자율성의 제약을 받게 됩니다(중학교는 30퍼센트, 고등학교는 70퍼센트 정도의 자율성을 갖게 됨). '각종학교'와 '특성화학교'는 정부의 학력 인정을 받는 인가된 학교이나 대다수 대안학교는 미인가 학교입니다. 2007년 교육부는 '대안학교의 설립·운영에 관한 규정'을 제정하여 대안학교 설립을 위한 세부적인 절차와 기준을 정하고, 2009년에는 대안교육의 특성을 살린 교육이 이뤄지도록 관련법을 개정하였습니다.

2017년에는 '학교 밖 청소년 지원에 관한 법률'을 개정하고 학교 밖 청소년 정보연계 강화와 더불어 청소년의 상담과 건강검진, 주민센터에서 청소년증 발급 및 학습지원, 맞춤형 직종 훈련과 같은 취업사관학교 활성화 등 다양한 맞춤 지원이 시작되었습니다. '대안학교 설립을 위한 시설(체육장) 기준'을 더욱 완화하여 고등학교 이하 각 급 학교 설립 기준과 같이 인근 학교의 체육장 또는 공공체육시설을 사용할 수 있거나, 지역 여건상 옥외 체육장 시설을 확보하기 곤란한 경우 설치하지 않거나 면적을 완화할 수 있는 허용규정을 신설하여 교육시설 간 형평성을 도모하였습니다. 또한 대안학교 설립 인가 시에 필수구비 서류였던 학교헌장을 삭제하여 불필요한 규제를 완화하였습니다. 그러나 여전히 대안학교와 관련하여 많은 과제가 남아 있습니다.

첫째, '학교 밖 청소년'을 바라보는 교육당국과 사회의 관점 변화와 더불어 대안교육의 자율성을 인정하는 법률 개정이 필요합니다. 교육과 학습에 관한 권리 중에 '교육권'과 '학습권'이 있습니다. 헌법 31조 1항의 교육받을 권리만을 국민의 교육에 대한 권리 근거로 본다면 교육권은 교육자에 의한 학습자의 구속적 성격이 강합니다. 교육받을 권리에서는 교육 기회 보장이 주요 관심사가 될 뿐입니다. 반면에 학습권은 학습자로서 인간의 주체성과 자율성을 강조합니다. 미래 사회의 교육은 평생학습 사회, 정보화 사회의 변화에 따른 패러다임 변화에 맞추어 대안학교 교육도 학습자 입장에서 충분히 존중되고 보장받아야 합니다(김신일, 1999). 18, 19대 국회에서 국회의 대안교육 법률안 제정이 있었지만, 아쉽게도 본회의에 상정되지 못하고, 19대 국회에서 폐기되었습니다.[6] 현재 학교 밖 대안교육은 교육기관으로서 인정을 받지 못하고 있습니다. 대체로 학교 밖 청소년들에 대한 시각은 공교육에 부적응하거나 중도 탈락한 학생들이라는 부정적인 인식이 강합니다.

2015년 정부가 발표한 '관계부처 합동 학교 밖 청소년 대책'에 따르면 학령기에 학교를 떠난 청소년이 누적 기준 36만여 명에 이르는 것으로 집계하고 있습니다. 한국청소년정책연구원(2015)의 연구에 의하면 학교 밖 청소년의 형태를 학업형(50.4%), 직업형(32.4%), 무업형(11.1%), 비행형(6%)으로 구분하고 있습니다. 자세히 들여다 보면 학교 폭력으로 인한 비자발적 자퇴, 비행행동으로 인한 자퇴, 자발적인 배움을 선택해서 스스로 자퇴를 하는 학생 등 다양한 스펙트럼이 있습니다. 이 학생들을 지원하기 위한 여성가족부의 학교 밖 청소년 지원에 관한 법률 9조나 서울시의 지원조례[7]가 있지만 실질적으로 많은 사람들이 대안학교에 다니는 학생들을 인식할 때, 학교 제도권에서 부적응하거나 일탈한 학생이 다니는 곳이라고 오해를 합니다. 비록 학교 밖의 학생들이 기존의 공교육 체계에서 부적응했다고 하더라도 얼마든지 자신에게 맞는 배움의 장을 선택할 수 있어야 하고, 그러한 배움의 장을 실질적으로 인정해주는 것이 필요합니다(권일남, 2017).

현재 '학교 밖 청소년'은 학생으로 인정받고 있지 못합니다. 왜 청소년들이 학교 밖으로 가게 되었는지에 대한 깊이 있는 원인 분석과 더불어 이들 또한 '학교 밖'에서 자신의 삶을 위해 배움을 선택하고 노력하는 또 다른 '학생'임을 인정해야 합니다. 그러나 아직까지 학교 밖 청소년 정책은 학교 안과 학교 밖의 청소년을 구분하여 학교 밖 청소년들의 상담이나 건강검진, 취업 등의 당면한 문제점을 해소하는 데 치중하고 있습니다(이현숙, 2017).

다행인 점은 문재인 정부의 교육공약 중 학생에게 고교 학점제의 도입과 함께 교과 선택권, 학교 간 이동을 허용하여 학습의 기회를 폭넓게 보장하려고 하는데 학교에는 일반고, 특성화고, 대안학교 간 상호이동 학습을 허용한다고 되어 있습니다. 현재 학교 밖 학생들을 지원하는 정부부처로는 교육부와 여성가족부가 있습니다. 교육부의 검정고시라는 틀 이외에도 다양한 학력 인정을 활성화하는 정책과 여성가족부의 학교 밖 청소년지원센터의 역할을 강화하는 정책이 서로 들어맞아 긍정적인 시너지효과를 발휘할 것으로 기대됩니다. 그러나 궁극적으로는 대다수 대안학교들이 자유학교나 독립학교로 인정받고 공교육과 유사한 지원이 이뤄지는 데까지 갈 필요가 있습니다.

미국과 일부 유럽 국가는 홈스쿨링을 합법화해 학교에 가지 않아도 학력을 인정하고 있습니다. 일본은 2016년 참의원 본회의를 통해 '의무교육 단계의 보통교육에 상응하는 교육기회의 확보 등에 관한 법률'을 의원입법으로 가결했는데. 이는 대안교육을 일본의 학교교육법·교육기본법과 동등한 위치로 인정한 것이라고 볼 수 있습니다. 이와 관련하여 많은 대안학교 관계자 분들은 현재 각종 학교로서의 인가 대신 대안교육기관 등록제를 제안하고 있습니다.

그리고 학교로서의 자율성을 보장받기 위해 현재의 독립성을 좀 더 강화하고 대안교육기관 설립 운영위원회 권한이 강화되어 실질적으로 대안교육 관련 종사자들이 위원회 위원으로 많은 비중을 차지할 수 있도록 해야 한다고 주장합니다(박현수, 2017).

둘째, 대안학교 설립과 교육 활동을 위한 공공 재원 조달이 확대되어야 합니다. 문재인 정부 관련 공약 중 대안교육 기관, 홈스쿨링, 직업교육 훈련 기관 등에 대해 학교교육 경비에 준한 교육비 지원을 정책공약으로 세웠습니다. 특히 재정 문제를 포함한 대안학교 교육의 질 관리와 공공 재원확보를 위해 국가와 지방자치 단체는 노력할 필요가 있습니다. 최소한 국가 및 지방자치단체의 등록제도를 통과한 대안학교는 운영비와 학생교육비, 시설비 중 일부라도 지원될 수 있도록 지방재정의 일정비율을 확보하여 대안학교 및 학교 밖 청소년을 위한 예산이 쓰일 수 있도록 해야 합니다.

이와 더불어 사회복지 관련 법규를 정비하여 연관 부서의 종합적이고 체계적인 통합 지원이 필요합니다. 현재 대안학교에 다니는 학생들의 경우 각종 사회복지 안전망에서 제외되어 있습니다. 예컨대 기초생활수급자에 해당하는 학생이 교육급여를 받으려면 초·중등교육법에서 인정하는 학교여야만 가능합니다. 학원비 지원이나 일정 규모 이상 기업의 임직원 자녀 교육비 지원에서도 제외되고 있는 실정입니다. 대안학교에 자녀를 보내는 학부모는 국민과 시민으로서 납세의 의무를 다했지만 대안학교에서는 교육 혜택을 받지 못하고 있습니다. 최소한 청소년이 자신의 배움에 대해 선택을 했다면, 그것이 꼭 공교육 기관이 아니더라도 국가가 지원해야 합니다. 사회복지 관련 법규의 미비점을 법무부, 보건복지부, 교육부, 여가부 등 유관 기관이 국회와 협의하여 학교 밖 청소년들을 통합적으로 지원하기 위한 정책으로 보완해야 합니다.

4. '함께 또 같이' 미래 교육을 위한 동반자 관계로서의 대안교육

지난 20여년의 기간 동안 많은 대안학교들의 교육적 상상력과 실험이 오늘날 혁신학교를 비롯한 공교육의 교육과정과 학생을 바라보는 관점 등 공교육의 정상화에 도움을 준 사실은 부인할 수 없습니다. 혁신학교의 출발은 공교육이 살아나는 기회가 되었습니다. 하지만 혁신학교의 학생 중심의 교육과 철학은 이미 대안학교의 교육철학과 교육과정에서 실천되어 왔던 것입니다. 현재 공교육에서 추진 중인 미래형 교육과정인 '고교 학점제'도 대안학교에서 실행해왔습니다.

대안학교와 공교육의 학교는 교육과정과 수업, 교육철학 등 많은 부분에서 서로 협력해야 할 필요가 있습니다. 앞으로 미래 사회의 학교는 공교육과 대안교육이 '함께 또 같이' 나아가야 합니다. 학교가 진정 학생을 '배움의 주체'로 놓고 건강한 민주시민으로서, 다양한 삶의 주체로서, 성장할 수 있는 인격체로서 학생을 인식하고, 그러한 학생을 키울 수 있는 공간으로서 학교를 상정한다면, 학교 밖 청소년을 학교 안 학생과 구분짓는 것을 넘어서 다양한 배움을 자발적으로 선택하는 학생으로 바라보고 지원해야 합니다.

그러나 현재 대안학교는 재정적, 법적, 제도적인 어려움과 주위의 왜곡된 시선 속에서 미래교육을 위한 창의적인 교육 실험을 하기가 매우 어려운 상황입니다. 이러한 문제를 해결하려면 공교육과 대안교육의 선생님들과 학부모, 학생들이, 더 나아가 국회와 정부, 지자체가 적극적으로 해결방안을 찾아야 합니다. 대안학교는 오늘날 학교 자율경영의 모태이자 진정한 '교육자치'의 지향점으로서 단순히 제도권 공교육의 보완재가 아니라 미래교육의 콘텐츠를 실험하고 학교란 무엇인가에 대한 고민을 함께하는 동반자이기 때문입니다.

참고문헌

- 간디학교 홈페이지 www.gandhischool.net.

- 권일남. 새 정부 대안교육과 학교 밖 청소년 정책 성공의 주요키워드. 「미래교육과 학교 밖 청소년 정책포럼 자료집」. 2017.

- 김신일. 학습권론의 형성과 전개. 『평생교육연구』. 1999. 5(1). pp.1~16.

- 김영화. 교육에 대한 국가의 역할이 바뀌어야 한다- 공교육 이념과 기능의 재검토. 「제23회 교육민회 시민포럼 자료집」. 2001. pp5~25.

- 박현수. 대안교육진흥을 위한 법제정 필요성. 「대안교육 내실화를 위한 정책토론회 자료집」. 2017.

- 이병환. 대안학교 관련 쟁점분석, 관련 법령에 대한 교원들의 인식을 중심으로. 「교육행정학연구」. 2007. 25(4). pp535~563.

- 이종태. 『대안교육과 대안학교』. 서울: 민들레. 2001.

- 이현숙. 새 시대에 맞는 학교 밖 청소년 지원정책 어떻게 가야하나?. 「미래교육과 학교 밖 청소년 정책포럼 자료집」. 2017.

- 정유성. 대안학교의 교육과정 및 교사양성 방안. 「교육인적자원부 정책개발 연구보고서」. 1999.

- 풀무학교 홈페이지 www.poolmoo.cnehs.kr.

주

1　1997년 미인가 학교로 개교이후, 1998년 초·중등 교육법 개정으로 '특성화고 등
　학교' 제도가 도입되었고, 2000년까지 성지학교와 간디학교를 비롯한 11개 학교
　가 개교함. 간디학교는 전일제 특성화학교 1호로 인가받음. '특성화 학교'의 도입
　은 민간차원의 새로운 학교 만들기에 대한 열망과 교육당국의 학교다양화및 학
　교 부적응 학생대책이 맞물려 시작되었음. '간디농장' 설립자인 양희규가 『녹색
　평론』에 '사랑과 자발성의 교육'이라는 글을 기고하고 교사모집을 하면서 태동
　함. 주소는 경남 산청군 신안면 둔철산로 210.

2　1958년 개교당시 풀무고등공민학교로 개교했으며, 1963년 현재의 고등학교 과
　정인 풀무농업기술고등학교로 연장되고, 1983년 고등학교 학력 인정학 교로 지
　정됨. 제도 안 '대안학교'로 인정받고 있지만 일부 연구에서는 대안학교의 범주에
　포함시키지 않기도 함. 주소는 충남 홍성군 홍동면 팔괘리 664번지.

3　현행 법규에서는 의무교육에 해당하는 취학아동을 학교에 보내지 않는 부모는
　의무교육법 위반으로 100만 원 이하의 과태료 행정처분을 받지만 실제로 과태료
　처분을 받는 경우는 거의 없다. 취학이나 진학시기에 입학유예신청을 통해 2년
　동안 입학을 유보할 수 있고, 정원 외 관리 제도를 통해 학적을 유예 처분하면 만
　12세가 지나 검정고시에 응시할 수 있다.

4　학업을 중단하거나 개인적 특성에 맞는 교육을 받으려는 학생을 대상으로 현장
　실습 등 체험위주, 인성위주의 교육 또는 개인의 소질과 적성 개발 위주의 교육
　등 다양한 교육을 하는 학교로서 각종학교에 해당하는 학교.

5　초·중등교육법 시행령 제76조(특성화중학교)에 의거 교육감이 교육부장관의 동의
　를 받아 대안교육의 교육과정 운영 등을 특성화한 중학교 초·중등교 육법 시행령
　제91조(특성화고등학교)에 의거 교육감이 지정·고시한 소질과 적성 및 능력이 유
　사한 학생을 대상으로 특정분야의 인재양성을 목적으로 하는 교육 또는 자연현
　상 실습 등 체험위주의 교육을 전문적으로 실시하는 고등학교.

6　새누리당 김세연의원 '대안교육지원법안', 민주당 김춘진 의원 '학교 밖 학습자
　교육지원에 관한 법률안'은 대안교육시설의 설치와 운영 및 지원에 관한 사항을
　중심으로 제안되었음.

7　'학교 밖 청소년 지원센터'를 신설하고 여성가족부의 협업을 통해 운영되고 있다.
　서울특별시 학교 밖 청소년 지원조례를 통해 학교 밖 청소년들에 대한 교육, 자
　립지원 등을 통해 학교 밖 청소년이 건강한 사회구성원으로 성장하도록 지원하

고, 시장은 학교 밖 청소년 종합지원계획을 수립하고 지원위원회를 설치하며, 대안교육기관을 지원하도록 되어 있다.

학교폭력 예방을 위한 학교폭력 대응방법 고찰

명인희(경기도성남교육지원청 장학사)

1. 들어가며

학교폭력이란 학교 안팎에서 학생을 대상으로 한 폭행, 명예훼손, 모욕 등 학생의 신체나 정신, 또는 재산상의 피해를 수반하는 행위[1]를 말한다.

학교폭력은 심각한 신체적, 정신적 후유증을 동반하고, 학생의 성장에도 부정적인 영향을 미치기 때문에 우리 사회가 책임 있는 자세로 관심을 가져야 할 중요한 문제이다. 그래서 사회적으로 이슈가 되었던 학교폭력 사안의 경우 중앙정부뿐만 아니라 시민사회 등에서도 적극적으로 학교폭력 예방 및 대응을 제도적으로 보완해

온 결과, 학교폭력 예방을 위한 국가적, 사회적 안전 기반이 구축되었다.

학교에서는 학교폭력예방법 제2조에 해당하는 폭력을 인지하면, 학교폭력대책자치위원회를 개최하여야 한다. 담임 해결로 종결된 경우도 피해학생(또는 그 보호자)이 요청하면 반드시 학교폭력대책자치위원회를 개최하는 등 사안 대응에 적극적으로 임하도록 전담기구와 위원회가 제도화되었다. 또한 학교폭력 예방과 사안처리 대응을 위하여 경찰과 학교 협력으로 학교 전담경찰관SPO도 배치되어 있다.

지자체와 시도교육청에는 학교폭력대책자치위원회의 결과에 불복할 경우 이를 심의하는 기구가 설치되어 있어서 가해자와 피해자 모두에게 불복할 수 있는 기회를 제공하고 있다. 특히 주무부서인 교육부에서는 학교폭력 예방을 위한 다양한 사업 및 대책을 계획 시행하고 있고, 연 2회 초등학교 4학년부터 고등학교 3학년까지를 대상으로 학교폭력실태조사를 실시하여 학교폭력에 대하여 모니터링하고 있다. 중앙정부와 지자체, 학교 등 관련 기관이 유기적으로 협력하여 학교폭력에 대응하는 시스템도 갖췄으며, 양적 확대뿐만 아니라 질적 수준도 제고되어 관련 학생에 대한 보호, 치유와 교육, 선도 조치가 이루어지고 있다.

한편 학교 현장에서는 학교폭력실태조사 결과, 피해응답률은 꾸준히 감소하고 있으나, 학교폭력대책 자치위원회 개최 건수와 불복 건수는 계속 증가하는 추세이다. 특히 학교폭력 사안 처리가 학교 안팎으로 분쟁을 유발하여 학교가 어려움에 처하기도 한다.

학교폭력업무 승진가산점이 있음에도 불구하고 새 학년이 되면 교사들이 학교폭력 관련 업무(부장교사, 책임교사)를 피하여 업무분장에 어려움이 많으며, 학부모들은 학교폭력대책자치위원의 과반수를 차지하는 학부모 위원을 하지 않으려고 하여 자치위원 선출에 애로가 많다.

이 글에서는 현행 학교폭력 대응 현황과 문제점을 살펴보고 교육공동체의 성장을 위한 학교폭력 예방 방법을 모색하고자 한다.

2. 학교폭력 정책 및 법규의 변화

학교폭력에 관한 법이 제정된 것은 2004년 '학교폭력예방 및 대책에 관한 법률'(이하 학교폭력법)이다. 정부는 이를 바탕으로 관계부처가 협력하여 5년마다 학교폭력 예방 및 대책에 대한 정책 목표와 방향, 추진 과제를 제시하는 중장기 법정 계획인 '학교폭력 대책 기본계획'을 수립, 시행하고 있다.[2] 학교폭력법은 현장의 다양한 요구와 학교폭력의 변화에 따라서 꾸준히 개정되고 있으며, 20대 국회에서 발의된 학교폭력 관련 법률만도 40여 건이 넘고 있다.

학교폭력에 대한 사회적 관심은 꾸준히 이어왔지만, 우리나라 학교폭력 관련 법규와 정책에 큰 변화를 가져온 것은 2011년 12월 대구에서 중학생이 학교폭력으로 자살한 사건이다. 이 사안은 학교폭력의 사회적 책임 문제를 우리 사회에 크게 제기하였고, 학교폭력의 심각성을 수면 위로 드러나게 하였다. 이를 계기로 학교폭력 관련 가해 조치사항을 학교생활기록부에 기재하는 등 가해자 처벌을 강화하는 범정부 차원의 학교폭력근절 종합대책(2012. 2. 6.)이 발표되었으며, 이와 관련한 학교폭력법이 개정(2012. 3)되었다. 가해자 처벌 중심의 학교폭력 예방 및 대책도 2012년에 개정된 법률에 근간을 두고 있으며, 현재 진행되고 있는 제3차 학교폭력 예방 및 대책 기본계획(2015~2019) 역시 이 정책과 맥을 같이하고 있다고 볼 수 있다.

표1. 주요 학교폭력 관련 정책 및 법규

연도	제목	비고
2004. 1.	학교폭력예방 및 대책에 관한 법률 제정	
2012. 2.	학교폭력 근절 종합대책 수립	총리실, 교육부 등 11개 부처 참여
2012. 3.	학교폭력예방 및 대책에 관한 법률 개정	가해자 처벌 강화 등
2012. 6.	학교전담경찰관(SPO) 공식 발대	
2012. 12.	Wee프로젝트 사업관리 운영에 대한 규정	
2013. 7.	현장중심 학교폭력 대책 수립	현장의 자율적 예방활동 강화
2016. 9.	학교폭력 가해학생 조치별 적용 세부 기준 마련	
2017. 12.	학교안팎 청소년 폭력 예방 대책 수립	

3. 학교폭력 대응 현황과 문제점

학교폭력 예방을 위한 안전망 구축 및 사회적 관심, 학교의 즉각 대응, 피해자 보호 및 치유 제도의 확대, 가해자 엄중 처벌 등으로 학교폭력은 은폐 축소되지 않고 제도 속에서 다루어지고 있다. 학교에서는 폭력에 대해 높은 민감성을 가지고 대응하고 있으며 관련자 조치로 사안이 종결된다.

이와 같은 현행 학교폭력 대응은 다음과 같은 몇 가지 문제점을 가지고 있다.

첫째, 학교폭력이 발생하면 피해학생 보호 및 치유가 우선적으로 이루어지지만, 주된 학교폭력 대응은 가해자를 교육하고 선도하는 가해자 처벌 위주로 진행하고 있다. 학교폭력으로 인지하면 전담 기구에서 사안을 조사하고, 학교폭력대책자치위원회에서 조치를 결정하면 관련자들은 그 결과를 이행하고 가해자의 경우 조치사항이 즉시 학교생활기록부에 기록된다.

가해자 처벌 중심의 학교폭력 대응은 학생에게는 폭력의 엄중성과 자신의 행동에 책임을 져야 한다는 것을 깨닫게 하였으며, 학부모에게는 경각심을 고취시키는 등 학교폭력에 대한 민감성을 높였다. 그러나 가해자 조치사항 학교생활기록부 기록은 또 다른 분쟁 요인으로 작용하게 되었다. 중·고등학생들의 경우 상급학교 진학에 학교생활기록부가 중요한 자료로 활용되므로 가해자 조치가 기록되지 않기 위하여 처벌을 감소시키거나 폭력을 왜곡하는 방향으로 전개되고 있다. 예를 들어 변호사와 같은 주변인들이 개입하거나, 학교폭력 대응절차 등 다른 이유들을 근거로 불복이 진행되어 관련자뿐만 아니라 학교도 교육력이 많이 소진되고 있다. 교사들이 수업에 지장을 받고, 관련 학생 학부모들도 생업에 종사하지 못하는 경우가 발생하기도 한다.

둘째, 관련자 조치로 사안이 종결되는 현행 학교폭력 대응은 관계 회복과 성장의 기회를 부여하지 못하고 있다. 가해자의 경우 폭력을 행한 자신의 행동을 반성하고 성찰하기보다는 자신에게 주어진 조치에 집중하여 피해자 비난, 자치위원회 결과 불복으로 이어져 학교폭력이 발생한 근본적인 원인이 해결되지 않고 사안이 종결되는 경우가 있다. 특히 진정한 반성과 관계회복의 기회가 없는 전학 조치는 문제의 본질을 해결하지 못하고 타 학교에 다시 문제를 전가하는 현상을 유발하며, 보호자 특별교육의 경우 미 이행시 과태료 부과 규정은 있으나 강제 이행에 어려움이 있어 실효성에 문제가 제기되고 있다.

셋째, 공정성 확보를 위한 장치인 학부모자치위원의 높은 비중이 오히려 공정성을 해치고 있으며 자치위원회 조치의 신뢰성까지 훼손하고 있다. 학교폭력 조치는 학교와 사안의 특수성을 잘 반영할 수 있도록 각 학교마다 설치되어 있는 학교폭력대책자치위원회에서 결정한다. 이 위원회는 공정하고 신중한 결정을 위하여 전체 위원의 과반수 이상은 학부모로 위촉하며 재적위원 과반수 출석으로 개의가 가능하다. 자치위원회에 학부모 비율을 높게 구성함으로써 관련 학생들에 대한 교사들의 낙인효과 작용을 배제할 수 있게 하였다. 그리고 학교폭력의 문제를 교육 공동체가 학교 안에서 해결할 수 있는 기회와 학교폭력 조치 결과의 투명성 확보에 기여하였다. 그러나 자치위원인 학부모들이 관련 학생들과 같은 지역에 거주하여 조치 결정을 내리는 것에 부담을 느끼거나, 자녀를 키우는 부모의 입장에서 온정주의로 흐르는 경우가 발생하기도 한다. 혹은 관련자와 자치위원이 같은 동네에 거주하여 상대측으로부터 기피신청을 받기도 한다. 그리고 사안 미숙지, 학교폭력법을 포함 전문적 시각 부재 등으로 동일한 사안에 대해 심의결과에 차이가 나는 등 자치위원의 전문성이 지적되고 있다. 그래서 교육청별로 자치위원 역량강화를 위한 교육 등을 실시하고 있으나, 자치위원의 공정성과 전문성을 보완하기에는 여전히 어려움이 있다.

이에 대한 해결책으로 학부모 자치위원의 구성 비율을 축소하고 외부 전문가의 비율을 확대하는 방법과, 학교폭력대책자치위원회를 교육지원청 같이 학교 밖에 상설화하여 경미한 사안의 경우 학교장이 종결 처리하고, 중대 사안은 학교 밖 자치위원회에서 처리하도록 하는 방법 등이 논의되고 있다. 교육적 차원으로 해결할 부분과 법적으로 해결해야 할 부분으로 분리하여 대응하고자 하는 것이지만, 아직 의견이 상충하여 사회적 공론화 과정이 필요하다.

넷째, 학교폭력은 범주가 정해져 있고, 그 범주에 해당하면 경미한 사안도 학교폭력 사안처리 가이드에 의해 엄정하게 처리하고 있다.[3] 이러한 처리 절차는 사안이 크거나 작거나 어떠한 학교폭력도 용인하지 않게 하고, 폭력의 축소, 은폐를 방지한다는 점에서 긍정적 효과가 있다. 교사는 해당 학생과 목격자, 현장 등을 조사해 종합적인 방법으로 객관적인 자료를 확보하고, 육하원칙에 근거하여 구체적으로 확인서를 받아 객관적이고 공정하게 사안 조사를 실시한다. 그리고 그 결과를 학교폭력대책자치위원회에 보고하고 학교폭력 대처 매뉴얼에 따라 처리를 하여야 한다. 사안 처리 절차를 지키지 않았을 경우 불복으로 이어지는 등 분쟁, 갈등, 민원이 발생하기도 한다. 그리고 이 부분이 향후 감사로 진행될 경우 해당교사는 행정적 책임을 면하기 어려운 상황이 발생한다. 교사는 교육적 관점에서 관련자들이 관계를 회복할 수 있도록 도와주고, 예방에 힘써야 하는데, 현재의 학교폭력 사안 처리는 이런 교육적 노력이 작용하기가 거의 불가능하다고 할 수 있다. 따라서 교사는 교육자 본연의 역할을 상실한 채 사법적 기능에 가까운 업무처리만을 하게 된다. 그리고 이렇게 엄격한 사안 처리 절차는 교사들에게 과중한 업무 부담으로 작용하고 있다. 관련자들 간의 이해와 화해를 통하여 해결 가능한 사소한 학교폭력 사안의 경우라도 전담기구의 조사를 거쳐 학교폭력자치위원회를 개최하여 처리하도록 되어 있어 사안 조사, 자치위원회 개최, 회의록 정리 등에 많은 시간이 소요된다. 자치위원회 진행시 관련자들에게 충분한 소명의 기회가 주어지고 있어서 관련 학생이 다수일 경우 자치위원회가 6~7시간 동안 진행되기도 한다.

엄정한 처리가 학교의 교육적 기능을 위축시키고 있고, 관련자와 학교 간 갈등을 유발하는 요인으로 작용하기도 한다.

4. 나가며

학교폭력 예방을 위하여 다양하게 노력하고, 또 국가적 사회적 안전망을 구축하더라도, 사안이 발생하면 피해학생의 상처는 돌이킬 수 없는 경우가 많다. 학교폭력 대응은 피·가해자를 찾아내고 그에 적절한 대응을 하는 것으로 끝나는 것이 아니라, 폭력의 원인을 규명하여 갈등을 해소하는 것이 관련자들의 관계회복뿐만 아니라 새로운 학교폭력 예방 차원에서도 중요하다. 그리고 보호자 특별 교육의 경우 반드시 이수하도록 하고 평소 가정에서부터 학교폭력 예방이 이루어지도록 노력해야 한다.

학교폭력 예방을 위해 우선, 학교폭력 대응에 대한 교육적 기능을 회복하여야 한다. 학교폭력의 기저에는 크고 작은 갈등이 자리잡고 있으므로 사안 대응뿐만 아니라 갈등 해결을 위한 근본적 접근도 필요하다. 물론 가해자에게는 교복 입은 시민으로서 자신의 행동에 대하여 책임을 지도록 엄정하게 조치해야 한다. 그러나 현행은 조치로 끝나고 학교폭력 사안이 종결되기 때문에 근본적인 해결이 되지 않아 갈등이 반복되는 경우가 발생한다. 그러므로 이 사안이 관련자들에게 어떤 피해를 주었는지, 공동체에게는 어떤 부정적 영향을 끼쳤는지, 그리고 갈등이 다시 발생하면 그때 어떻게 해야 되는지 등에 대해 성찰할 수 있는 기회를 부여해야 한다. 이러한 과정이 생략되면 학교폭력은 피해자와 가해자의 문제로만 귀결되어, 진정한 사과와 재발 방지를 원하는 피해자의 고통은 줄어들지 않으며 가해자는 결과의 조치에만 집중하게 된다. 따라서 학교폭력을 단순히 개인 대 개인의 문제로 한정하지 말고 학교 공동체와 지역사회 차원으로 확대하여 인식하여야 한다. 건강한 학교문화가 조성되어 학교폭력이 반복되지 않기 위해서는 조치 후의 절차도 보완해야 할 것이다.

다음으로 학교폭력 처리 제도 개선이 필요하다. 단순하고 경미한 사안의 경우는 축소, 은폐에 해당하지 않을 경우 당사자 간의 화해를 통하여 교육적 차원에서 해결할 수 있도록 하고, 그외는 학교 안팎에서 갈등 조정, 분야별 전문적 지원 등을 제도적으로 갖추어 사안을 충분히 검토하여 엄중하게 조치할 수 있도록 해야 한다. 그리하여 교사들이 교육자 본연의 업무에 전념할 수 있도록 행정적 절차와 같은 제도 개선이 필요하다.

마지막으로 가해자 징계에 대한 학교생활기록부 기재 방법 개선이 요구된다. 가해자 선도 조치는 엄정하게 진행하고, 이와는 별개로 모든 조치 결과를 학교생활기록부에 기록하는 방법에 대하여 기록기간 유보 등 다양한 측면에서 고민해볼 필요가 있다. 학교생활기록부 기재는 가해자들에게 학교폭력을 부정하거나 왜곡하게 만들기도 하고, 면죄부처럼 느끼게도 하는 경향이 있다. 그리고 불복으로 진행되는 등 갈등 요인으로 작용하고 있다.

학교폭력법은 피해학생의 치유와 보호뿐만 아니라 가해학생을 선도, 교육하기 위한 법으로 범죄 행위에 대한 처벌을 목적으로 하는 형법과는 입법 목적에서 차이가 있다. 따라서 학교폭력법이 본

래의 입법 취지에 맞게 운영되기 위해서는 현행 학교폭력 대응의
제도 개선이 필요하다.

주

1   학교폭력예방 및 대책에 관한 법률 제2조.

2   1차 기본계획(2005~2009), 2차 기본계획(2010~2014), 3차 기본계획(2015~2019).

3   교육부(2018). 학교폭력 사안처리 가이드북.

기초학력, 어떻게 보장할 것인가

장지혜(수원 영화초 교사)

1. 들어가며

알지 못하는 외국어로 수업을 듣고 그 언어로 쓴 책을 읽어야 한다면 어떠할까? 처음에는 이해하려 애써도 결국은 지루해진다. 딴생각을 하거나 엎드려 자기 일수다. 그런데 만약 그 언어를 매일 들어야 하며 주변 사람들은 자유롭게 언어를 구사한다면 무기력과 열등감에 휩싸이는 건 자연스러운 수순이다.

학생들은 하루 중 학교에서 대부분의 시간을 보낸다. 모든 학생이 학교에서 행복한 시간을 보내면 좋겠지만, 수업 내용을 따라가기 힘든 학생들에게 학교생활은 특히 더 괴롭다. 연구에 따르면[1],

기초학력미달 중학생은 일반 중학생들에 비해 학업 정서에서 긍정 정서가 낮고 부정 정서가 높으며, 시험 불안이 높고 무기력하다. 수업 내용을 알아들을 수 없으니 수업 듣는 것을 포기한다고 한다. 대부분의 일에 흥미가 없고 귀찮아하며 학교에서 아무것도 하기 싫어한다. 그들은 자기 자신에 대한 기대가 낮으며 자존감이 떨어지고 학교가 불만스럽다. 이러한 태도는 또래나 교사와의 관계에도 악영향을 끼친다. 행복은 성적순이 아니란 말이 무색할 지경이다.

하지만 불행히도 기초학력 미달 학생은 점점 늘어나고 있다. 2017학년도 학업 성취도 평가결과, 중·고교 모두 국어와 수학에서 기초학력 미달 비율이 증가한 것으로 나타났다. 특히 수학을 포기한 학생이 크게 증가했다. 2017년 중학교 수학 기초학력 미달 비율은 4.9퍼센트였으나 2018년에는 6.9퍼센트로 2퍼센트 증가했으며, 고등학교의 경우 2017년 5.3퍼센트에서 9.2퍼센트로 3.9퍼센트 증가했다. 중학교에 비해 고등학교에서 더 큰 차이로 수학 역량이 떨어지는 것으로 나타났다.[2]

이들 중 일부는 학교를 떠나는 선택을 하기도 한다. 교육부가 제시한 '최근 5년간 시도별 학업중단현황'[3]에 따르면 매년 수만 명의 고등학생들이 자퇴, 퇴학, 제적, 유예 등으로 학업을 중단한다. 학업 중단의 사유로는 학교생활 부적응, 질병, 해외 출국 등으로 인한 자퇴가 5개년 평균 96퍼센트 수준으로 가장 높은데, 자퇴의 경우 학습 부진 등의 학업 문제와 대인관계로 인한 학교 부적응이 52퍼센트로 가장 높다.

대한민국의 아이들은 초등학교 입학 후 중학교까지 의무교육을 받는다. 좋든 싫든 중학교 3학년까지 학교생활을 하며 수업을 들어야 한다. 우리나라 교육은 아이들에게 의무를 지우면서 이들이 교육받을 권리는 충분히 보장하고 있는지, 모두가 뛰어나지는 않더라도 최소한의 학습 수준에 도달할 수 있도록 하는지, 이를 위해 국가는 무엇을 하고 있는지 알아보도록 하자.

2. 기초학력의 개념 정의와 원인

'기초학력'이란 어떤 교육을 받는 데 기초적으로 필요한 학습 능력이다. 기초학력 개념은 구체적인 정의에 있어 두 가지 의미가 혼재되어 사용된다. 첫째, 3R's reading, writing, arithmetic라 불리는 읽기, 쓰기, 셈하기를 의미한다. 이는 모든 학습에서 요구되는 최소한의 학습 능력인데, 이 기초 학습 능력 없이는 다른 교과 학습은 물론 일상생활에서도 어려움을 겪는다.[4] 둘째, 학업 성취도 평가에서 학력 수준 하위 20퍼센트를 의미한다. 국가수준 학업 성취도 평가 결과는 우수, 양호, 기초학력, 기초학력미달의 4단계로 나뉜다. 이때 '기초학력'은 평가 대상 학년급 학생들이 성취하기를 기대하는 기본 내용을 부분적으로 이해하는 수준이고, '기초학력미달'은 기본 내용에 대한 부분적인 이해에도 못 미치는 수준을 의미한다. 그리고 정상적으로 학습을 할 수 있는 기초능력이 있으면서도 여러 가지 요인으로 인하여, 최저 학업 성취 수준에 도달하지 못한 학습자를 '학습부진아'라 부른다.[5] 세부적으로는 일정 수준 이상의 읽기, 쓰기, 셈하기 능력에 도달하지 못한 학생을 '기초학습부진'으로 구분하며, 학년 교과 교육과정에 제시된 최소 수준의 목표에 도달하지 못한 학생을 '교과학습부진'으로 구분하고 있다. 이 글에서는 '기초학력미달'과 '학습부진'을 따로 구분하지 않고 혼용하여 사용하고자 한다.

기초학력에 미달하고 학습부진이 발생하는 이유는 발달·생물학적, 가정환경·경제적, 교육·사회적 측면에서 크게 3가지로 나누어 볼 수 있다.

첫째, 개인의 발달·생물학적 요인으로 인한 학습부진이 있다. 경계선 지능이나, 학습장애, 주의력 결핍 등으로 학습부진이 발생한 경우로 특수교육이 필요한 경우이다.[6] 특수교육이라고 하면 지적장애나 지체장애를 떠올리겠지만, 이들만 특수교육이 필요한 것이 아니다. 학습장애[7], 정서 및 행동장애, IQ 71~84 범주의 경계선 지능으로 학업이 어려운 학생들도 특수교육이 필요하다. 2001년 우리나라에서 6~11세 아동을 대상으로 실시한 연구에서 특수교육이 요구되는 아동 출현율은 2.71퍼센트였다.[8] 반면 OECD(1995)에서 회원국들의 특수교육 요구 아동 출현율을 조사한 결과, 미국과 독일은 7.0퍼센트, 핀란드는 17.08퍼센트였다. 이 회원국들보다 한국 학생들이 우수해서 특수교육 요구아동 비율이 낮은 것은 아니다. 이들 국가에서는 장애에 대한 인식이 개선되고 지원이 확대되어 다양한 장애 범주를 인정하고 지원하고 있기 때문이다. 2017년 국립특수교육원 자료에 따르면 우리나라의 특수교육 대상자는 전체 아동의 1.4퍼센트에 불과하며[9], 이 1.4퍼센트 중 지적장애가 53.8 퍼센트로 가장 높고 학습장애는 2.3퍼센트밖에 되지 않는다. 반면 OECD 조사에서 미국은 특수교육 대상자 중 학습장애가 가장 높은 49퍼센트의 비율을 차지한다. 학습장애 학생들은 인지적 능력이 정상 범주인 아동이 많으며 적절한 시기에 전문적 지원을 받으면 충분히 학습부진의 늪에서 벗어날 수 있다. 하지만 우리는 특수 교육이 필요한 학생들에게 지원은커녕 제대로 선별, 진단조차 하지 못해 수업에서 이들을 방치하고 있다.

둘째, 가정환경·경제적 요인으로 인한 학습부진이 있다. 낮은 소득 수준이나 보호자의 무관심 때문에 또는 다문화 가정에서 자라 학습 기회가 부족한 경우이다. 학습부진 아동들의 가정환경은 대부분 한부모가족 또는 그에 상응하는 가족 구조이며, 가정 경제 조건이 좋지 못하다는 두드러진 특징을 갖고 있다.[10] 부모의 무관심 및 방치와 학습부진은 매우 높은 상관관계를 갖는다. 특히 초등학교 저학년인 경우 학교에서 보내는 시간이 짧지만 기본적인 학습에 필요한 3R's의 기반을 다지는 중요한 시기이다. 학습장애의 주요 요인인 난독증도 저학년 때 적절한 지원을 받으면 정상적인 학습이 가능하다. 이때 부모의 관심과 지도가 없다면 결손이 누적되어 학습부진에 이를 확률이 매우 높다. 실제 가정환경에 따른 학업성취도를 조사한 연구에 의하면[11], 부모 모두와 함께 사는 학생의 점수가 가장 높고 그다음이 한부모가정, 기타 가정 순으로 점수가 하락했다. 중도입국을 포함한 다문화가정 학생의 학습부진 또한 상당하다. 다문화가정 부모의 상당수가 아직 우리말이 서툰데다 가정형편도 넉넉지 않은 경우가 많기 때문이다. 실제로 다문화 가정 학생의 학업 중단율은 다른 가정 학생보다 네 배 이상 높다. 가장 큰 원인은 교우관계의 어려움과 학업문제이다.[12]

셋째, 사회·교육적 요인으로 인한 학습부진이 있다. 지나치게 많은 양과 높은 수준이 요구되는 교육과정, 줄세우기식 평가 등의 요인으로 학습부진이 발생, 심화한 경우이다. 교육과정의 양과 수준을 적정화하기 위해 노력하고 있지만, 아직 우리나라는 학습량이 많으며 난이도가 높은 편이다. 이럴 경우, 교사가 수업 진도에 쫓겨 학습부진 학생들을 위한 맞춤형 개별 지도하기가 어렵다. 기초학력 미달 비율이 가장 높은 수학의 경우, '사교육걱정없는세상'에서 한국 수학 교육과정을 서구 선진국 여섯 곳과 비교한 결과, 한국 학생들의 학습량이 30퍼센트가량 더 많았다. 같은 내용이라도 한국은 중학교 3학년 때 2~3주간 배우지만, 핀란드는 4년, 미국은 2년에 걸쳐 천천히 배우는 것으로 나타났다. 또한 현행 교육과정은 일정 수준의 실력(문해력, 수리력 등)을 이미 갖춘 학생들을 전제로 구성되어 있다. 이 때문에 여러 가지 이유로 그러한 능력을 구비하지 못한 채 입학한 학생들이나 이전 학년에서 결손이 누적된 경우 학습부진에 이르기 쉽다. 2017학년도부터 초등학교 저학년을 대상으로 한글교육이 강화되었지만, 여전히 초등학교 입학 전 한글 선행학습을 하지 않은 경우 학교 수업을 따라가기 힘들다.[13] 게다가 우리나라에서는 이전 학년의 학업성취도가 아무리 낮더라도 유급을 하지 않기 때문에 학습 결손은 학년이 올라갈수록 쌓일 수밖에 없다. 줄세우기식 평가 또한 학습부진을 유발한다. 평가를 통해 이해가 부족했던 내용을 알게 되고 그 부분을 학습해야 하는데 변별을 위한 점수에만 관심을 두어 평가 내용은 되돌아보지 않는다. 점수가 낮게 나오는 학생들을 위한 개별 지도나 후속 조치는 제대로 이루어지지 않고 학습 부진은 심화된다.

3. 기초학력 보장제도의 역사와 현황, 그리고 문제점

기초학력 보장은 교육의 본질이며 교육 평등을 실현하기 위한 국가의 책무이다. 과거제도부터 시작된 우리나라 특유의 줄세우기 문화 때문인지 몰라도 기초학력 보장을 위한 정부의 정책은 그리 역사가 길지 않다.

시작은 1997년 정부에서 시도교육청 평가기준에 교육청 주관 학교 평가에 관한 사항을 포함시키고, 초·중등 교육법 제9조에서 국가수준학교평가 및 학업성취도 평가의 법적 근거조항을 마련한 시점부터다. 이때 국민 기초교육을 지식 기반 사회를 살아가는 데 필요한 기본적인 능력으로 보고, 기본 능력의 최소 수준을 보장하는 것을 초·중등학교의 핵심적 사명으로 규정, '초·중등교육법'에 명시하였다. 따라서 2008년에는 학생의 학업성취 수준을 파악하기 위해 국가수준학업성취도평가를 전면적으로 실시하였다. 그리고 이에 대한 후속조치로 기초학력미달 학생 비율 및 기초학력

기초학력 보장제도의 흐름

1997	교육인적자원부, 시도교육청과 연계하여 단위학교 중심의 학습부진 학생지도 시행
1999	한국교육과정평가원이 학력증진 프로그램 등을 개발하여 학교 현장에 보급
2000	표집방식으로 국가수준학업성취도평가 실시
2002	초등학교 3학년 대상으로 기초학력 진단평가 실시 기초학력미달 학생을 위한 기초학력보정자료 개발·보급
2008	초4~중3을 대상으로 시도교육청 주관 교과학습 진단평가 실시 기초학력미달 학생 제로 플랜 전수조사 방식으로 국가수준학업성취도평가 실시. 평가 결과 전면 공개
2009	기초학력미달 학생이 밀집한 학교를 '학력향상 중점학교'로 선정·지원
2010	전년도에 이어 기초학력미달 기준을 통과하지 못한 '잔류학교', '경계선 학교' 지원
2011	'기초학력 활성화 방안' 발표, 정서·행동발달 장애 등 원인별 맞춤형 지원
2013	교육부 '학습종합클리닉센터' 확대 운영 '기초학력 진단-보정 시스템' 추진 등을 골자로 하는 학교 지원체제 발표
2014	단위학교 차원에서 학습부진학생을 지원하기 위한 '두드림 학교' 지정
2017	국가수준학업성취도평가 표집 방식으로 변경 표집 학교를 제외한 학교는 자율시행

미달 학생 수가 일정 수준 이상인 학교를 '학력향상 중점학교'로 지정하여 한시적으로 학습부진 학생의 학력향상을 위한 재정지원 등을 제공하였다. 하지만 정부 주도하에 집중적으로 이루어지던 기초학력 보장 정책은 2013년에 들어서면서 시도교육청 단위에서 학교 지원을 강화하는 방향으로 바뀌어 현재까지 이르고 있다. 2017년에는 모든 학교에서 실시하던 학업성취도평가도 일부 학교만 실시하는 표집 방식으로 변경됐다. 자연스럽게 기초학력 예산의 대상으로 지정되는 학교도 달라졌다. 그전에는 '학력향상 중점학교'와 같이 학업성취도 평가 등 자료에 기반하여 대상 학교를 지정하

는 방식이었다면, 지금은 개별 학교에서 신청하는 시도별 공모 과정을 통해 대상 학교를 지정하는 방식으로 바뀐 것이다.

현재 기초학력 보장체제는 1단계 기초학력 진단보정 시스템, 2단계 두드림학교, 3단계 학습종합클리닉센터로 운영된다.[14] 1단계 기초학력 진단보정 시스템은 기존 기초학력미달 학생 지도를 지도교사 개인의 역량에 의존하는 방식에서 탈피하여, 표준화된 온라인 교수·학습 시스템을 통해 기초학력미달 학생의 학습을 체계적으로 지원하기 위해 도입되었다. 학습부진 원인 진단부터 보정 관리까지 지원하는 통합One-stop시스템이다. 학교 재량으로 초등학교 4학년에서 중학교 3학년까지의 학생 중 학습부진 및 경계선 학생을 대상으로 실시한다. 하지만 진단도구가 이전 학년 내용으로 하고 있어, 훨씬 이전의 결손요소에 대한 진단이 어려우며 필수가 아닌 권장 형식이어서, 활용하는 비중이 높지 않다.[15] 2단계 두드림학교는 정서행동장애와 같은 복합적 요인으로 어려움을 겪는 학습부진 학생을 단위학교에서 통합적으로 지원하기 위해 도입되었다. 인지적 요인뿐 아니라 다양한 학습부진의 원인에 따라 맞춤형 지원을 하는 데 의의가 있다. 학교에서 계획서를 제출하면 심사를 하여 시도교육청에서 선정한다. 두드림학교로 선정되면 담임교사뿐 아니라 교과, 상담, 특수교사 등 학교 구성원의 협력을 토대로 부진 학생을 위한 다중지원팀(두드림팀)을 구성한다. 하지만 두드림학교의 운영 비율이 낮고 학교 내 협력하는 분위기가 조성되어 있지 않으면 제대로 실행하기 어렵다. 3단계 학습종합클리닉센터는 기초학력미달 학생 중 학교에서 해결하기 어려운 정서·행동상 도움이 필요한 학생을 지원하기 위한 학교 밖 지원기관이다. 정서심리 검사를 지원하며 심층상담, 학습코칭을 수행하고 병원 등 지역 기관과 연계하기도 한다. 하지만 상담교사는 대부분 시간제 강사로 고용되어 전문성이 높지 않은 편이다. 또 학습클리닉센터의 기능이 주로 심리·정서 상담에 집중되어 있고, 학업 지도 측면은 상대적으로 미흡하다.[16] 무엇보다 가장 큰 문제는 학습부진 학생이 늘어나는 데 반해, 기초학력 지원 예산의 규모가 계속 줄고 있다는 것이다.[17] 학교는 예산에 맞춰 운영할 수밖에 없고 이로 인해 기초학력 보장 프로그램의 질과 지속성을 확보하기 힘든 상황이다.

4. 기초학력 보장 대안

기초학력을 보장하기 위해서는 학습부진 요인에 따른 격차를 최소화해야 한다. 그러기 위해서는 첫째, 학습부진이 누적되고 심화되기 전에 조기에 개입해야 한다. 현재 진단평가는 초등학교 3학년부터 실시하며 이때 처음으로 학습부진이 판명되는데 이는 너무 늦다. 노벨 경제학 수상자이기도 한 제임스 헤크만은 '불평등의 경제학The economic of Inequality' 연구에서 초등학교 2학년 이후에는 학교 교육만으로는 출발선의 격차를 줄이기 어렵다는 점을 밝혔다.[18] 더 나아가 입학 전 조기 개입으로 학습기회 격차를 줄이고 입학 후 학습에 어려움을 겪지 않게 할 필요가 있다. 초등학교 1학년 교실은 한글을 아예 모르는 학생부터 2학년 수준에서 한글을 읽고 쓸 줄 아는 학생까지 읽기, 쓰기의 격차가 심하다. 실제 미국에서는 취학 전 저소득층 가정 아동에게 언어, 보건, 정서 등 다방면에 걸친 서비스를 제공하는 '헤드 스타트 프로그램'을 실시하고 있다. 또한 학습장애를 지닌 아동들을 위해서도 조기에 개입하고 발견하여 적절한 지원을 해야 한다. 임상적으로 학습장애 중에 가장 많은 읽기장애는 10세 이전에 개입해야 가장 효과적이며 빠를수록 좋다고 한다.[19]

둘째, 기초학력 전문가를 양성하고 이를 학교에 배치해야 한다. 핀란드의 경우 전문성을 갖춘 특별지원교사가 학교에 있다. 일차적으로는 담임교사가 학생에 대해 일반 지원을 담당하지만, 그 과정에서 어려움을 겪을 경우, 함께 관찰하고 진단하고 처방하는 것이 특별지원교사의 역할이다. 담임교사의 일반적 지도로 해결할 수 없어, 맞춤형 지도가 필요한 학생이 있기 때문이다. 이때는 교사 개인이 아니라 학생복지그룹이 작동하면서 학생에 대한 총체적인 지원을 계획한다.[20] 학습부진을 담임교사의 책임으로만 돌리지 않고 학교가 책임지는 시스템이다. 우리나라의 경우 두드림학교에서 학습부진 학생 지원팀을 구성하지만, 모든 학교에서 운영하는 것도 아니며 형식적인 담당자만 정해 운영하거나 적은 예산으로 인해 일시적이고 전문성이 낮은 강사를 고용할 뿐이다. 1차적으로 학습부진 학생을 만나는 건 담임교사이기에, 교원들을 대상으로 체계적인 연수를 통해 이들이 학습부진 학생을 선별하고 적절히 개입할 수 있도록 돕는 것 또한 필요하다. 더불어 기초학력보조강사, 학습보조교사 등 기초학력 지원 인력풀에 대한 질 관리가 이루어져야 한다.

셋째, 맞춤형 교육을 실시해야 한다. 기초학력 부진이 심한 경우나 학습장애의 경우, 일반 학습부진학생과 달리 특수 지원 차원에서 접근해야 한다. 현재 대다수 학습부진 학생들은 정규 수업을 따라가기 어려움에도 불구하고, 일단은 정규 수업에 참여한 다음 방과후나 여타 시간에 보충 학습에 참여하는 형태로 지원을 받고 있다. 훅스Fuchs(2015)는 학력이 심각하게 낮은 학생들의 경우에는 통합 학급에서 수업을 받는 것보다 수준별로 분리된 학급에서 지도를 받을 때 성적이 더 좋았다고 보고하고 있다.[21] 일반적 접근으로 학습부진에서 벗어나지 못하는 경우에는 정도에 따라 교육과정을 달리해 맞춤형 교육을 지원하는 것도 학생을 위해 고려해볼만 하다.

5. 나가며

초등학교 2학년을 가르치면서 읽기, 쓰기에서 심각한 학습부진을 보이는 학생을 만난 적이 있었다. 그 학생이 학습부진을 갖게 된 주요인은 가정환경 때문이었다. 한부모가정으로 아버지가 혼자 양육하고 있었는데 잘 돌보면 좋으련만 아버지는 실직상태로 집에 있으면서도 아이를 방치했다. 당연히 보호자로부터 준비물이나 숙제 등 기본적인 보살핌을 전혀 받지 못했다. 집에서 밥을 잘 먹지 못해

급식을 두세 번씩 먹었으며 잘 씻지 않아 몸에서는 항상 냄새가 났다. 이미 1학년 때 아동학대로 주민센터에 신고가 들어갔으나 방임의 경계에 있어서 아버지에게 돌려보냈다고 한다. 초등학교 2학년이지만 아이가 쓸 수 있는 건 본인의 이름밖에 없었으며 'ㄱ'을 보고도 '기역'이라 읽지 못했다. 수업시간에 제대로 참여하지 못하는 건 당연하고 읽기가 안 되니 수학에서도 부진이 나타났다. 이미 아이들 사이에서 한글을 못 읽는 아이란 낙인이 찍혀 있었다. 학교 자체에서 실시한 기초학력 부진 평가에서 기초학력미달 학생으로 분류되어 학교에서 채용한 강사에게 방과후 수업을 받았다. 주 2회 방과후 40분 수업이었는데 제대로 이루어지지 않았다. 학생은 놀고 싶은 마음에 학교에 남기를 싫어했으며 한글을 배우고 싶은 동기도 없었다. 강사는 글자카드를 주고 이를 쓰고 외우게 하는 통문자식 수업을 진행했다. 숙제를 하지 않는 건 물론이고 카드를 금세 잃어버렸다. 몇 달이 지나도 진전이 없었다. 학생을 두고 고민하던 중 4주간 진행되는 한글교육 집합연수를 들었다. 연수에서는 자모음절식 접근법과 실제 지도법을 체계적으로 알려주었다. 이는 통문자식으로 학습이 어렵거나 난독증 아동에게 쓰는 지도법이다. 방과후에 학생을 남겨 연수에서 배운 대로 아이를 지도하자 금방 성과가 드러났다. 두 달 만에 더듬거리지만 받침 있는 글자까지 읽게 되었으며 맞춤법은 틀려도 소리 나는 대로 글씨를 쓸 수 있게 되었다.

　단순히 교사의 전문성이 중요하며 담임교사가 노력해서 학습부진 학생을 책임지고 지도하면 문제가 해결된다는 뻔한 말을 하고 싶지는 않다. 오히려 담임교사 개인의 노력만으로는 학생의 문제가 온전히 해결될 수 없다는 걸 느꼈기 때문이다. 운이 좋게도 적절한 환경이 조성되어 있기에 가능했을 뿐이었다. 학교에 사회복지사가 있었는데 그분이 학생 상담, 복지 등 학습 외적인 부분을 지원해주어 교사로서 기초학습 교육에만 전념할 수 있었다. 또 방과후에 가르쳤던 것도 운 좋게 학교에서 맡은 업무가 없는 편이어서 가능했다. 다행히 학습부진 학생이 1명이어서 일대일로 학생 수준에 맞게 가르칠 수 있었지, 3명이 넘으면 이만큼 가르칠 수 있었을까? 하지만 안타까운 사실은 학습부진의 가장 큰 요인이 가정환경에 있었다는 것이다. 아이의 가정환경이 변하지 않는 이상 학교에서 하는 교육은 일시적인 미봉책일 뿐 근본적인 해결책이 될 수 없다.

헌법 제31조 1항에 의하면 모든 국민은 능력에 따라 균등하게 교육을 받을 권리를 가진다. 학생의 수준과 능력에 맞는 교육을 하는 건 공교육의 책무다. 교사는 어떤 이유에서건 학습부진 학생을 못본 채 해서는 안 된다. 하지만 이러한 책무를 교사 개인에게만 지우고 그들의 헌신과 책임감에만 기대서는 문제를 해결할 수 없다. 개인에게 책임을 지우면 문제가 발생해도 이를 드러내지 않고 숨길 수밖에 없기 때문이다. 기초학력 보장을 위해 가정과 학교, 지역사회가 함께해야 하고 제도적으로 뒷받침되어야 한다. 교사가 학생들에게 충분히 전념할 수 있도록 일인당 학생 수를 적정화하고 불필요한 업무를 경감해야 하며, 학습부진 비율이 높은 학교의 경우 지원 인력을 투입해야 한다. 이때 예비교원들을 활용하는 것도 고려해볼 만하다. 또

가정의 '교육적 방임'에 제동을 거는 규정을 마련하고 맞벌이 등으로 양육에 공백이 생기는 경우 지원책을 마련해야 한다. 지역사회는 이러한 지원을 뒷받침하는 시설과 인력을 운영할 수 있어야 한다. 기초학력 보장을 우리 사회 전체의 책임이라고 인식하고 교육 복지 차원에서 접근해야 한다. 매년 바뀌는 예산에 의존할 것이 아니라 제도적 장치를 마련해야 한다. 그것이 한부모나 다문화든, 저소득층 가정에서 태어났든, 그 어떤 수식어를 떠나 대한민국 학생이라면 누구나 능력에 따라 균등하게 교육을 받는 길이라고 생각한다.

주

1   전명남(2017). 중학교 기초학력미달 학생으로 살아가기에 대한 현상학적 연구.

2   국어의 경우 기초학력 미달 비율이 지난해보다 증가했으나 수학에 비해 증가폭은 적었다. 기초학력 미달 비율은 중학교의 경우 지난해 2퍼센트에서 2.5퍼센트로 0.5%p 증가했으며, 고등학교는 3.2퍼센트에서 4.7퍼센트로 1.5%p로 증가했다. 기초학력 미달 학생 비율은 2012년도부터 꾸준히 증가하고 있다.

3   2017년 국회 교육문화체육관광위원회 노웅래 의원(더불어민주당)이 교육부로부터 제출 받은 자료. 2016년 2만 3741명, 2015년 2만 2554명, 2014년 2만 5318명, 2013년 3만 381명, 2012년 3만 4934명이 학업을 중단했다.

4   김순남 외(2011). 기초학력 책임지도를 위한 조직 수준별 책무 분석.

5   김수동 외(1998). 학습부진아 지도 프로그램 개발 연구, 한국교육과정평가원.

6   김중훈(2018년 6월호). 좋은교사. 학습부진은 학습부진이 아닐 수 있다.

7   국립특수교육원(2009). 특수교육학 용어사전. "특정학습장애는 한자로 난독, 난산, 난서라고 부르기도 한다. 듣기, 생각하기, 말하기, 읽기, 작문하기, 철자쓰기, 또는 수학적 계산하기의 불완전한 능력에서 분명하게 나타날 수 있는 장애이다."

8   정동영 외. 국립특수교육원. 특수교육 요구아동 출현율 조사 연구.

9   국립특수교육원(2017). 특수교육연차보고서.

10   김경근 외(2007). 학력 부진 아동의 특징 및 발생 원인에 대한 면담 연구.

11   '2014년도 국가수준 학업성취도 점수와 가정환경 및 일상생활의 상관관계'. 한국교육과정평가원 이인호 박사가 전국 중학생 57만 3천여 명을 대상으로 실시. 국어 점수는 평균 208점이었으나 부모 중 한 명과 살면 198점, 이외는 190점으로 점수가 하락했다. 수학은 양부모 193점, 편부모 178점, 기타 171점이었고 영어는 양부모 199점, 편부모 182점, 기타 174점이었다.

12   2016년 여성가족부의 실태조사에서도 다문화 학생이 학교에 적응하지 못하는 가장 큰 이유는 '친구들과 어울리지 못해서'와 '학교 공부에 흥미가 없어서'였다.

13   '사교육걱정없는세상'이 2017년 9월 11일부터 20일까지 열흘 동안 초등학교 1학년 학생 학부모 143명을 대상으로 '한글 책임교육 실태'에 대해 온라인 설문조사 결과를 21일 발표했다. 조사 결과, 설문에 응답한 전체 학부모의 81.8퍼센트(117명)는 "수학 등 다른 과목 교과서와 보충자료에 글을 읽고 이해하는 과정이 있어 한글 선행학습이 필요하다"고 답변했다.

14 교육부. '2014년 기초학력 지원 사업 계획'.

15 김은수. 좋은교사 2016 토론회 발제문. '기초학력보장을 위한 지원체제, 어떻게 만들 것인가?'.

16 한국교육과정평가원. 2012 학습종합클리닉센터 학생지원 사례 공유 워크숍.

17 기초학력보장사업과 관련한 교육부의 특별교부금은 2013년과 2014년에는 200 억 원이 집행됐지만 2015년에는 150억 원으로 줄어들었다. 전국 시도교육청에서 자체적으로 추진하는 기초학력보장 관련 예산은 더 줄었다. 2013년 기초학력보 장 관련 사업 집행비가 426억 원이었으나 2015년에는 271억 원으로 줄어든 것. 교육부의 특별교부금이 2014년 대비 2015년에 25퍼센트 줄어들었고 교육청의 예산은 평균 36퍼센트가 줄어든 것으로 분석됐다.

18 이찬승(2013). 한국공교육 미래 방향 제안.

19 좋은교사운동 정책위원회(2018). 좋은교사(6월호). 종합적인 새로운 학습부진 정 책을 제안한다.

20 김진우(2017). 좋은교사(3월호). 기본학력보장지원법의 배경과 취지.

21 이대식(2015). 학습부진 학생의 기초학력 향상을 위한 정부 지원 사업의 특징과 발전방향.

고교 진로교육 활성화를 위해 무엇이 필요한가?

이동배(분당 야탑고 교사)

1. 들어가며

얼마 전 TV에서 수능 만점을 받고 서울대 경영학과에 입학했지만, 적성에 맞지 않은 전공과 대학교육 필요성에 의문을 느껴 휴학 후 여행을 떠나는 학생을 인터뷰한 방송이 나왔다. 대학교 2학년이 되면 전공을 무엇으로 결정할지 고민하는 시기가 된다. 이때 자신의 진로에 대한 고민과 방황이 시작된다고 하여 방송에서는 이러한 현상을 '중2병'에 빗대어 '대2병'이라고 불렀다. 학창시절 성실히 공부하여 소위 명문대에 진학한 학생에게 왜 이런 문제가 발생한 것일까?[1]

국어사전에서 진로進路란 앞으로 나아갈 길을 의미한다. 유의어로는 장래, 코스가 있다. 영어사전에서 진로는 한 개인의 인생 이동 경로로서 course, path 등을 의미한다. 즉 진로교육은 한 개인의 인생에서 어떠한 과정을 거쳐 자신이 나아갈 길을 설계할 수 있도록 교육하는 것이다. 흔히 진로교육과 혼용하기 쉬운 용어로 진학과 직업교육이 있다. 엄밀한 의미에서 진학교육은 상급학교 진학 또는 학문을 하기 위한 교육기관에 가기 위해 교육을 받는 것이다. 진로와 진학교육을 혼용하는 이유는 우리나라 고등학생의 대학진학률이 다른 나라에 비해 상대적으로 높고, 성인이 된 후 선호하는 직업군 요건이 주로 4년제 대학 이상 졸업자이기 때문이라고 추론할 수 있다. 반면 직업교육은 일정한 직업에 종사하는 데 필요한 지식이나 기능을 전달하는 교육으로, 개인이 종사하고 있거나 종사할 직업에 필요한 지식이나 기능을 가르치는 교육이다. 평생교육의 관점에서 한 개인은 상급학교 진학과 더불어 한 개 이상의 직업을 경험하기에 진로교육은 진학교육이나 직업교육을 포함하는 포괄적인 개념이다.

먼저, 정부의 진로교육 정책은 어떻게 시행되어왔는지 살펴보자. 국가의 진로교육에 대한 책무가 언급된 것은 2001년 제1차 국가인적자원개발 기본계획에 명시하면서부터다. 2002년 7차 교육과정에서 '진로와 직업'이라는 선택교과목이 신설되고, 2003년에는 초등학교와 중학교에 교과서 배부가 시작되었다. 2006년 '평생진로개발 활성화 5개년 계획(2007년~2011년)'을 정부 아홉 개 부처가 공동발표하고, 2009년 개정교육과정을 도입하여 국가교육과정에 진로교육을 포함시키고, 창의적 체험활동을 도입하여 진로활동을 명시했다. 2011년 교육부에 진로교육과가 신설되어 진로교육정책의 방향과 계획을 수립했다. 이 해에 전국 모든 중·고등학교에 진로진학 상담교사를 배치하기 시작하여 지속적으로 진로 전담교사의 수를 늘려나갔다.[2] 2012년 교육과정에 학교급별, 유형별로 '학교 진로교육 목표와 성취기준'을 마련하였다. 이 시기까지는 학교 안에서 진로교육이 점진적으로 정착되면서 지역사회와 연계하여 진로교육이 점차 확대되기 시작한다. 지역사회 내 인적 물적 자원을 활용해 민관학(국민-정부-전문가)연계로 협력이 이루어진 정책은 2013년부터 시범학교를 거쳐 2016년에 모든 중학교에 시행된 자유학기제라고 볼 수 있다. 현재 정부는 자유학기제와 연계하여 모든 학년, 또는 특정 학년과 학기 중심으로 교과와 연계한 진로교육 집중학기와 집중학년제를 도입하였다. 자유학기제 도입 당시에는 덴마크의 애프터스콜레와 같은 정책을 분석하며 우리나라 학교 현장에 접목하였다. 무엇보다 자유학기제가 원활히 학교 현장에 정착될 수 있었던 배경에는 2014년 10월, 경기도의회에서 '경기도교육청 진로직업체험지원센터 설치 및 운영조례안'이 제정되고 이를 바탕으로 행정자치와 교육자치의 협력체계를 지원하는 법률이 발의되었기 때문이다. 이후 지역 내 학교진로교육에 대한 인적 물적 자원 지원이 활성화되고 진로체험처 및 진로체험지원센터와 같은 지역협력체계가 구축된다.[3] 더 나아가 2015년에는 진로교육법(06.22) 및 시행령과 규칙(12.23)이 제정되고, 이를 바탕으로 정부는 중장기적으로 '2차 진로교육 5개년 기본계획(2016~2020년)'을 수립하여 초·중·고, 그리고 대학교까지 연속적인 학교급별 진로계획 정책을 수립하였다. 2017년에는 국가진로교육센터를 설치하여 직업능력개발원에 위탁하여 국가수준의 진로교육 연구와 프로그램을 개발하고 있다. 이와 더불어 2018년 학생들이 자신의 진로와 적성에 맞는 과목을 선택할 수 있도록 고교학점제 연구시범학교를 선정하고, 2025년에는 고교학점제를 전국 모든 고등학교에 도입하여 학생들의 성장과 발달에 맞는 진로교육이 교육과정에서 구현할 계획이다.[4]

2. 학교 현장에서 진로교육은 어떻게 인식되고 있을까?

이처럼 진로교육은 현재 국가와 지자체에서 역점을 두는 교육정책이다. 그렇다면 정부의 진로교육 정책이 학교 현장에서 어떻게 받아들여지고 있을까?

2017년 교육부와 한국직업능력개발원이 공동 조사한 초·중·고 진로교육 현황조사에 따르면, 고등학생들이 선호하는 직업순위에서 상위 10개 직업은 교사, 간호사, 경찰, 군인, 기계공학자(연구원), 건축가(디자이너), 의사, 컴퓨터 공학자, 교수, 승무원 순으로 나타났다. 2007년부터 조사하여 10년간 학생들의 희망직업 추이를 살펴보면, 10년 전의 희망직업 상위 10개의 누계비율이 46.3

퍼센트에서 37.1퍼센트로 9.2퍼센트 포인트 감소한 것으로 나타났다. 시대 변화에 따라 희망직업순위가 다소 바뀌었을지 모르지만, 여전히 지난 10년간 학생들에게 교사는 선호 직업으로 인식되고 있다. 다행인 점은 4차 산업혁명 영향인지는 모르지만 이공계열 직업이 10위권에 들었다는 것이다. 그러나 그 비율은 기계공학 기술자 및 연구원(2.9%), 컴퓨터공학자 및 프로그래머(2.4%)에 그쳤다. 사실상 여전히 고등학생의 희망직업은 이전 10년과 크게 다르지 않음을 알 수 있다.

일선 고등학교에서 진로교육 만족도 조사는 학생의 경우, 정규 교과과정인 진로와 직업 등의 교과학습(3.55점)이 제일 낮았으며, 진로 동아리를 통한 진로교육(3.89점)이 제일 높은 것으로 나타났다. 또한 진로전담 교사의 경우, 진로수업 활성화를 위해 필요한 지원 사항으로 '진로수업 활용자료 보급(52%)'을 1순위로 선택하였고, 진로상담 활성화를 위해 '학생의 진로상담 시간확보(44.3%)'를, 진로체험 활성화를 위해 '교육과정 상에서의 체험시간 확보(37.3%)'가 가장 필요하다고 응답하였다.

위의 설문조사 결과를 살펴보면 학교 현장에서 진로교육이 쉽지 않음을 알 수 있다. 한 개인이 일생동안 몇 번의 직업을 바꿀지 모르는 시대가 왔지만, 학생들의 희망직업에 대한 인식은 안정적이거나 사회경제적으로 높은 지위를 얻는 특정 직업에 국한되어 있다. 또한 정규 교과과정에서 학생들이 진로 고민상담을 충분히 받을 수 없으며, 진로전담 교사도 교육과정에서 진로수업을 하기에 많은 어려움을 안고 있다.

3. 진로교육인가, 직업교육인가?

좀더 근본적인 문제점을 지적하는 시각도 있다. 중·고등학교에서의 진로교육 강화 방향이 학생 개개인의 직업 탐색에 집중되어 있다는 것이다. 이는 학교교육의 목적이 무엇인가라는 근본적인 질문으로 볼 수 있다.

학교교육의 목적에 대한 관점으로 두 가지를 들 수 있다. 사회가 요구하는 기능을 수행한다는 기능주의적 관점, 교육 자체의 내재적 가치를 강조하면서 개인의 가능성을 확대하고 전인적인 발달을 강조하는 인문주의의 관점이다. 2015 개정 교육과정에 의하면 고등학교 단계의 공교육 목적은 국가공동체에 대한 책임감을 바탕으로 배려와 나눔을 실천하며 세계와 소통하는 민주시민으로서의 자질과 태도를 기르는 데 있다. 따라서 학교교육 목적은 학생 개개인의 진로에 대한 안내와 지도가 아니라 민주시민으로서의 개인소양과 태도를 기르는 것이다. 적어도 우리나라 공교육은 인문주의에 더 강조점을 두고 있다.

그러나 현실과 이상의 괴리는 항상 있기 마련이다. 인문계고의 가장 큰 관심은 대학진학률이다. 그것도 소위 명문대 진학률에 주된 관심을 두고 있다. 교육과정의 가장 큰 비중이 입시에서도 가장 큰 비중을 차지하는 도구교과에 할당되어 있다. 대학 진학교육 중심으로 진로교육이 이뤄진다. 특성화고는 어떠한가? 2017년 전국의 25개 특성화고 교사 1,235명을 대상으로 설문조사한 결과, 교사들은 이상적인 고교 직업교육의 방식으로 특정 분야의 세분화된 기술습득과 산업 및 기업체의 요구에 따른 교육내용 구성을 꼽고 있었다.[5]

진로교육은 학교 유형에 따라 특성화고는 취업에 필요한 직업교육 위주로, 일반계 고등학교에서는 대학 진학교육 위주로 이루어져 왔다. 현실적인 영향을 무시할 수는 없지만, 4차 산업혁명 시기에 진로교육은 단순히 직업소개나 취업에 필요한 기능, 선호하는 직업을 얻기 위한 유망한 대학의 학과진학 등으로 국한되어서는 안 될 것이다. 고등학교 시기는 앞으로 성인이 되어 사회로 진출할 중요한 시기이다. 이 시기의 진로교육은 학생들을 사회의 잣대에 맞추는 것이 아니라 잠재력을 개발하고 진로를 계획할 수 있는 소양과 자아성찰력, 사회에 기여할 수 있는 역량을 키우는 데 집중해야 한다.

4. 진로교육의 걸림돌은 무엇인가?

첫째, 학교 내 교육과정을 통한 현실적인 진로교육이 미흡하다. 진로와 직업 교과 학습의 학생만족도가 가장 낮은 이유는 학생들에게 현실적인 진로 및 직업 관련 정보가 맞춤형으로 제공되고 있지 않기 때문이다. 적성과 사회변화에 따른 다양한 직업에 대해 피상적 소개와 직업윤리 정도만 제시할 뿐, 실제 그 직업을 갖게 되었을 때 현실적으로 어떤 문제점을 맞닥뜨리는지에 대해서는 말해주지 않는다. 또한 직업교육과 더불어 노동인권교육이 포함되어야 하지만 이러한 내용을 찾아보기가 어렵다.

매년 학교에서 다양한 진로적성 검사를 해도 학생들에게 검사 결과를 전문적으로 안내할 수 있는 역량을 갖춘 진로상담 교사는 부족한 현실이다. 교사의 전문적인 역량뿐 아니라, 진로진학 담당 교사가 진로수업 시간에 활용할 교육자료가 많이 부족하고, 연간 20시간 미만의 진로교육으로는 학생들에게 실질적으로 도움이 되는 진로체험을 쌓게 하기에 역부족이다. 진로교육 담당교사의 전문성, 양질의 컨텐츠, 진로체험 시간 등 세 가지 측면에서 진로교육의 활성화를 위한 실질적인 대책이 마련되어야 한다.

둘째, 지역사회와 연계한 진로교육이 제대로 이뤄지고 있지 않다. 그 이유는 지자체와 교육지원청, 진로지원센터 및 학교의 각 주체가 진로교육에 대한 비전공유와 역할이 확립되어 있지 않기 때문이다. 교육지원청은 진로교육 컨텐츠를 생산하고, 학교 현장의 어려움을 지원하는 역할보다 정책기능을 전달하는 역할에 한정된다. 그 여파는 진로직업체험지원센터로 미치는데, 지역 기업이나 소상공인의 일터에 경력단절자나 퇴직자 인력풀을 통한 구직자를 공급하고 학생들의 진로체험을 보조하는 역할만 하게 된다. 진로직업체험지원센터의 역량이 갖춰지지 않으니, 외부 사교육 업체의 진로교육 프로그램을 도입하는데 막대한 예산을 사용하고, 학교 또한 이러한 프로그램을 통한 진로교육을 실시하고 있어서 학교 자체적으로 진로진학 교사의 역량이 성장하고 있지 못하는 실정이다.[6]

경기도교육연구원(2015)의 연구에서도 이와 비슷한 문제점을 제시하고 있다. 진로직업체험지원센터를 중심으로 5개 지역의 사례를 조사한 결과, 센터 역할에 대한 시도교육청과 지역센터 간의 시각 차, 센터와 학교 간의 쌍방향 교류 부족, 두 기관의 관계를 단순히 서비스 기관과 고객 간의 관계로 인식하는 점, 시도교육청과 지자체의 신뢰 관계가 쌓이지 못한 점을 제시하였다.

셋째, 인문계고를 대상으로 보았을 때, 대학과 연계한 전공 관련 진로교육이 미흡하다. 한국교육개발원(2015)의 연구에 의하면, 일반고의 대학진학률은 78.9퍼센트에 달하지만, 한국직업능력개발원이 조사한 대졸자직업 이동경로조사(GOMS1, 2010) 결과, 전체 4년제 대학생의 50.5퍼센트가 고교시절로 돌아가 전공을 다시 선택할 수 있다면 다시 선택하고 싶다고 응답했다. 이러한 응답이 나타난 이유는 고등학교 진로교육이 대입에 치중한 진학교육 중심이며, 대학의 전공과 연계한 체험교육이 실질적으로 활성화되어 있지 않기 때문이다. 경기교육종단연구 3차년도 고등학교패널 진로진학조사(2015)에 의하면 고등학생이 자신이 진학하고자 하는 학과에 대해 인식하지 못하거나 잘 알지 못하는 경우는 전체 응답자의 38.1퍼센트로 나타났다.

2008년 입학사정관제 시범 도입 이후에 많은 대학이 진로연계 체험프로그램을 운영하고 있으며, 2014년부터 운영되고 있는 고교교육 정상화 기여대학 지원사업과 관련하여 고등학교와 대학교의 연계 진로체험 활동을 평가항목으로 포함하고 있다(교육부, 2016). 또한 한국형 온라인 공개강좌(K-MOOC)를 통해 대학의 정보를 전공계열별로 안내해주고 있다. 그러나 여전히 많은 대학이 학생 선발을 위한 입시설명회에 치중하는 경우가 많으며, 개별대학의 프로그램을 공문을 통해 단순 소개하는 정도에 그치고 있다. 호주나 일본 같은 외국의 사례를 살펴보면 고등학교 교육이 대학 교육으로 원활하게 연계될 수 있도록 다양한 방식으로 상호협력적인 관계를 구축하고 있다. 고교 대학 간의 단순한 협의가 아닌 지속적인 상호협력과 지원 시스템이 필요하다.[7]

5. 고교교육 진로 활성화를 위한 제언

첫째, 학교에서는 개인의 적성과 소질, 성장기록 등을 고려하여 필요한 역량을 길러줄 수 있도록 맞춤형 진로교육을 할 필요가 있다. 고교 진로교육은 지금까지 인문계고의 경우 입시 중심 진로교육이 이뤄져왔으며, 특성화고에서는 취업 중심 진로교육이 이루어져왔다. 그러나 기능 중심의 획일화된 진로교육에서 벗어나 민주시민으로서 기본 소양을 습득하고 미래 사회에 필요한 다양한 기본 역량을 기르는 데 중점을 두어야 한다. 인공지능과 저출산, 고령화, 환경변화와 과학기술 발전 등으로 개인이 하나의 직업으로 평생을 살아가는 시대는 지났다. 평생교육의 중요성이 어느 때보다 강조된 시기이며, 변화하는 직업에 대한 기본적인 역량이 필요한 시기라고 할 수 있다.

둘째, 범교과적인 측면에서 진로교육을 할 필요가 있다. 2015년 개정 교육과정부터 각 교과별로 진로 연계부분을 설정하여 교사들이 가르칠 수 있도록 하고 있다. 현장에서는 교과내용을 가르칠 시간도 부족한데, 진로교육과 연계한 부분이 부담이 되는 실정이다. 부담을 줄이기 위해 각 교과 교사들이 교과 교육과정과 연계하여 진로교육을 할 수 있도록 시간을 확보해주고, 진로전담 교사뿐만이 아니라 모든 교사가 자신의 전공과 관련하여 진로교육을 할 수 있게 전문성을 강화하는 연수가 이뤄져야 한다. 다만 각 교과에서의 진로교육은 직업적인 측면을 강조하기보다는 교과가 가지는 고유 교육 목표에서 추구하는 역량을 키워주는 방향으로 이뤄져야 한다.

셋째, 지역사회와 학교, 교육청이 진로교육에 대한 비전을 공유하고 협력체계가 이루어져야 한다. 이미 진로교육법에서는 진로체험 기회 제공, 협력체계 구축, 행정과 재정 지원 등 지역사회가 진로교육에 있어서 중심적인 파트너로서 협력할 것을 규정하고 있다. 지자체와 교육(지원)청, 학교 세 기관이 협력체계를 잘 구축하고 광역자치단체 수준의 진로교육지원센터 모델구축이 추진되어 학교와 지역문화·경제 활성화 지원까지 이끌어내는 장기적인 모델을 구축해야 한다.[8]

학교 간에도 협력이 필요하다. 현재 학생들의 교육과정 선택권을 강화하기 위해 각 지역 교육청에서는 개방형과 연합형 캠퍼스나 클러스터, 캠퍼스형 학교가 운영되고 있다. 진로교육에 있어서도 인근 직업교육 특성화학교 및 학교별 다양한 유형의 교육과정을 연계하여 클러스터나 캠퍼스형 학교가 운영될 필요가 있다.

학교와 지역사회의 연계를 위해서는 지역 내 진로진학 교사간 협력, 지역진로교육협의체를 마을교육공동체 지역협의체 하위분과로 결합, 실무자 진로 전문성 역량강화 연수, 자원봉사센터와 연계 등이 요구된다.[9]

정부에서는 중앙부처와 지방자치단체, 정부부처 간 진로교육 협력시스템을 구축하고 자치단체에서는 마을교육공동체를 통해 시도교육청과 정책소통을 활성화하여 진로교육에 대한 공감대를 형성하고 마을공동체 운영 및 지원조례에 대한 제정 추진 등이 필요하다.[10]

넷째, 고교와 대학의 진로체험 프로그램 정보를 연결해줄 수 있는 연계 시스템이 필요하다. 대학교육협의회나 직업능력개발원의 커리어넷이나 고교 진로진학협의회, 교육부와 시도교육청의 진로지원센터는 고유 정책을 각각 시행하고 있다. 이런 점에서 최근 중·고교와 대학, 청년 일자리까지 종합적인 정부기관의 협업은 주목할 만하다. 외국 사례를 살펴보면 프랑스 진로교육은 대학과 연계하여 전공 관련 정보 제공과 취업 등을 도와주는 센터가 있다. 교수들이 전공내용이나 전공 선택 이후 진로 정보를 고등학교 학생들에게 제공하고 있다. 또한 직업교육과 관련하여 탐색할 기회를 넓혀주고 있다. 2015년 '미래로의 여정'이라는 정책을 통해 학생들이 직접 해당직업을 가진 전문가들을 포럼이나 회의에서 만나고, 중학교 4학년 때 직업 인턴십에 의무적으로 참여할 수 있도록 도와주고 있다. 이를 위해 온라인 인턴십 포털과 전국에 학군 단위로 인턴십 센터를 설치하고 있다.[11]

우리나라도 각 지역별 특성을 살린 진로지원센터와 학교 현장에 맞는 진로교육 컨텐츠를 보급해야 한다. 또한 지역체험 생태지도를 만들어 학생들에게 자신의 진로를 위해 필요한 정보를 얻고 체험할 수 있도록 도와주고, 교육과정 상의 다양한 독서 프로그램을 통해 간접적으로라도 학생들이 자기주도적인 진로역량을 개발할 수 있도록 지원해야 한다.[12]

고교 시기는 대학진학과 더불어 직업세계로 첫발을 내딛는 중요한 시기이다. 자유학기제를 통해 다양한 분야의 진로탐색을 경험하는 중학교에 비해 고교 시기는 민주시민으로서의 교양과 자질을 키우고, 진로를 구체적으로 경험하고 고민해봐야 하는 시기이다. 진로교육을 활성화하여 학생들에게 진로를 찾으며 자아실현과 이 사회를 위한 몫이 무엇인지 발견할 수 있는 기회를 주어야 한다.

주

1 SBS스페셜. 대2병, 학교를 묻다.

2 2015년 8월 기준 전국 진로진학상담교사는 전국 중, 고등학교 전체 5,512교에 5,073명이 배치되어 약 95퍼센트의 배치율을 나타내고 있다. 그러나 학교 현장에서 진로교육에 대한 오해와 진로교육 필요성에 대한 인식 부족 등으로 각종 상술을 활용한 민간자격증 남발, 단순 현장견학이나 전문성이 부족한 경력 단절자를 활용한 강의식 진로교육이 확산되면서 진로교육이 체계적 교육시스템으로 안착되지 못하였다. 이러한 문제점을 극복하기 위해 전국의 진로진학교사들이 전국의 진로교육 관련단체, 국회, 대학, 지자체와 협력하여 진로교육법안의 발의를 위해 노력한 결과, 법안이 제정되었다.

3 2013년 1월 경기도의회 윤은숙 전 의원과 정종희 전 경기도 진로진학상담교사협의회 회장을 비롯한 1058명의 경기도 진로진학상담교사들의 정책포럼 및 협의를 통해 법률안이 통과됨.

4 한국직업능력개발원, 교육부(2017). All about Career Education in Korea.

5 임언, 이수정, 윤형한, 정혜령(2017). 고교 직업교육 목적에 대한 교사의 인식차이와 관련요인. 직업교육연구. 36(2).

6 이혁규 외(2017). 미래교육이 시작되다. 서울: 즐거운학교.

7 정광희(2011). 외국의 고교-대학 연계방식과 실천사례분석: 일본과 호주의 사례를 중심으로, 비교교육연구 21(2).

8 이혁규 외(2017). 미래교육이 시작되다. 서울: 즐거운학교.

9 경기도 교육연구원(2015). 지역사회 연계를 통한 진로교육활성화 방안

10 윤현한(2018). 교육혁신과 진로교육 마을공동체 구축, 제1차 진로교육 마을공동체 포럼 자료집.

11 최지선(2017). 프랑스의 중등학교 진로교육 동향과 시사점. 월간교육정책포럼.

12 이혁규 외(2017). 미래교육이 시작되다. 서울: 즐거운학교.

교육과 정치는 어떤 관계가 있을까?

현재 교육제도와 정책 한계의
근본 원인을 생각하며

홍섭근(경기도교육청 장학사)

1. 들어가며

공무원은 '정치중립의 의무'를 가지고 있다.[1] 많은 국민들이 이 법률에 익숙하기에 공무원이 노조에 가입하거나 정치 편향성을 가지면 문제가 된다고 인식한다. 그리고 우리 사회는 정치는 정치인들의 몫이라고 생각한다. 대부분의 국민들은 정치 참여에 대한 부정적인 문화가 있고, 정치는 전문성을 가진 특정 정당인들이 하는 어려운 일이라고 여긴다. 대한민국 정치사를 살펴보면, 정치인들은 국민에게 봉사와 헌신을 하지 않고 보수와 진보라는 프레임 속에 갇혀서 출신 지역을 중심으로 정당을 나누는 희한한 상황을 오랫

동안 지속하였다. 특정 지역에서 오랜 기간 탄탄히 자리잡은 정치인들은 아무리 부정한 일을 저질러도 지역민들의 변함 없는 지지로 인해 다시 선출되는 경우가 비일비재했다. 정치를 통해 세상을 바꾸려는 의지보다는 선거철에 특정 정당의 색깔 옷으로 갈아입고, 지역민에게 90도로 인사하며 자신의 명함돌리기에 더 열중하는 것처럼 보였다. 이러한 후진적 관행은 해방 이후 지금까지 이어졌다.

2017년, 우리는 놀라운 경험을 했다. 바로 헌정사상 최초의 현직 대통령 탄핵사건이었다. 국정농단 사건이 알려지면서 국민들 상당수가 참여한 촛불민심에 의해 현직 대통령이 권좌에서 쫓겨나고 수감되었다. 2017년 5월 대선 이후에는 검찰수사를 통해 숨겨져 있던 진실들이 밝혀졌다. 강남구 공무원들, 국정원과 군인이 정치 댓글을 단 혐의로 줄줄이 구속되었으며 문화계 진보인사들을 대상으로 블랙리스트를 운영했던 전 문화체육관광부 차관 또한 구속되었다. 이들의 공통점은 국민의 투표로 선출된 이들이 상관의 지시에 따라 불법적으로 정치에 개입했다는 점이다.

여기에 주목해볼 부분이 있다. 특정 정당의 당원이 되어 선출된 이들이 윗선을 타고 공무원에게 지시를 내리면, 공무원들이 당당하게 거부할 수 있는 명분이 거의 없다는 것이다. 물론 몇몇 경우는 명백하게 법률을 위반하게 되는 부적절한 사항들이었다. 이들이 처벌받는 것은 당연할지 모르나, 내막을 들여다보면 그리 간단한 문제는 아니다. 선출된 이들이 인사권을 쥐고 위력에 의해 지시를 내릴 때, 현실적으로 지시를 거부할 수 있는 공무원이 과연 몇이나 될지 묻고 싶다. 개인의 힘은 나약하다. 이러한 이유 때문에 법률과 제도의 불합리함을 얘기하고 싶다. 특히 중앙정부가 아닌 지방자치단체로 갈수록 이러한 현상은 더욱 심각해진다고 한다. 불합리한 지시를 외부에 알릴 수 있는 채널이나 소통창구가 거의 존재하지 않기 때문이다. 2017년 '국경 없는 기자회(RSF)'가 발표한 우리나라 언론자유지수 순위는 180개 국가 가운데 63위로 나타났다. 용기 내어 윗선의 불법 지시를 언론에 폭로했다 데스크[2]에서 잘려나가면 보도도 되지 않고 오히려 신변 노출만 되어버리는 상황이 벌어질 수 있다. 더군다나 우리나라에서 내부고발자의 말로는 거의 비극에 가깝다.[3] 보수적인 군과 경찰, 행정관료, 교직에서는 더욱 그렇다. 일반적으로 공직사회公職社會에서는 윗선의 뜻에 적응하는 길이 살 길이라는 인식이 강하다. 그래서 영혼 없는 관료官僚라는 말이 나오기도 한다. 공직사회는 보통 관료제의 성격을 가지기 때문에 무척 보수적이다. 엄격한 위계질서 아래에서 상사들의 지시를 잘 따르고 움직이는 이들은 영전을 하는 반면, 그렇지 않은 이들은 승진에서 멀어진다. 대부분의 공무원들이 부적절한 일이라는 것을 인지하면서도 자신의 안위를 위해 거부할 수 없는 것이다. 정치중립을 이야기하고 있지만, 많은 선거에서 5급 이상 되는 이들은 어떤 쪽을 선택하여 줄을 설지 강요받고 있다는 사실은 공공연한 비밀이다. 선택한 쪽이 성공하면 많은 것을 얻게 되지만, 반대의 상황이면 전부를 잃기도 한다.

앞서 언급한 일련의 사건들을 볼 때 공무원들의 건강한 정치 참여가 보장되었다면 안타까운 일들이 일어나지 않을 수 있었을 것이라는 생각이 든다. 소수의 사람이 저지른 부정한 일이라기보다 언제 어디서든 일어날 수 있는 일이라는 것을 간과해서는 안 된다. 이러한 일들이 은연 중에 지속적으로 벌어지고 있는데 우리는 눈 가리고 아웅 식으로 공무원들의 정치참여를 법으로 금지하고 있다. 음지에서는 더욱더 안 좋은 일들이 관행적으로 일어나고 있고, 불법을 조장하는 일들이 일어난다. 반면 견제와 균형이 제도적으로 잘 이루어진 집단에서는 특정 소수의 사람들이 정보를 독점하고, 그 안에서 부정한 일들이 벌어지는 상황이 줄어든다.

2. 교직은 다를까?

사립학교 교원을 제외하고 임용고사를 통과한 교원들은 모두 국가직공무원에 속한다. 교사들은 자신들이 일반 공무원보다 더욱 정치와는 거리가 멀 것이라고 생각한다. 교육계에서 정치하는 사람들은 대부분 특정한 보수와 진보 교원단체의 핵심세력이라고만 생각한다. 그리고는 정치를 철저하게 외면한다. 교사는 공무원이기에 정치중립성을 지켜야 하고, 정치에 참여하게 되면 중징계를 받거나 구속되기도 한다. 과거 국가의 잘못된 정책에 대해 '시국선언'을 했던 많은 교사들이 정치중립의 의무를 위반했다며 징계가 의결되기도 하였다. 심지어 90퍼센트가 넘는 국민이 잘못이라고 인식하는 '국정역사교과서'에 대해 정당하지 못하다며 문제제기하고 성명서를 낸 교사들도 정치중립을 위반했다는 이유로 징계 대상자로 이름을 올렸다. 알다시피 과거 박근혜 정권 때는 수업 중에 세월호 추모에 대한 교육을 했다는 이유로 해당 교사들을 '정치중립의 위반'을 들어 징계를 요구하기도 하였다.[4] 이외에도 정권의 입맛에 맞지 않으면 무조건 징계를 운운하면서 교사의 입에 재갈을 물렸다.

앞으로 학교 내에서 어떠한 비민주주의적인 일들이 눈앞에 펼쳐지더라도 못 본 척 눈감아야 하는 것이 현재의 교사들이다. 학생들에게 무엇을 가르쳐야 할까? 모든 사람은 동일한 생각을 할 수도 없고, 해서도 안 된다. 각자의 생각이 다를 수 있음을 인정해야 하는 교사가 획일적인 사고를 조장하고, 옳지 않은 일에도 입을 다물어야 하는 것은 문제가 아닐까? 학생들 앞에서 정의란 무엇인지에 대해서 언급과 해석조차 못한다면 정치중립의 의무는 너무 지나친 제약이며, 교사의 모든 정치활동을 통제하려는 족쇄와 같다. 정치중립의 위반은 과연 어디까지 확대 해석되어야 하는가? 잘못된 것을 보면서도 학생들에게 아무 말도 할 수 없는 상황이 옳은 일일까? 우리가 아는 선진국들은 모두 교원의 정치참여를 허용하고 있다. 해당 국가들에서는 교사들의 정치참여가 허용된다고 우려할 만하거나 과격한 일이 일어나지 않는다. 국가인권위원회는 2006년 초·중·고 교사의 정치참여 확대를 골자로 하는 '인권정책 기본계획' 권고안을 확정한 바 있다. 국제교원노조총연맹[티] 총회 참석 58

개국 교원대표 설문조사에서 '교원의 정당 가입과 선거활동을 허용하고 있느냐'는 물음에 '그렇다'고 답한 나라가 36개국(62.1%)이었다. 미국, 영국, 프랑스, 덴마크, 네덜란드, 캐나다, 노르웨이 등 선진국이 대부분이었다. 앙골라, 도미니카, 케냐, 짐바브웨 등의 나라도 교원에게 정치활동의 자유를 허용한다고 답했다.[5] 독일, 미국의 경우에는 교원 노조가 자신이 후원하는 정당인을 당선시키기 위해 노력해도, 아무런 문제가 없다. 이는 국민으로서의 권리라 생각하기 때문이다. 때문에 많은 정당에서는 투명하게 교육정책 대결을 하는 상황이다. 그런데 우리나라는 정치중립을 핑계로 교사들에게 획일적 사고를 강요하며 헌법에 명시된 권리를 빼앗았다.[6] 일부 학부모들이나 국민들은 유·초·중·고 학생들에게 영향력을 행사할 수 있는 교사들은 더욱 정치중립을 지켜야 한다고 믿는다. 학생들에게 영향을 끼칠 수 있기 때문이라고 한다. 그렇게 학생들의 판단을 유보하도록 만들고 있다. 그런데 정작 투표권을 가진 대학생을 가르치는 국립대 교수들의 정치참여는 허용된다. 대학교원과 초·중·고교원은 동등한 수준의 정치참여권을 보장받아야 한다. 정치는 정치인과 같은 특정 누군가만 하는 것이 아니다. 우리 사회의 구성원 모두가 자신의 의견을 정치적으로 표현할 수 있는 권리가 있다. 정치는 신성한 것이며, 치열했던 민주화 운동의 산물이다. 진정한 민주주의는 시민 모두의 참여로 실현된다.

학생들에게도 어린 시절부터 철저하게 정치를 교육할 필요가 있다. 정치를 교육하는 것은 자신들의 권한과 의무에 대한 것이다. 아쉽게도 OECD국가 중 한국만이 유일하게 만 18세 학생의 투표권을 주고 있지 않다.[7] 문화의 차이라 믿으며 교원들에게 정치중립을 강요하는 것을 당연하다고 생각할지 모른다. 학교를 들여다보자. 학생들은 학교에서 학생회 대표를 뽑으면서 민주주의를 몸소 실현한다. 교사들의 개입 없이 투명하게 운영된다. 정치 외에도 종교제도를 한 번 보자. 종교의 자유는 모든 교사들도 가진다. 학교 밖에서 종교 활동을 하지만, 학교 안에서는 종교 활동(포교)을 하지 않는다. 이것을 지키지 않으면 징계사유가 된다. 만약 학교 밖에서 교사들의 정치참여를 허락한다면 문제가 생기거나 학생들에게 악영향을 끼칠까? 의외로 건강한 사고방식과 주체적인 사고를 가진 학생들이 생길 것이다. 많은 이들이 우리나라 교육의 가장 큰 문제는 획일적인 사고방식을 강요하기 때문이라고 생각한다. 정치중립의 의무야 말로 국민의 기본권을 침해하는 문제가 많은 사안이다. 그것을 절대적이라 믿는 국민들은 하루빨리 사고의 전환이 필요한 시점이다.

3. 왜 교사들의 적극적 정치참여와 교육정책에 대한 관심이 필요한가?

교육의 3주체는 교사, 학생, 학부모를 말한다. 초·중·고등학교에서 교육정책과 제도는 밀접한 관계다. 교육과정, 각종 세부 정책, 예산계획 모두 교육정책과 제도와 연관되어 있다. 특히 대통령 선거와 밀접하게 연관이 되어 있다. 대통령 선거의 교육 분야 공약들이 대부분 국정과제가 되어 5년 동안 초·중·고 교육을 바꾸게 된다. 그것도 장기적인 안목으로 보지 않고 5년 내에 가시적인 단기성과를 위해 학교 현장을 쥐어짠다. 어쩌면 성과보다는 실적을 위한 허위보고서 작성을 유도했는지도 모른다. 아직까지는 중앙정부(교육부)의 권한이 대부분이어서 대통령 선거는 교육감 선거보다 그 영향력이 막대하다. 그렇다면 지금까지의 교육정책과 제도는 누가 만들어왔을까? 바로 교수 그룹과 정치인들이다. 두 그룹이 나쁜 결정을 한다는 의미는 아니다. 문제는 유·초·중등의 현장경험이 없어 교육의 전문성이 떨어진다는 것이다. 교육현장과 전혀 관련 없는 사업과 정책들이 갑자기 만들어지고, 전시행정이 반복되었던 이유도 공약을 만든 두 그룹의 현실적인 감각이 떨어졌기 때문이다. 정책을 펼칠 때 가장 중요한 인력과 예산을 추가적으로 주지 않아 교사가 교육보다 행정에 투입되는 현실을 초래하기도 한다.

공약은 무척 중요하지만, 대부분 국가단위 공약은 사교육 억제, 대학등록금, 대학입시 정도로 그친다. 가장 자극적인 이슈이고, 그만큼 국민들의 관심이 크기에 그렇다. 그러나 교육이 그 세 가지로 모두 대변되는 것은 아니다. 교육 전체는 유기적으로 연결되어 있는 시스템이며 앞에서의 세 가지는 그중 일부분인 것이다. 단기간에 성과를 내야 하는 전시행정 위주의 교육정책은 단위학교 구성원의 피로도 증가를 가져온다. 그 결과 대부분의 정책들을 외면하다시피 하여 형식적인 사업과 줄 세우기식 평가만 남는다. 대표적으로 교원성과급 제도와 국가수준 학업성취도 평가, 시도교육청 평가 사업을 들 수 있다.

우리나라에서는 그동안 관행적으로 교수들과 정치인들이 공약을 만들어왔다. 교육현장의 교원들은 정치중립성도 지켜야 하며 전문성이 떨어진다고 생각하였다. 정치중립성을 이유로 교사들의 정치참여 기회를 배제하고, 입을 틀어막았으며 옳고 그름을 판단하지 못하도록 수동적인 교사상을 강요하였다. 중앙정부에서는 교사들이 시키는 대로 따르도록 강요하고 정치 참여를 요구하는 교사들을 비난하였다. 교사들을 정치가 나쁜 것인가에 대한 판단조차도 못하는 식물인간들로 만들었다. 교사들은 학생에게 안 좋은 영향을 끼칠 수 있는 교육정책에 대한 비판도 할 수 없었고, 학생을 도구화하는 정책에도 앞장서서 수행해야 했다. 정치참여의 '권리'는 없고 정치중립의 '의무'만이 존재했다. 그러면서 국민들의 부정적인 인식은 모두 감당해야 하는 불합리한 구조의 최하층에 있었던 것이다. 교사들의 정치참여는 좀 더 나은 교육환경을 만들 수 있고, 학생들의 미래를 위해 세상을 바꾸게 할 수 있다. 아닌 것은 '아니다'라고 말할 수 있는 환경을 조성할 수 있다. 정치참여는 특권이 아닌, 모든 국민이 가지고 있는 헌법에 보장되어있는 기본권이다. 공무원이나 교사들의 정치참여가 나쁘다는 인식은 과거 일제강점기나 군사정권의 산물일지도 모른다. 플라톤은 '정치를 외면한 가장 큰 대가는 가장 저질스러운 인간들에게 지배당한다는 것이다.[8] 라고 했다. 교육에 있어서도 이 말은 잘 들어맞는다.

학교는 다양성을 가르치는 곳이어야 하며, 학생들이 자율적으로 판단할 수 있는 환경일 필요가 있다. 교사들도 국민이기에 투표를 하고 교육현장에서는 학생들 앞에서 정치중립을 지킬 수 있어야 한다. 자신들이 투표로 대통령과 교육감을 뽑으면서도 정작 자신들이 수행하는 정책에 대한 비판도 할 수 없는 위치에 놓인 교사들의 상황은 아이러니하다.

문재인 대통령은 2018년 3월 헌법 개헌안에 공무원 노동 3권을 인정하는 안을 제안하였다.[9] 교사들도 헌법에 명시된 기본권인 정치참여를 요구하여야 한다. 다시 말하지만 교육현장의 많은 정책과 제도들이 견제장치에 대한 부족으로 폭력적이고 전시적으로 흐르고 있다. 교사들의 손과 발을 다 묶어놓고 있는 이 상황이 지속된다면 학생은 교육정책의 희생자가 될 뿐이다.

4. 그렇다면 교사만 정치에 참여해야 하는가?

학교는 교사들만 있는 곳이 아니다. 우리가 간과하곤 하지만 학교의 가장 다수의 구성원은 학생이고 이들이 학교의 주인이다. 학생과 학부모의 의식이 성장하고, 교사들과 견제와 균형을 이루어야 한다. 학교마다 운영위원회가 조직되어 있지만 소수의 인원만이 참여하는 학교운영위원회는 평범한 학교 구성원의 목소리를 반영하기 어렵다. 학교자치회가 만들어져 학교 구성원들이 모두 의견 개진을 할 수 있는 통로가 있어야 한다. 학생과 학부모 모두 교육에 대한 정치참여를 활발히 할 수 있는 제도가 보장되어야 한다. 위에서 언급했듯이 문재인 대통령은 2018년 3월 헌법 개헌안에도 만 18세 이하에 대한 투표권을 논의하고 있는데, 그 이전인 2016년에 시도교육감협의회에서는 교육감 선거에 대해서는 만 16세 이상 학생들에게도 투표권을 주자는 의견이 모아지기도 하였다. 언제까지 학생들에게 복종을 강요하고, 학생다움을 이야기할 것인지에 대한 근본적인 성찰이 필요하다. 학교의 정책은 적어도 학생들이 의견을 전달할 수 있는 통로를 열어둬야 한다. 초등학교 교과서에서부터 3·1운동의 주역으로 꼽히는 유관순 열사[10]의 순국 당시 나이는 18세(만 16세)였다.

학부모들도 정치인들의 교육 공약보다는 정당을 보고 투표한다. 적어도 지금까지는 그래왔다. 반성이 필요한 부분이다. 지역감정이나 묻지마 번호투표보다는 무엇이 교육적인지 공약을 보고 판단해야 한다. 이것은 교육에 대한 학습을 통해 가능하다. 교육에는 책임이 따른다. 현재 민원이 쇄도하고 있는 학교에서 의무와 권리가 균형을 이룰 수는 없을까? 정부는 최근 아동수당이나 양육수당, 보육료, 유아학비를 신청할 때 모든 부모가 아동학대 예방·신고 교육을 받아야한다는 방침도 정했다.[11] 이러한 교육과 유권자인 학부모의 책임을 연결하는 취지는 매우 합리적인 판단이다. 교육정책의 실행과정에서 교육예산이 어떻게 효율적으로 쓰이는지 학부모들은 책임의식을 가지고 관심을 가져야 한다.

투표로 인해 세상이 바뀐 사례들을 알게 되면 이러한 인식에 변화가 생길 것이다. 2009년 교육감 선거에서 김상곤 경기도교육감의 당선으로 현재 무상급식이 전국적으로 확산되었으며 그 선거로 인해 교육복지에 대한 논의가 시작되었다. 2011년 시작된 혁신교육지구 사업이 2014년 선거에서 전국적으로 의제화되어 현재는 수도권을 포함 전국으로 확대되고 있다. 이 사업으로 인해 그동안 시설 사업에만 투자되었던 예산들이 학교 내 교육프로그램으로 전환되었다. 2014년 지자체 선거 이후 이재명 성남시장의 당선으로 무상교복의제가 전국적으로 확산되었다. 지금은 광명, 용인 등 많은 지자체로 확산되고 있으며 경기도의회는 경기도 전체로 확대할 계획을 세우고 있다.[12] 2017년 5월 대통령선거에 당선된 문재인 대통령은 박근혜 정부에서 임기 내내 가장 문제가 많았던 누리과정 예산의 국가지원을 확정하였고, 국정역사교과서 폐지를 선언하였다. 모두가 유권자들이 투표로 바꾼 교육정책이다.

교육부의 2018년 예산은 68조였다. 2018년 409조 정부 예산 중 가장 많이 사용한 분야가 교육예산이다. 국방예산보다 많다. 그동안 교육예산은 어떻게 쓰이는지도 몰랐고, 견제받지도 않았다. 그러나 학부모들의 인식은 진화하고 있다. 유권자가 낸 세금이 어떻게 쓰이는지, 국민들이 낸 세금이 어떻게 쓰이는지 적극적인 관심을 가지고 공부하고 있다.

5. 나가며

우리가 흔히 생각하듯이 교육과 정치의 분리는 불가능하다. 불가분의 관계이므로 교육현장에 있는 학교 구성원들의 고민이 필요하다. 현 제도의 문제점을 점검하고 개선을 위한 요구를 해야 한다. 매번 학생들을 교육정책의 실험대상으로 삼아서는 안 된다. 최종적으로는 단위학교에서 교육정책을 만들고 생산할 수 있도록 하는 권한을 가져야 한다. 현재 이것에 대한 모든 권한을 가진 사람들은 정치인들이다. 모든 국민이 정치인이 될 필요는 없지만, 누구나 참정권을 가지고, 자신의 참정권을 통해 정치인들이 각성할 수 있도록 자극해야 한다. 그리고 현장의 문제를 공약에 반영할 수 있도록 많은 곳에서 목소리를 내야 한다. 단지 그 목소리를 시민단체나 교원단체만이 내야 하는 것은 아니다. 온라인 커뮤니티나 SNS, 청와대 홈페이지나 국민청원 등 다양한 방식으로 의견 피력이 가능하다. 그동안 그러했듯이 국민들의 선택에 의해 선출된 정치인의 교육정책이나 공약은 학생들의 행복도와 미래에 큰 영향을 끼친다. 단순히 대입고사, 대학등록금, 사교육에만 초점을 맞춘 전시행정으로는 우리 교육이 변화하지 않는다.

학생과 학부모 중심의 교육이 이루어지기 위해서는 무엇을 요구해야 하는지, 현 상황에서 무엇이 문제가 되는지 파악해야 한다. 이를 위해서는 건강한 교육정보를 얻을 수 있는 통로를 만드는 것도 중요하다. 사교육 시장은 교육의 혼선을 가져오는 경우가 많다. 교육정책에 대한 오염된 정보를 가지고 학부모들을 선동한다면 이들이 올바른 판단을 하는 데 방해가 될 것이다. 학교나 시도교육청에서 '학부모 아카데미'를 의무화하여 무엇이 학생을 위한 교육인지에 대한 사전 교육과 학습이 필요하다. 정보 불균형의 극복만으로도 학부모의 권리와 의무가 균형을 이룰 수 있는 계기가 될 것이다.

학교 현장에 있다고 모든 사람이 올바른 판단을 하지는 않는다. 우매한 대중은 더 어리석고 이기적인 판단을 초래하기도 한다. 교사들이 자신들은 정치에 관심 없다는 식으로 외면한 대가가 현재의 파행적인 교육환경과 교육과정이다. 교사들도 교육과정 편성권과 같이 자신들의 권리를 찾기 위한 노력을 해야 한다. 앞으로 교육의 수요자가 정책에 참여하는 구조는 필수적이며 정치(공약 외)에서도 일정 부분 참여할 수 있는 영역이 존재해야 한다.

앞으로 국가주도형 교육과정과 대규모 정책 사업은 교육자치(시도교육청 위임)에 맡겨야 하며 역할의 명확한 경계가 필요하다. 중앙정부, 교육부, 시도교육청, 지역교육청, 학교, 지역사회의 역할이 명확해야 하며, 중앙집권적인 교육정책의 탑다운 방식은 이제 사라져야 한다. 다행히 이러한 논의가 많이 나오고 있고, 교육부의 기능을 재편하여 국가교육회의에서 이것을 대체하기 위한 중장기적인 정책을 논의해야 한다는 얘기가 나온다. 교육자치 이후 시도교육청도 교육부와 같은 거대기관이 되지 말고 교육청을 축소하고 단위학교에 재량권을 위임해야 한다. 미래사회를 대비하려면 학생들이 민주주의를 경험하고 주인의식을 가질 수 있도록 학교자치회를 통해 구성원들이 교장이나 교육장을 선출하여 선거를 경험할 수 있도록 해야 한다. 그리고 미래사회의 주인공이자 학교의 실질적인 주인인 학생이 수업과 교육과정을 선택할 수 있도록 무학년 학점제나 교육과정선택제가 마련되어야 한다. 아무도 책임지지 않는 교육정책과 제도는 이제 중단할 시점이다. 그것은 우리 모두의 각성과 적극적인 정치참여로 가능하다. 우리가 권리를 각성할 때 정치인들도 깨닫고 겸손해질 수 있다.

주

1 국가공무원법 제 65조(정치운동의 금지).

2 언론사 부장급 결재라인.

3 안타깝지만 현재까지 내부고발자를 우대해주는 시스템은 거의 존재하지 않는다. 유교적인 전통이 남아있기에 그렇다. 이것을 제도로서 극복해야 하는데, 현재는 그런 시스템이 거의 없다.

4 CBS노컷뉴스(2016.04.05.).

5 오마이뉴스(2017.12.28.).

6 헌법 제1조 1항, 2항.

7 현재 우리나라는 만 19세 투표권(대학생 이상)을 주고 있음.

8 플라톤은 그리스의 수학자이며 철학자. 현대 대학의 원형, 아카데미아를 세웠다.

9 뉴시스(2018. 3. 20.).

10 1919년 3·1운동에서 활약한 일제강점기의 독립운동가. 일제의 모질고 혹독한 고문으로 인해 1920년 서대문형무소에서 옥사했다.

11 머니투데이(2018.03.08.).

12 2018년 추진하려다가 추후로 미뤄짐.

학교 교육 활동에서 독서교육의 역할

황현정(경기도교육연구원 연구위원)

1. 들어가며

일반적으로 학교의 교육 활동들이 교과와 연계된다면 교육의 효과가 높을 것이라고 생각한다. 그렇지만 학교에서는 교과와 연계되지 않는 교육 활동이 더 많이 이루어진다. 교육과정에 공식적으로 존재하는 비교과 교육 활동과 현장체험학습, 담임선생님과 함께 하는 다양한 학급활동도 삶과 연계된 교육 활동이다. 학생 자치 활동, 학교 축제 등 학교에서 학생들이 주도하여 참여하는 활동도 배움이 일어나는 것이므로, 모두 교육 활동이라고 할 수 있을 것이다.

이런 활동과 조금 범주를 달리하여 보면, 범교과 교육 활동이 있다. 범교과 교육 활동은 모든 교과에서 다루어야 할 정도로 중요하지만, 별도의 교과로 존재하지 않는 특성을 지니는 교육 활동을 말한다. 인성교육, 시민교육, 독서교육, 문해교육, 안전교육, 건강 및 보건교육, 급식 및 영양교육 등이 해당된다. 사회변화에 따라 중요하게 다루어야 될 필요가 생겼지만, 기존 교과에 접목될 수 없음에 따라 범교과로 특정해 모든 교과에서 꼭 다루도록 했다. 그중 독서교육은 독서 혹은 독서와 문법이라는 과목이 생겨나면서, 국어 교과 내에서 다루어왔다. 혁신학교 이후 교과 내 활동과 연계하여 독서 활동이 시도되기도 하였다. 독서교육이 학교 수업 속에서 교사들이 주도하여 실시되면서 실질적으로 범교과의 교육 활동으로 다루어지기도 하였다. 특히 독서는 학력 및 학습의 향상이나 입시에서 활용이 강조되는 것으로 한층 주목받으면서 독서 논술 같은 사교육 시장도 상당히 활성화되어 있는 편이다.

학교에서는 독서교육 시범학교, 독후감선발대회, 독서경시대회, 독서토론대회, 독서퀴즈대회, 독서캠프 등 다양한 행사나 이벤트로 진행되고 있으며, 권장 도서 목록을 학교별, 교육청별로 제시하고 있어, 학생들에게 다소 과도하게 제공되는 측면도 있다. 중요하지만 알맹이가 없는 방식으로 피로감을 더하는 독서교육이 이루어지고 있는 것이다. 혁신교육이 인문학 독서를 강조하면서 읽을 책들을 다양하게 제공하여 독서교육이 활성화되기도 하였다. 그러나 여전히 학교교육을 겉돌고 있다는 비판들이 이어지고 있다. 모두가 중요하다고 생각하고 있는 독서가 어디에서 단추가 잘못 채워

졌는지, 어떤 색깔의 단추를 달아야 하는지, 채워진 단추는 그 역할을 충실히 해내고 있는 것인지 깊이 생각해볼 문제이다.

2. 독서교육 정책의 히스토리

중앙정부 차원에서 독서교육을 추진해온 것이 20여 년이 넘어가고 있다. 2003년부터 '학교도서관진흥 기본계획'이 시작되어 2012년까지 추진되었는데, 이것은 인프라 정책이다. 2011년 '초·중등 독서 활성화' 정책은 독서교육의 목표나 내용, 그리고 방법과 평가 등을 지원하는 내실화 정책이다. 인프라 구축은 학교 도서관이나 장서 확충 등의 물질적 지원책이므로 일정 부분 성과가 있었지만 독서교육 내실화 정책이 뒷받침되어야 실질적인 성과를 얻은 것으로 평가될 수 있다.[1]

국가 교육과정에 독서교육이 하나의 과목으로 들어간 것은 어떤 측면에서는 고무적인 일이었다. 「독서」(5~6차 교육과정, 8단위), 「독서와 문법」(2009개정, 5단위)이 개설되어 국어 교과에서 선택과목으로 도입한 것은 독서를 적극적으로 교육의 영역으로 다루고자 하는 의지이다. 또한 독서활동 상황을 학생생활기록부에 반영하여 입시 자료로 활용하겠다(2004, 2008년 대입제도 개선안)는 것은 독서교육을 활성화하겠다는 강한 의지라고 볼 수 있다.

시도교육청 차원으로 진행된 독서교육정책도 상당히 활발히 진행되어 왔다. 2003년 부산시교육청과 강원도교육청에서는 컴퓨터 기반의 '독서교육지원시스템'을 개발하여 독서활동 검증 센터를 가동했다. 이 사업은 당시 대통령상을 수상하면서 전국으로 확산되는 계기를 맞았다. 이 사업의 영향으로 교육행정정보시스템인 나이스NEIS에서 독서활동 상황을 기록하게 되었던 것으로 보인다. 입시 자료로 활용할 수 있는 기반이 조성된 것이다. 2005년 서울시교육청은 독서지도매뉴얼이라고 할 수 있는 「학습능력 향상을 위한 독서지도 자료」를 개발하여 배포하였다. 이 자료는 대입 제도 개선안과 연계되어 향후 학교 독서교육의 모형과 방향을 보여주는 기본 틀을 제공하고 있어, 당시 학부모와 시민단체의 관심을 받았던 정책이다.

학교의 실천적 독서교육 정책이 이어진 지역은 대구시교육청이었다. 대구시교육청은 전 학생들을 대상으로 '아침 독서 10분 운동', '1인 1책 쓰기', 직원들을 대상으로 '직원 책읽기, 3S 운동' 등을 추진해 독서교육의 내실 있는 성과를 위하여 애써왔다. 또한 이러한 성과를 통해 대구시교육청은 시민들을 대상으로 '2011 한 도시 한 책 읽기 선포식'을 가지기도 했다. 아침 독서 10분 운동은 독서 이후 이루어지는 쓰기나 토론 등의 독후 활동을 강요하지 않고 읽는 활동에 주목하여 독서의 과정에 맞춘 교육 정책으로 큰 호응을 얻었다. 독서 실천을 독려한 이후에는 1인 1책 만들어보기 등의 독후 활동을 이어서 추진하여 성과를 내기도 했다.

경기도교육청은 혁신학교 초기에 창의지성교육의 모토 아래 인문학 고전 읽기, 독서교육 프로그램 개발 및 실행, 독서 토론 프로그램 개발 및 교육 활동에 적용 등을 활성화하였다. 또한 이벤트 방식의 학교별 독서 행사를 지양하는 방향성이 제안되면서 여러 정책들을 추진하였다. 이러한 경기도교육청의 독서교육은 인문학 독서에 새로운 출발을 알리는 시발점이 되었다. 그리고 독후 활동으로 글쓰기나 토론만 강요받는 상황에 대해 문제의식을 가지면서 독서 대화 같은 편안히 이야기를 나누는 독후 방법론을 고민하기도 하였으며, 시카고 대학의 독서 프로그램인 '공동탐구입문'을 민주시민 양성을 위한 인문고전 독서 프로그램으로 벤치마킹해보기도 하였다.

3. 독서교육 정책으로 인한 여러 문제들

이들 독서교육의 일환으로 편성한 정책 주도의 활동들은 학교교육에서 실천되는 부분이 약하다는 비판의 목소리를 듣고 있다. 우선 독서 활동이 학력 향상의 수단으로 인식되고 있다는 점이다. 독서 역량 수준이 문해의 수준으로 대변되기도 한다. 실질적으로 독서 수준이 높은 학생들이 상대적으로 우수한 성적을 받기도 한다. 그러나 이는 철저하게 독서를 수단시하는 방식이다. 독서 활동은 그 자체가 주는 정서적 만족감, 지적 충족감, 그리고 세계에 대한 순수한 호기심을 채워주는 역할로 충분하다. 교육의 차원도 결과론적으로 학력을 보완해주는 흐름이어야 한다. 본래의 목적에서 벗어나 학력 향상을 위해 독서를 한다면, 이 활동은 지속되지 못하고,

학창시절과 함께 끝나게 된다. 이보다 우스운 일은 없을 것이다.

둘째, 입학전형에서의 활용은 무늬만 독서인 형식적인 활동으로 전락할 우려가 있다. 읽지 않고 상급학교 진학을 위해 읽었다고 기록할 가능성이 농후하며, 면접에 대비하기 위해 줄거리만 암기하기를 유도하는 '어처구니 없는' 상황이 연출될 수도 있다. 그나마 학력 향상을 위해 꾸준히 독서하는 상황이 줄거리만 암기하는 것보다 한결 나은 독서 활동이라고 푸념할 수 있는 것이다.

셋째, 이제까지의 정책은 독서 활동이 성과주의, 물량주의에 집중하게 만들었다고 해도 과언이 아니다. 학교에서 이루어지는 다양한 독서교육 관련 이벤트는 이러한 성과주의를 대변해준다. 몇 권을 읽었는지를 중요하게 여기며, 책의 내용을 어느 정도 알고 있는지를 확인하는 독서 장려 정책들이었다. 독서 대회, 독서 퀴즈가 주지적인 책읽기를 강요하여 온 대표적인 사례이다. 왜, 어떻게, 무엇을 읽었느냐는 중요하지 않았으며, 퀴즈의 정답을 맞히기 위해 내용을 암기하며 읽은 책들이 과연 지속적인 독서 활동을 장려하는 것이었는지 스스로 묻기에도 부끄럽다.

넷째, 이제까지의 독서교육은 거의 독후 활동에만 집중하여 온 폐해가 있다. 독서는 독서 전, 중, 후의 활동으로 나누어볼 수 있는데, 독서교육은 독서 후의 활동에만 집중하고 있으며 읽은 결과를 표현해야 한다는 강박을 심어준다. 독후 활동도 논술이나 토론에 집중되어 있어 주지적인 책읽기를 강조해왔다. 책을 읽은 결과를 그림으로, 음악적 감성으로 풀어낼 수 있으나, 초등학교에서조차도 논술과 글쓰기로만 풀어내게 하여 독후 장려 정책이 오히려 독서를 멀리하게 한 독이 되었다.

독서 전과 독서 과정에 정책을 분산할 필요가 있다. 독서 활동은 마음의 여유와 실질적인 시간을 할애해야 하는 활동이다. 따라서 독서교육의 목적을 어디에 두느냐에 따라 충분히 과정적 차원에서도 그 성과를 얻을 수 있다. 독서 전 활동은 책의 맥락을 이해하게 해주는 데 중요한 활동이다. 하나의 책을 선택하고 읽기 위해 그 책에 대한 다양한 정보를 찾으며 도서 선택의 이유를 살펴보는 과정들이 독서 전 활동이라고 볼 수 있다. 교육 차원의 접근이 이루어졌을 때, 보다 의미 있는 독서가 이루어질 수 있을 것이다. 독서 과정은 한층 더 교육의 취지를 살릴 수 있는 단계이다. 윤독이나 통독은 독서 과정을 함께하는 행위로, 어려운 부분은 서로의 지식을 나눔으로 이해할 수도 있다. 함께 나누어 읽기, 독서 대화 등의 방식도 독서 과정을 교육적으로 활용하는 방식이다. 이러한 독서의 다양한 과정을 활용하여 교육의 행위가 존재하게 함으로써 독서교육이 완성될 수 있을 것이다.

4. 독서를 시민 교육으로 바라보는 관점

독서교육 정책의 면면을 살펴보고, 이에 대한 문제들을 고려해 볼 때, 우리는 지금까지 해왔던 독서교육의 방향성을 새로이 정립할 필요가 있다. 독서교육의 목적을 시민교육에 초점을 맞추어야 한다. 왜냐하면 학교교육의 목적은 기본적으로 시민 양성임을 천명하고 있기 때문이다. 교육과정이나 각 교과별 목적에도 시민 자질이나 시민 의식 함양이 기본 목표이다. 따라서 독서교육의 목적도 시민교육이어야 할 필요가 있다. 독서 활동이 시민교육의 한 부분이 될 수 있음을 먼저 고민한 시도들이 있었다.

시카고 대학교 총장이었던 로버트 허친스와 모티머 애들러가 대표적인 인물이다. 이들은 인문학 도서들을 선정하여(위대한 저서) 민주적 방식으로 읽어나가는(공동탐구입문) 프로그램을 개발하기 위해 개념어 분석, 논리적 독서법 등을 고민하였다. 그들은 이 인문학 독서 프로그램을 민주주의 사회에서 비판적 시민을 길러내기 위한 하나의 방법으로 고민하고 있음을 분명히 밝히고 있다. 우리 교육의 독서 활동이 개인적 읽기, 감성과 감상을 위한 읽기에 집중되지 않아야 하는 이유는 여기에 있다고 볼 수 있겠다.

또 독서교육은 문해교육이다. 리터러시로 표현되는 문해교육은 '비판적critical'이라는 단어를 암묵적으로 내포하고 있다. 파울로 프레이리가 시작한 비판적 문해력은 사회문화적 관점에서 사회 구조를 인식하고 세계로 그 인식을 넓혀가는 과정에서 매우 중요한 역량이 되었다. 또한 비판적 문해력은 교육과도 연결되어야 한다. 브라질의 문맹퇴치 운동에 매진했던 프레이리는 문해의 과정이 세계를 인식하는 과정이며, 따라서 사회에 대한 의식과 개인의 인식이 확장되는 과정에서 문해, 즉 독서 활동이 상당히 중요한 역할을 한다고 주장한다. 그의 주장에 전적으로 동의하며, 문해 역량을 넘어서서 책을 읽는 과정에서 자연스럽게 비판적 사고가 자라 개인이 사회적 존재로 성장하는 동력이 된다는 말에 깊이 공감한다. 독서교육으로 비판적 문해력을 향상시킬 수 있으며, 이러한 활동들이 시민 양성의 목적에 부합할 수 있을 것이다. 또한 요즘 시대에 각종 SNS로 소통하는 세대에게 강조되고 있는 미디어리터러시가 주목 받고 있는 지점도 문해교육의 중요성을 말해 주고 있다.

무엇을 읽을 것인가의 문제에서, 인문학적 소양을 기르기 위한 독서를 고민해볼 필요가 있다. 앞서 언급한 것처럼 교육부나 교육청별로 제시한 도서 목록은 일종의 '독서 권력'으로 학교 현장에서 인식되고 있다. 권장도서 목록이지만 학교나 학생이 받아들이는 수준은 '우수' 학생이라면 이 도서 목록을 모두 읽어야 한다는 강박으로 작용할 수 있다. 더구나 이들 도서 목록은 일반 도서에 비해 도서 출판계에서도 우위를 차지하게 된다. 도서 목록에서부터 감성과 이성을 기르고 도약하기 위한 독서 활동과 엇박자가 나는 것이다. 또한 제시된 도서 목록이 어떤 근거에 의해서 제안된 것인지 분명하지 않다. 이러한 논란을 잠재우기에 유리한 책들이 바로 인문학 고전이다.

인류의 지혜가 축적되었으며, 여러 시대를 거치며 검증이 끝난 인문학 고전은 명성에 대한 논란이 끝난 도서들이라고 볼 수 있다. 역사적 맥락과 당시 사회적 측면을 고려하여 읽는다면 시대를 뛰어넘어 공감할 수 있는 책들일 것이다. 그리스의 민주주의, 로마의 공화정체가 여전히 시대의 부름으로 이끌려나와 현대에 맞게 적용되고 실험되는 이유와 마찬가지일 것이다. 따라서 시민 양성에 있어서 여전히 인문학 고전이 가지는 의미가 존재하며, 인문주의적 민주주의에 기반을 둔 시민 양성이야말로 4차 산업혁명에서 인간만이 지닐 수 있는 감성과 이성의 강점을 키울 수 있는 방법이다. 이를 위한 교육 활동이 바로 독서인 것이다.

마지막으로 학교교육이 시민교육을 한다고 전제하였을 때, 여러 가지 시민의 자질이 고려될 수 있겠지만, 독서교육이 길러낼 수 있는 시민은 생각하는 힘과 비판적 사고력을 지닌 시민이다. 독서 활동은 소통을 위한 사고를 하게 한다. 책 속의 인물과 소통하고, 책을 쓴 저자와 소통하며, 한 걸음 더 나아가 책이 출판된 그 시대와 소통한다. 독후 활동으로 대화나 토의를 진행한다면 타인과의 소통도 이루어진다. 이러한 소통의 과정은 개인 사고를 활성화시키며, 특히 대화와 토의를 진행한다면 타인의 생각을 공유하고 의견을 나누면서 독서 활동을 하게 된다. 결국 독서를 통해 생각하는 시민의 능력을 기를 수 있는 것이며, 시비를 가리고, 판단을 하며, 차이와 공통의 속성을 찾아가는 비판적 사고력이 길러지게 된다.

5. 학교 독서교육의 다양한 가능성과 사서 교사의 역할

학교의 독서교육에 대한 다양한 가능성을 모색해볼 수 있다. 첫째, 본질적으로 독서 활동과 교육 활동을 분리하여 두 활동의 강점을 모두 취하는 방식을 고민해볼 필요가 있다. 이는 독서가 개인적 영역과 사회적 영역으로 분리될 수 있기 때문이다. 독서 활동은 일반인들도 일상적으로 행하는 평생교육 행위 가운데 하나이자 자기개발 활동이다. 가치 의도적이거나 계획성이 포함되지 않고 공공성이 담보되는 행위일 필요도 없다. 독서는 개인적 감성과 이성을 수양하는 데 기여하는 배움 활동이다. 이 독서 행위에 교육이라는 용어가 붙으면 독서와는 상당히 다른 의미들이 부여된다. 대체로 학생을 대상으로 하게 되고, 장소는 학교가 되며, 이를 위한 교육과정을 떠올리게 된다. 또한 가치 지향적이고 계획이 내포된 활동으로 변신하게 된다. 독서가 '교육'에 방점을 두고 이루어지면서 생겨나는 요소들이다.

그런데, 학생이라는 존재는 학생으로만 살아가는 것이 아니다. 사회를 이루는 한 명의 구성원으로 활동하는 공적 존재이며, 가정이라는 지극히 사적 공동체에서 한 개인으로 살아가는 존재이기도 하다. 지금까지의 독서교육은 학생이라는 역할에 초점이 맞추어져 진행되었다. 앞서 언급한 것처럼 독서라는 행위의 본질을 고려하여 독서 활동이 이루어져야 한다. 독서교육 활동은 개인의 자기 개발과 평생교육의 지속성을 담보하고 개인적 요구를 충족하면서 교육의 공공성을 채울 수 있도록 고려되어야 하며, 따라서 개인의 자발성과 의도성이 모두 담겨야 한다.

둘째, 학교 교육과정 차원을 고려한다면 교과 연계 독서 활동을 권장해야 한다. 교과 연계 독서 활동은 현재 학교 교사들이 적극적으로 진행하고 있는 의미 있는 독서교육 활동이다. 각 교과의 필수적이고 중핵적인 교과 내용은 몸에 좋은 비타민처럼 충분한 교육적 의미를 갖는다. 그러나 맛깔스러움이 덜한 배움의 내용들이다. 한마디로 맛은 없지만 몸에는 좋은 요리라고 할 수 있다. 이러한 교육 내용의 고갱이들을 다양한 교과 연계 독서 활동으로 한층 더 풍부하고 맛깔스럽게 만들 수 있다. 심층적으로 접근해볼 교육 내용은 관련 도서 한 권을 전체적으로 읽거나, 맥락적으로 이해될 수 있도록 독서 활동을 시도하는 것이다. 이를 통해 탈맥락적인 접근으로 인한 지식의 오류를 방지할 수 있으며, 한 걸음 더 나아가 교과 내용에 대해 심화 학습을 가능하게 해주기도 한다. 또한 기존의 강의나 모둠 활동 등과는 달리 학습자 주도적인 개인 독서 활동을 수업 활동과 연계하여 보완한다면, 수업 방법에서도 다양성을 추구할 수 있다. 이러한 독서 연계 교과 교육 활동은 기억과 감성이 지속적으로 이어지는 학습 효과를 낼 수 있다는 점에서 마다할 이유가 없다.

셋째, 독서교육 활동을 동아리 활동으로 활성화할 필요가 있다. 이는 학생들이 가장 선호하는 방식일 수 있다. 동아리 활동으로 개설된다면 읽고자 하는 의지를 가진 아이들의 자발적 모임이 될 것이다. 자발적이므로 당연히 적극적일 것이다. 학생으로 읽기보다 한 명의 사회 구성원, 인간 존재의 차원으로 독서를 할 가능성이 높다. 이를 통해 풍부한 감성 차원의 독서가 진행될 수 있다. 교사와 학생 사이에 존재하는 지적 권력 관계와는 달리 동등한 관계에서 자연스러운 책읽기가 진행된다. 당연히 독후 활동도 강요받지 않으며 읽을 것이다. 가장 권장할 만한 학교 차원의 독서교육 활동이라고 볼 수 있다.

넷째, 새로운 대안으로 사서 교사의 독서교육 주도와 학교 도서관의 역할 정립이 필요하다. 학교독서교육진흥법에 따라 학교 도서관이라는 물리적 공간이 확보되어 가고 있다. 그러나 여전히 공간으로서만 존재하는 이유 중 하나는 이곳을 담당할 교사가 없기 때문이다. 사서교사의 역할이 새로이 정립될 필요가 있다. 사서라는 표현이 사서교사보다 익숙한 이유도 바로 학교 도서관 공간을 교육 행위가 일어나는 장소로 인식하지 못하고 있기 때문이다. 앞서 언급한 것처럼 독서는 기초학력의 향상, 시민교육, 평생교육의 관점에서 매우 중요한 교육 활동이 될 수 있다. 학령기에 리터러시 교육이 잘 자리잡기 위함이요, 한 개인의 삶에서도 평생교육의 차원에서 가장 편리한 자기 개발 활동이기도 하다. 시민으로 살아갈 전체 사회의 차원에서도 중요한 활동이다. 그러므로 당연히 사서 교사의 체계적인 안내가 필요한 것이다.

독서교육이 중시되고, 사서 교사의 역할이 새롭게 요구받고 있다. 기존 독서교육 정책이나 교과 연계 독서교육 등 해소되지 못했던 중요한 교육 논점들이 다시 쟁점으로 부각되고 있다. 우리가 잊지 말아야 할 것은 평생교육의 관점에서 개인의 삶과도 연결되는 독서 활동, 독서교육이 이루어질 수 있어야 한다는 것이다. 그러므로 한층 더 폭넓은 시각과 포용의 관점이 필요할 것이다.

참고문헌

- 「독서교육진흥법」[시행 2009.09.06.][법률 제9470호, 2009.3.5.].
- 「초·중등교육법」[시행 2012.07.22.][법률 제10866호, 2011.7.21.].
- 「초·중등교육법 시행령」[시행 2011.12.28.][대통령령 제23116호, 2011.9.6. 타법 개정].
- 「도서관법」[시행 2011.7.6.][법률 제8852호, 2008.2.29. 타법 개정].
- 이연옥(2006). 학교 독서교육 정책에 대한 비판적 고찰. 한국도서관·정보학회지, 제37-3.
- 이인제(2011). 자기주도적 학습력과 인성 함양을 위한 학교독서교육정책의 성과와 발전 과제. 교육개발.
- 곽철완(2011). 학교도서관 진흥 사업의 만족도와 효과 분석. 교육과학기술부, 4-6면.
- 이아영(2013). 인문고전 독서교육이 초등학생의 독서력 향상에 미치는 영향에 관한 연구. 한국독서교육학회지, vol.1 no.1.
- 이순영(2015). (2015 개정 교육과정을 담은)독서교육론. 서울: 사회평론아카데미.
- 공주대학교(2015). 독서교육 프로그램의 이론과 실제. 대구: 태일사.
- 이지영(2017). 초등교사의 독서교육 실천에 대한 내러티브 탐구. 한국초등국어교육 62.0: 141-164.

주

1 학교 독서교육 정책의 형성 및 집행의 근거 법률은「독서문화진흥법」,「학교도서
관진흥법」,「초·중등교육법」이 있다. 특히「독서문화진흥법」제10조(학교의 독서
진흥)에 담겨 있는 학교독서교육이 목표, 학교도서관 관련 내용이 잘 담겨 있으
며,「학교도서관진흥법」제15조(독서교육 등)에는 학교독서교육 활성화, 독서교육
관련 교육과정과 교육내용의 연구·개발 및 보급에 관한 사항이 잘 정리되어 있
다. 문화체육관광부에서 독서를 하나의 문화 운동으로 접근하여 평생교육 차원
에서 진행되어 왔던 흐름이 선행하고 있다.

자사고와 외고 폐지 논란 속에서 살펴본 고등학교 입학전형 방식

명인희(경기도성남교육지원청 장학사)

1. 들어가며

외국어고등학교(이하 외고)와 자율형사립고등학교(이하 자사고), 국제고 폐지는 문재인 정부의 공약으로 교육부는 2017년 12월 초·중·등교육법 시행령(81조 5항)을 개정하여 외고와 자사고, 국제고 등과 일반고의 신입생을 동시에 선발하도록 하였다. 그리고 2018년 6·13 교육감선거에서 진보성향의 교육감 후보들이 외고와 자사고의 '일반고로의 전환'을 강하게 주장하여 이 정책이 2019년 신입생부터 단계적으로 적용될 것으로 보였다. 그런데 2018년 6월 말 헌법재판소가 자사고 지원자들의 일반고 중복지원을 금지한 초·

중등교육법 시행령 조항의 효력을 정지해달라는 가처분 신청을 받아들였다. 따라서 교육부와 시도교육청이 단계적으로 추진하던 자사고의 일반고 전환이 2018년에는 제동이 걸린 상황이라, 이 정책은 시기를 조절하면서 추진될 것으로 예상된다.

교육부는 고교입시에서 외고와 자사고가 일반고에 앞서서 실시하는 학생우선 선발권을 폐지하고자 한다. 외고와 자사고를 일반고와 동시에 선발하는 제도로 바꾸어 고교서열화와 교육 양극화를 해소하여 교육의 공공성을 담보하고, 열린 교육기회를 제공하려 한다. 그리고 시도교육청은 5년마다 교육청의 학교운영 평가를 바탕으로 평가결과가 기준 점수에 미달하면 재지정하지 않는 교육감의 재지정권을 발휘할 것으로 예상된다. 학교운영평가 시기가 도래하여 재지정 문제가 가시화되면 학교 구성원뿐만 아니라 지역사회에서도 갈등이 있을 것으로 보인다.

이렇게 외고와 자사고 폐지가 대두된 가장 큰 원인은 고교서열화와 교육의 양극화이다. 우리 사회에서 고등학교는 그 학교의 교육 목표와 교육과정보다는 대학진학 결과에 따라 평가되는 경향이 있다. 따라서 어느 고등학교에 진학하느냐는 대학입학에 얼마나 유리한 위치를 차지하느냐의 측면에서 학생과 학부모들에게 민감하게 받아들여진다.

현재 전체 고등학교 중 외고와 자사고의 비율은 약 3퍼센트 정도이며, 현행 고등학교 입학전형 제도에서 외고와 자사고는 학업성취도 상위 몇 퍼센트의 소수 학생만이 입학 가능하다. '상위권=외고,

자사고=명문대학=사회 엘리트'라는 인식 하에 이 학교들에 입학하기 위해서 입학에 필요한 요소(비교과활동 자료수집, 면접 등)를 사교육에 의존하는 경향이 있다. 외고와 자사고 졸업생들은 매년 비공식적으로 발표되는 서울대학교 신입생 배출교의 상위를 차지하고 있고, 소위 명문으로 불리는 대학들에 다수가 입학하고 있다.

반면에 외고와 자사고에 대한 사회적 인식과 우수한 교육환경, 대학입시결과 등으로 인하여 일반고 학생들은 좌절과 패배감, 낮은 자존감 등을 안고 고등학교생활을 시작하게 되는 경우가 많다. 그래서 소수의 학생이 재학하는 외고와 자사고의 영향으로 대다수의 학생이 재학하고 있는 일반고가 황폐화되고 있다.

2. 우리나라 고등학교 입학제도의 변천

우리나라 고등학교 입학전형제도의 획기적 전환점은 1974년의 고교평준화제도라고 할 수 있다. 고등학교 입학전형제도는 크게 평준화 이전과 평준화 이후로 구분된다.

표1. 우리나라 고등학교 입시제도의 변천[

시기	내용	기타
1945~1973	평준화 이전의 중등교육	
1974~1994	고교 평준화에 따른 대중화	
1995~현재	5·31교육개혁 후 고교체제의 다양화	과학고, 외고, 국제고, 자율형 사립고 등

평준화제도 이전의 경우는 고등학교 교육이 대중화되기 이전으로 볼 수 있으며 학교유형은 일반계고와 전문계고로 나뉘었다. 학교별전형으로 학생을 선발하였으며 전국에서 지원이 가능하였다. 대부분 학교별로 서열이 존재하였고, 소위 명문고에 입학하기 위하여 치열한 경쟁을 거쳐야 했다. 명문고 입학을 위하여 경제적으로 여유가 있는 계층에서는 사교육을 받았다.

고교평준화정책은 1974년 서울과 부산에서 시작하여 그 이듬해에는 대구, 인천, 광주 등에서 실시하였고, 1980년대에는 중소도시 지역까지 확대되는 등 전국에서 시행되었다. 연합고사를 통하여 학군별로 학생을 배정하는 평준화 정책은 고교 교육기회의 보편화, 사교육비 감소, 중학교 교육과정 운영정상화 측면에서는 긍정적인 효과를 보였다. 이 평준화정책은 현재까지 고등학교 입학전형의 기조로 유지되고 있다. 그러나 평준화 정책은 학생 및 학부모의 학교 선택권 제한, 공교육의 하향평준화, 고등학교 교육의 획일화 초래 측면에서 비판을 받으면서 고교 선택제, 일반고 교육역량 강화 등 공교육의 질 제고 등을 통하여 보완되어 왔다.

우리나라 고등학교 입학전형의 또 다른 분기점은 1995년 5·31 교육개혁이다. 학교운영의 자율성과 다양성, 교육의 수월성과 경쟁, 세계화를 목표로 한 5·31 교육개혁은 고교다양화 정책기조 하에 일반계와 전문계, 전기와 후기전형 등으로 비교적 단순하였던 우리나라 고교체제를 다양하게 만들었다. 연합고사가 점차 폐지되었고, 1990년대 외고 등이 특목고 범주에 포함되었으며, 2000년 전후로 자사고가 등장하였다. 특히 2008년에는 학생과 학부모의 학교선택권 보장과 고등학교교육의 다양성과 창의성 추구, 교육 경쟁력 제고를 목표로 '기숙형공립고 150개, 마이스터고 50개, 자율형사립고 100개'를 추진하는 '고교다양화 300프로젝트'를 발표하였다.

이에 따른 현행 고등학교 유형은 다음과 같다.(표 2)

표2. 현행 고등학교 유형

일반고	특목고				특성화고		자율고		기타
	과학고	외고/국제고	예술고/체육고	마이스터고	특성(직업)	특성(대안)	자율형사립고	자율형공립고	영재학교

3. 현재 고등학교 입학전형 현황과 문제점

현행 고등학교 입학전형은 시기(전기와 후기)에 따라, 학교유형(표2)에 따라 선발방법에 차이가 있다. 따라서 특목고 중에서 일반고와 확연히 차이가 있는 과학고·예술고·체육고·영재학교를 제외한, 외고·자사고·일반고·특성화고(마이스터고 포함)의 입학전형과 문제점을 살펴보고자 한다.

첫째, 외고는 특정분야(외국어, 국제전문) 인재양성을 목적으로 하고, 자사고의 경우는 학교 또는 교육과정을 자율적으로 운영할 수 있다. 외고와 자사고는 전기에 학생을 선발하므로 성적이 우수한 학생을 우선 선발할 수 있다. 따라서 후기에 학생을 선발하는 일반고에서는 우수한 학생을 선발하거나 배정받을 수 있는 기회가 줄어든다. 외고와 자사고의 경우는 2011학년도부터 교과목위주의 성적을 지양하고 학교생활기록부, 자기소개서, 교사추천서, 면접 등을 통하여 학생의 자기주도적 학습능력과 인성을 평가하는 자기주도학습 전형을 도입하였다. 자기주도학습의 경우는 자기소개서와 면접을 주요 전형요소로 활용하고 있으나 이 또한 사교육에 의존하는 경우가 많다. 사교육 발생요인을 감소시키고자 하였으나 또 다른 사교육을 초래하였다. 또한 일반고와 다른 교육환경, 대학 진학에 초점을 맞춘 교육과정 운영, 동문네트워크 등으로 학부모와 학생들은 외고와 자사고를 선호하지만, 높은 교육비로 인하여 부모의 경제적 뒷받침이 없으면 진학에 어려움이 있다.

통계청의 '2015년 3분기 가계동향'을 보면 당시 3분기 소득 5분위 가구의 월평균 교육비 지출은 62만 7,700원으로 1분위의 월평균 교육비인 8만 200원의 7.8배에 달했다.[2] 이미 교육비 지출은 자녀 세대의 고학력으로 이어지고 있는 것이다. 소득에 따른 교육투자 재생산이 이루어지고 있어 일반고와 출발부터 차이가 발생한다.

외고와 자사고가 설립취지와는 다르게 최적화된 입시 엘리트를 양성하는 입시기관화되어 고등학교를 서열화하는 부정적 영향을 끼치는 것 외에 잠재적 교육과정으로 엘리트의식을 고취시키기도 한다. 자신이 선택한 학교에 입학하여 많은 교육경비를 지불하고, 일반고 학생들과는 다른 특별 교육을 받고 있다는 인식이 자리 잡아 사회진출 후에는 그들만의 권력층을 형성하게 된다. 또한, 일반고 학생들은 아무리 열심히 해도 특목고 학생들보다 대학교를 더 잘 갈 수 없다는 사실에 위축되기도 한다. 학교가 사회계층화 심화 및 사회 분류 기제로 기능할 우려가 크다. 특히, 고등학교가 대학입시의 도구적 기능을 담당하고 있는 우리나라의 현실을 고려할 때 외고와 자사고는 사회적 계층화를 강화하고 대학입시를 통해 계층을 재생산해내는 역할을 하여 계층이동을 불가능하게 할 가능성이 크다. 특목고 중심의 엘리트 계층은 사회적으로 건강하지 않은 요인들로 작용할 수 있다. 위에서 언급했다시피 특목고에 들어가는 학생들은 고학력, 고소득층 자녀들이 많다. 이들이 엘리트 계급을 형성하고 명문대학을 가고, 고소득 직장(전문직)을 갖는다는 것은 서민들 입장에서는 접근 할 수 없는 두터운 벽이 된다는 뜻이다. 현재 서울대나 명문 사립대 그 안에서도 의대, 법대(로스쿨 포함), 교육대학교까지도 모두 특목고 출신들이 중심에 자리 잡고 있다.

둘째, 일반고의 입학전형에 대하여 살펴보면, 일반고는 후기 전형으로 평준화지역과 비평준화지역로 나누어지는데, 평준화지역 일반고의 경우 주로 중학교 내신 성적을 바탕으로 시도별 전형요소에 따라 합격자를 선정한다. 합격자의 학교 배치는 지원과 배정에 따라 시도교육청별로 다소 차이가 있다. 비평준화지역 일반고는 학교별로 지원한다는 점에서 평준화지역과 차이가 있다. 특목고 전형이 사교육을 유발하고 있는 반면 일반고 진학만을 위한 사교육은 유발되고 있지 않다. 중학생들의 사교육 유발원인은 대체로 일반고 진학이 아니라 대학입학에 있다고 볼 수 있다.

일반고 입학전형의 특징은 외고와 자사고, 특성화고 입학전형이 실시된 이후 입학전형(후기)이 실시된다는 점이다. 현재 일반고가 전체 고등학교의 약 80퍼센트 이상을 차지하고 있다는 점을 고려할 때, 학교설립에 맞는 교육과정 운영의 특수성을 보이지 않는 외고와 자사고에 우선 선발권을 부여하는 문제는 다시 생각해볼 필요가 있다.

혹자는 현재 일반고는 고교평준화 이전보다 더 열악하고 황폐화, 슬럼화되어가고 있다고 한다. 예를 들어 서울대 입시 2014년 주요대학 신입생 출신학교 현황을 보면 일반고 46.7퍼센트, 특목고 23.8퍼센트, 자율고 20.3퍼센트, 기타 대학이 9.2퍼센트를 차지하였다.[3] 서울대를 기준으로 보지 않더라도 일반고는 특목고나 자사고를 포함한 자율고와는 경쟁이 되지 않는 상황임을 알 수 있다.

한편, 우선 선발하는 특성화고 입학을 위한 내신 성적이 입시 커트라인에 미치지 못하여, 후기에 선발하는 일반고에 '울며 겨자 먹기'로 진학하는 경우도 있다. 이 학생들은 뒤늦게 공부에서 흥미를 찾으려 노력하지만 학업 성적을 올리는 데 실패해 의욕을 잃는 경우도 있다.

마지막으로 특성화고와 마이스터고의 입학전형은 유사한 면이 있다. 산업수요 맞춤형 교육과정을 운영하는 마이스터고는 특목고로 분류되지만 특성화고와 유사한 측면이 있다. 특성화고와 마이스터고는 특별전형과 일반전형으로 학생을 선발하지만, 지역 및 광역단위로 학생을 모집하는 특성화고와는 달리 마이스터고는 전국단위로 모집한다. 마이스터고의 경우 특성화고에 비하여 학생들의 중학교 학업성취가 높으며 전반적으로 학업성적이 우수한 학생들이 입학하고 있다. 반면 특성화고는 마이스터고에 비하여 특정분야 인재개발은 부족한 측면이 있어 학교에서는 입학생유치를 위하여 중학교 교사, 학생, 학부모 등을 대상으로 홍보활동을 강화하고 있다.

고교 학생 중 특성화·마이스터고 학생이 차지하는 비중은 1990년대 35.5퍼센트에서 2015년 18.8퍼센트로 떨어졌다. 2013년 OECD 평균 47퍼센트와는 차이가 있다. 2015년 498개교 중 취업률은 46.6퍼센트라지만 실제로 질 좋은 양질의 일자리보다 취업을 위한 취업을 하고 있다고 특성화 고등학교 교사들은 말하고 있다.

특히 특성화고는 산업체 파견 현장실습이라는 제도가 있다. 졸업하여 사회에 나가기 전 학생신분으로 산업현장을 실습하는 것인데 이 과정에서 문제가 다수 발생하고 있다. 파견 상황에서 실제로 기술을 배우지 않는 단순 노동, 저임금, 차별, 학대 문제는 어제 오늘의 일이 아니다. 2017년 제주도에서 산업체 현장실습을 하던 학생이 사고를 당하면서 이 제도에 대한 문제점이 사회적으로 크게 대두되기도 하였다. 산업체파견 현장실습이 조기 취업을 위한 단계가 아니라 대안적 직업교육으로서 현장실습의 교육적 가치가 구현될 수 있도록 법적 대안 장치 마련이 필요하다.

4. 나가며

고교평준화는 고등학교교육의 보편화와 대중화를 가능하게 하였고, 중학교 교육과정 운영의 정상화, 고교입시경쟁 완화 등 기여한 바가 크다. 따라서 고등학교 평준화정책의 기조를 유지하면서 그 단점을 보완하고자 고등학교 유형을 다양하게 하였다. 그러나 교육의 다양화가 아닌, 일반고와는 다른 계층을 이루어 학생선발, 학업성취도, 진학 등에 있어서 위계적 구조가 만들어지게 되었다. 그래서 외고와 자사고는 교육기회의 불평등을 심화하고, 학교를 서열화하는 등 학교가 입시기관화되어 사회적 위화감을 조성한다는 비판에 직면하였고, 정책의 폐기 단계에까지 이르게 되었다.

그러나 외고와 자사고를 폐지한다고 해도 강남 8학군이나 지역의 신도시학교가 그 자리를 대신할지도 모른다는 우려가 제기되고 있다. 그럼에도 불구하고 법적 제도로 소수의 특정유형 학교 중심으로 서열이 생긴다면 이는 교육의 공공성 측면에서 고민하고 해결하여야 할 것이다.

일반고 황폐화를 막기 위하여 자사고와 외고의 일반고 전환뿐만 아니라 학교별 교육과정의 다양화가 이루어져야 한다. 예를 들어 고교학점제나 단위학교 교육과정 특색화 등의 운영으로 학교별 혹은 지역별로 실현가능한 교육과정 등을 개발, 운영하는 방안도 고려해볼 수 있다.

일반고의 교육력이 학생의 학업성취도 및 대학진학률을 통해 평가되는 현 상황에서 외고와 자사고 같은 학교유형의 다양화는 학생의 개인차를 고려한 다양화 특성화 교육이라기보다는 그들만의 수월성을 추구하고 입시교육을 강화하여 학교를 서열화하는 것이라고 볼 수 있다. 그러므로 학생의 다양성을 고려하는 교육의 다양화와 학생의 학업능력을 기준으로 학생을 분류하여 교육하는 교육의 서열화는 구분되어야 한다. 따라서 교육여건이 나은 학교를 선호하는 문제는 학업성적이 우수한 학생에게 학교선택권을 먼저 부여하는 제도를 통해서가 아니라, 학교 간 교육여건의 격차를 해소함으로써 해결해야 할 것이다.

　평준화 정책이 획일적인 교육을 제공하고, 학생의 개별성을 도외시한다는 지적은 평준화정책에 대한 소모적인 비판일 수 있다. 이제는 진정한 의미의 평준화, 즉 교육의 공공성과 교육기회의 개방을 제공하는 평준화정책을 어떻게 구현할 것인가에 대한 논의가 필요할 것이다. 고교 평준화 정책이 미래사회의 요구에 적합하게 제도화되기 위해서는 고교 평준화 제도 내에서의 학생 및 학부모의 학교선택권 확대, 교육에 대한 재정 투자 확대로 교육환경의 질적 향상 그리고 다양한 교육과정 운영 등과 같은 제도 개선이 필요할 것이다.

주

1 한국교육개발원(2015). 고등학교 입학전형 변천 및 실태.

2 SBS(2016.02.09.).

3 대학알리미(2014).

중학교 교육과정의 변화와 자유! 자유학기제

김삼향(경기도안양과천교육지원청 장학사)

1. 왜 자유학기제인가?

대한민국은 OECD 회원국 중 고등교육 1위, 국가경제력 11위, 1인당 국민총소득 13위에 해당하는 선진국 중의 하나이다. 또한 빈곤 가정 비율이나 교육 자재, 책 보유 비율 등으로 조사한 '물질적 행복지수'에서 핀란드에 이어 2위를 기록할 정도로 다수의 개발도상국들이 부러워할 만한 나라가 되었다.[1] 그러나 이러한 고속 성장의 이면에 있는 여러 가지 문제점들로 인해, 더 이상 이런 표면적 지표만으로는 국가가 발전한 정도와 국민의 행복을 논할 수 없는 단계에 이르렀다. 특히, 초등학생 24.4퍼센트, 중학생 37.6퍼센트,

고교생 59.4퍼센트가 수면 부족을 경험하고, 초등학생 5.5퍼센트, 중학생 6.5퍼센트, 고교생 9.1퍼센트가 자살 충동을 세 번 이상 경험한 '자살위험집단' 비율이라니 이는 심각한 사회병리현상이 아닐 수 없다.[2]

이러한 자살 충동의 직접적 원인으로 손꼽히는 것이 바로 성적이다. 대한민국에서 '교육'이란 단지 '성적'과 '경쟁'만을 의미할 뿐이다. 특히, 대학 입시 위주의 성적 경쟁 때문에 아이들 삶의 질은 지속적으로 저하되고 있다. 게다가 수십 년 전부터 비판받아온 주입식 교육은 아이들이 꿈을 펼칠 수 있는 자리마저 빼앗아갔다.

세계경제포럼World Economic Forum, Future of Jobs에 따르면, 2020년까지 사회에서 요구하는 직업 역량으로 복잡한 문제를 해결할 수 있는 능력(36%)과 사회적 능력(19%)을 중요하게 꼽았다. 즉 미래사회에서 가장 필요한 능력은 창의력과 사회적 소통 능력인 것이다.

이러한 변화를 반영하고 교육을 개선하기 위한 파격적인 시도가 바로 자유학기제이다. 자유학기는 지식 전달, 서열 경쟁 위주의 교육에서 벗어나 아이들이 서로 협력하며 역량을 키우고, 배움의 즐거움이 있는 교육을 추구하는 것이 가장 큰 특징이다.

2013년 42개 자유학기 시범학교를 시작으로 2016년부터는 전국으로 시행한 결과, 학생들의 학교생활 만족도가 개선되고, 미래 역량이 함양되었으며[3] 학교 교육 활동 전반이 변화하였다.[4] 학부모들의 반응도 좋다. 2016년 교육부 주관 '자유학기제 전국 순회 토크콘서트'에 참여한 6,700명 학부모 만족도 조사에서 '긍정적'이라고 답한 응답자가 92퍼센트에 달했다. 많은 학부모가 학생들이 꿈과 끼를 찾는 데 자유학기제가 기여하고 있으며 자유학기를 일반학기와도 연계하여 확대해야 한다고 했다.

이렇게 자유학기제는 학생들의 학교생활에 생기를 불어넣으며 진행되고 있는 듯하다. 하지만 성적만이 입시로 연결되는 교육 풍토를 바꿔 나아가는 데에는 많은 한계가 있는 것도 사실이다. 이 글에서는 자유학기제가 중학교 교육과정의 변화에 미친 영향 및 한계, 그리고 한 걸음 더 나아가기 위한 몇 가지 제언을 하고자 한다.

2. 자유학기제(자유학년제)와 연계학기란?

자유학기제란 일반적으로 중학교에서 한 학기 동안 학생 참여형 수업을 실시하고 소질과 적성을 키울 수 있는 다양한 체험 활동을 운영하는 교육과정이다. 2018년부터는 초·중등교육법 시행령 제44조 제3항이 개정(2017.11.28.)되어 학교별 여건에 따라 두 학기 지정하여 운영하는 것도 가능하다. 즉 자유학기제는 1학년 1학기, 1학년 2학기, 2학년 1학기 중 한 학기를 선택하여 170시간을 운영하고, 자유학년제는 1학년 두 학기 동안 221시간 이상 실시하게 된다. 2018년에는 전국 3,200여 개 중학교의 46퍼센트인 1,500여 개 학교에서 자유학년제를 도입하였다. 또한 연계학기는 자유학기를 경험한 학생들이 일반학기에도 참여 중심 수업, 과정중심 평가 및 다양한 체험활동 등 자유학기제의 취지를 살린 교육 활동에 참여할 수 있도록 하는 것으로 전국 많은 학교들이 실시하고 있다. 이를 통해 중학교 교실 수업 전반의 변화를 유도하고 있다.[5]

자유학년제는 아래 시간표와 같이 1학년 1학기와 2학기를 운영한다. 오전에는 주로 국어, 영어, 수학, 사회, 과학, 기술·가정, 체육, 도덕 등 교과 수업이 이루어진다. 교과별 성취기준에 따라 토의토론, 프로젝트, 협력수업 등 다양한 수업 방법을 적용한다. 이를 통해 융합적 사고력을 개발하고 학습에 대한 내재적인 동기와 몰입도를 높인다. 평가는 총괄식 지필평가를 실시하지 않고, 학생들의 수업 활동 과정을 관찰하여 학생의 변화와 성장에 대한 적절한 피드백을 제공하는 방법으로 실시한다. 언어적·비언어적 피드백, 개별면담, 성장기록지, 가정통신문 등을 통해 학습 진행 과정 및 결과를 안내하며 학생의 성장을 지원하고 있다. 교과목별 성적은 수업 이수 여부(pass)만 표시되고 활동내용과 성장 과정이 서술로 기록된다.

표1. 자유학년제 운영시간표 예시

○ 1학기 170시간 운영 (자유학기활동 4개 영역 운영)

시간＼요일	월	화	수	목	금
1	교과 및 창의적 체험활동 자유학기활동(주당 10시간)				
2					
3					
4					
5			예술·체육		진로 탐색
6	주제 선택	주제 선택		동아리	
7					

· 한 학기에 4가지 활동을 모두 운영

○ 2학기 51시간 운영 (일부 영역 특화하여 운영)

시간＼요일	월	화	수	목	금
1					
2	교과 및 창의적 체험활동				
3	자유학기 활동(주당 3시간)				
4					
5					
6		주제 선택		창체진로	
7				진로탐색	

· 주제선택(2시간) + 진로탐색(1시간) 특화운영

자료: 교육부(2017). 중학교 자유학기제 확대·발전 계획 시안. p.25

오후 시간표는 자유학기제 4가지 활동인 주제선택 활동, 진로탐색 활동, 예술·체육 활동, 동아리 활동으로 구성되어 있다. 학생들의 미래 핵심역량을 길러주고, 능동적·자기주도적 학습 경험을 제공할 수 있는 프로그램 구성에 중점을 두어 운영하고 있다.

주제선택 활동은 학생의 흥미와 관심사에 맞는 체계적이고 심층적인 프로그램을 운영하며 교과 관련 전문적 학습 기회를 제공한다. 진로탐색 활동은 진로검사, 초청강연, 포트폴리오 제작, 현장체험, 직업 탐방, 모의 창업 등 학교·지역 여건에 맞게 운영하고 있으며, 예술·체육 활동은 한 학생이 예술 활동과 체육 활동을 한 가지씩 선택할 수 있는 기회를 제공하고 있다. 동아리 활동은 학생의 관심사를 바탕으로 자율적으로 개설, 운영된다.

3. 자유학기제가 이끈 교육과정의 변화와 자유

선생님은 교과서 내용을 그대로 빠짐없이 가르치고 학생은 열심히 듣는 것이 기존 교실 수업의 이상적인 모습이었다. 그 과정에서 학생들의 성장과 배움은 소홀히 되기도 했다. 이 같은 반성에서 시작된 자유학기제는 다음과 같은 교육과정의 변화를 이끌고 있다.

첫째, 학생이 주도적으로 수업에 참여할 수 있게 되었다. 학생 중심 수업은 학생이 스스로 자기의 생각을 만들어 가는 과정과 그것을 표현할 수 있는 기회가 충분해야 한다.[6] 학부모, 학생, 교사 모두가 자유학기제 교과수업 시 학생이 학습에 능동적으로 참여하고 있고, 학생의 적성과 소질을 개발하는 데 도움이 된다고 긍정적으로 생각하고 있다.[7] 자유학기제는 교과 수업 혁신과 자유학기 활동을 통해 학생들의 진로개발역량, 미래의 핵심역량 등을 꾸준히 키워나가고 있다.

둘째, 교사의 교육과정 자율권을 보장하고 있다. 그동안 교사는 교과서 제시 내용의 순서를 바꾸거나, 이수 단위 증감에 따라 학습 요소가 누락되지 않도록 하는 수준의 교육과정 내용 재구성에 편중된 권한을 가지고 있었다. 하지만 자유학기제 활동 프로그램은 국가 수준에서 성취기준 등을 제시하지 않는다. 즉 교사가 학교의 교육 실정에 맞춰 주제선택 활동, 진로탐색 활동, 예술·체육 활동, 동아리 활동 프로그램의 성취기준을 정하고 교육과정을 짜고 평가 방법을 정한다. 즉 교사가 보다 생생하고 감동적인 내용으로 교육과정을 기획할 수 있게 된 것이다. 수업의 내용·방법을 고민할 때에도 지식 전달이라는 목표에서 벗어나 학생의 관점에서 흥미로운 내용으로 재구성하여 학생들이 수업에 주도적으로 참여하여 삶의 주체로 살아갈 수 있는 역량을 키울 수 있게 하고 있다.

셋째, 교사의 전문적 학습 공동체가 필연적으로 구현되고 있다. 교사가 자율성을 가지고 교육과정을 운영한다는 것은 고도의 전문성을 요하는 일이다. 자유학년제를 운영하기 위해서는 학생의 선택권을 중심에 두고 이를 위한 교육 내용을 설계해야 하다 보니 담당자 몇 명이서 교육과정을 편성하는 것은 불가능하게 되었다. 수업 계획에 따른 적절한 교수 학습자료를 선택하고 이를 실행하기 위해서는 학교 안팎의 인적·물적 자원을 결합해야 한다. 학교 특성에 맞는 교육과정의 창안은 교사의 집단지성을 통해 이루어진다.

넷째, 학교 교육과정이 다양하게 펼쳐지고 있다. 자유학년제 시행 이전에 우리나라 중학교 교육과정은 교육내용에 관심이 치중되었다. 국가에서 정해놓은 교육 내용을 학교 또는 지역마다 거의 차이 없이 가르쳐왔다. 학교 교육은 학생 개개인의 성장 발달을 추구하는 것이 중요하다. 이를 위해서는 모든 학생들에게 획일화된 교육과정을 제시하는 것은 모순이다. 이제는 학생이 각자의 적성과 흥미에 맞는 수업을 선택할 수 있다. 수업뿐만 아니라 자유학기 활동의 4가지 영역이 학교마다 다양하게 운영되고 있다. 필요에 따라서는 학교 밖까지 배움의 공간을 확장하여 지역 연계를 강화하고 있으며, 그러다 보니 학교별 교육과정의 특색이 나타나는 것이다.

4. 그래도 자유학기제는 어렵다?

　이러한 자유학기제의 긍정적인 성과에도 불구하고 부정적인 시선과 걱정이 많은 것도 사실이다. 따라서 그 원인을 성찰해 보는 것이 자유학기제가 발전하는 계기가 될 것이다.

　첫째, 학생 선택권 보장의 한계이다. 학생의 자발성과 적극성은 자율적인 선택으로부터 나온다. 그래서 학생 선택권 보장이 자유학기제의 필수 전제조건이다. 하지만 학교의 여건, 프로그램 담당 교사의 역량, 일반교사들의 참여도, 학생과 학부모의 동참도 등 학교 특성에 따라 선택권의 보장 정도가 달라진다. 특히 지역 여건 등에 따라서도 강사 채용, 인프라 등 많은 차이가 발생하고, 농산어촌의 소규모 학교는 학생 선택권을 보장한 다양한 자유학기 활동 프로그램을 운영하는 것이 어렵다.

　둘째, 자유학기 프로그램의 전문성에 관한 문제이다. 교과와 함께 자유학기 활동 프로그램이 성취기준의 지적, 정의적, 기능적 요소에 부합하는 평가를 하고 성장을 돕는 체계가 잘 갖추어져 있는지에 대한 성찰이 필요하다. 학교의 제한된 인적, 물적 자원으로 수업과 자유학기 활동인 주제선택 활동, 진로탐색 활동, 예술·체육 활동, 동아리 활동을 구성하다 보니 영역별 프로그램의 내용이 유사한 경우가 많다. 자유학기 활동 영역의 프로그램 간 차별성과 전문성 있는 운영이 요구된다.

　셋째, 자유학기제 이후 교육과정 연속성의 문제이다. 자유학기 시행 초기, '자유학기=진로체험'이라는 정책 전달로 인해 자유학기의 핵심이 진로체험이라는 잘못된 인식이 많았다. 또한 자유학기가 끝나자마자 일반학기로 전환되고, 자유학기 운영을 위한 많은 예산이 투입되다 보니 학교에서는 이를 사업으로 인식하는 모습도 많다. 이 때문에 자유학기의 많은 예산이 일회성 체험으로 편성되기도 한다. 자유학년제 예산을 학교 기본운영비에 편성하고, 중학교 자유학기제와 고등학교 학점제를 연계하여 발전시킬 수 있는 교육과정의 총체적인 설계가 필요하다.

넷째, 자유학기 운영에 대한 불안감이 상존한다. 자유학기제 동안 아이들이 즐겁게 학교를 다니겠지만 일반학기 때 적응을 잘 할 수 있을지 걱정한다.[8] 자유학기제가 중간·기말 고사를 보지 않고 전체 수업시수 중 교과수업의 비중을 축소함에 따라 자칫 학생으로 하여금 학업에 소홀하게 할 수 있다고 생각하는 것이다.[9] 실제로 이를 활용한 학원 마케팅도 극성을 부린다. 한국개발연구원 조사 결과 중학교 자유학기제 전면 시행 이후 월수입 600만 원 이하 가정의 사교육 참여율은 2.7%p 줄어든 반면 600만 원 이상 고소득층 가정은 오히려 참여율이 15%p 이상 늘었다고 한다. 실제 시험 부담이 없고 수업시간도 줄어드는 기간을 교육열이 높은 일부 지역에서는 오히려 선행학습 집중 기간으로 활용하기도 하는 것이다.[10] 자유학기제 동안 학생들이 꼭 배워야 할 기초·기본 학습 보장을 위한 체계나 학습 과정에 대한 피드백 등 운영에 대한 책무성을 보장할 수 있는 시스템이 충분하지 않기 때문이다.

5. 자유학기제 한 걸음 더 나아가기

2025년부터 고등학교는 전면적으로 고교학점제가 시행될 예정이다. 고교학점제는 학생이 듣고 싶은 과목을 선택할 수 있고, 내가 좋아하고 잘하는 과목을 중심으로 학점을 받을 수 있다. 수업 방식도 학생들이 직접 참여하는 토론 실습 등으로 구성되며 신청한 과목을 이수하지 못한 경우, 다시 기회를 줌으로써 낙오자를 최소화하는 과정이다. 이에 따라 자연스럽게 학년 구분도 사라지게 될 것이다.[11] 즉 고교학점제는 중학교 자유학기의 연장선이라고 할 수 있다. 따라서 자유학기를 통한 내실 있는 중학교 교육과정 운영은 고교학점제가 성공적으로 정착할 수 있는 토대가 될 것이다. 이를 위하여 선결되어야 할 몇 가지 제언을 하고자 한다.

우선 지역단위 교육과정 지원 네트워크가 구성되어야 한다. 최근 많은 지자체에서 학교 교육과정을 지원하고 있다. 하지만 학교의 목소리에 더욱 귀를 기울이고 학교의 요구를 담아낼 수 있는 실질적인 네트워크 체제는 드문 실정이다. 자유학년제 운영 프로그램의 학생 선택권을 보장하고 내실 있는 교육과정을 지원하기 위해서 1~2월에 집중적인 네트워크 간 공동 교육과정 설계가 이루어져야 한다. 이를 바탕으로 학교는 지역 특색에 맞게 지역의 인적·물적 자원, 지역 연계 프로그램 등을 활용하여 학생들의 실질적이고 직접적인 체험교육을 실천해나갈 수 있다.

둘째, 교사 전문성을 인정하고 이를 지원하는 성장 프로그램이 필요하다. 교사는 끊임없이 학습하고 성장을 지향하는 존재이다. 하지만 이를 위한 체계적인 교사 성장 지원 프로그램은 미비한 편이었다. 교원 양성과정에서 배운 교육과정이 실제 교육과정과 다르고, 형식적인 연수가 운영되며 잦은 정책 변화 등을 했기 때문에 더욱 수동적인 존재로 길들여졌다. 신규 교사 발령 이후, 사회변화와 함께 교육과정을 편성할 수 있는 전문성을 기르고, 교사의 성장을 지원해줄 수 있는 방안을 고민해야 한다. 학교 내 전문적학습공동체가 대안이 되고는 있지만, 좀 더 열린 주제와 대상 그리고 공간을 바탕으로 교사 성장 단계에 맞는 맞춤형 지원 방안이 필요하다.

셋째, 교육과정 운영에 대한 책무성이 부여되어야 한다. 자율적인 교육과정 운영에 대한 질적 평가와 책임 부여 방안이 필요하다. 교육과정 편성·운영의 자율성에 따른 책무성은 당해 학교와 교사는 물론 관할 교육청과 연수기관, 지역사회 공동체, 학부모 등 교육 공동체의 책무성으로 정립될 필요가 있다. 자유학기제에 대한 학부모들의 부정적 인식은 자유학기제를 통해 학생이 어떻게 성장하는지 알 수 있는 시스템과 일정 성취 기준에 도달하지 못한 학생을 위한 학생 개별 맞춤형 지원 프로그램의 부재에서 비롯된 측면이 크다. 자유학년제의 교과별, 활동별 성취기준, 평가방법, 그리고 학생의 성장과정을 함께 공유할 수 있는 시스템과 무학년 프로그램 운영, 학교 간 공동 교육과정 운영, 마을교육공동체와 연계를 통해 수업 중 소외되는 학생이 없도록 개별학생 맞춤 지원이 무엇보다 필요하다.

주

1 2016년 세이브더칠드런 조사.

2 중부매일 사설(2017.5.3.). OECD 꼴찌인 청소년 행복지수, 누구의 책임인가.

3 최상덕, 이상은, 신소연, 남예슬. 2015년도 2학기 자유학기제 운영 만족도 조사 결과. 한국 교육개발원 연구자료 CRM 2016-55.

4 신철균 외(2014), 중학교 자유학기제 정착방안 연구, 한국교육개발원.

5 교육부(2018), 2018 자유학년 및 연계학기 운영 가이드.

6 성열관·서우철·김성수·윤성관(2014). 전인적 성장을 위한 학교 교육과정 구성 및 편성 방향에 관한 연구. 경기도교육청.

7 최상덕·이상은(2016). 2015년도 2학기 자유학기제 운영 만족도 조사 결과. 한국교육개발원.

8 최상덕 외(2014), 2013 자유학기제 연구학교 사례연구 학년별 사례보고서, 한국교육개발원.

9 박윤수(2017), 자유학기제 효과성 연구, KDI 정책연구시리즈 2017-13.

10 MBC 뉴스투데이(2018.3.28.). '자유학기제' 시행 그 후······ 진로체험 대신 학원으로.

11 KTV 국민방송(2017.11.27.). '고교학점제' 연구학교 60곳 운영······ 2022년 도입 목표.

미래교육 관점에서의 학습생태계 구축 방안

김혁동(경기도교육연구원 연구위원)

1. 들어가며

생태계ecosystem라는 용어에 잘 나타나 있듯이, 생태eco는 생물을 둘러싸고 있는 환경을 의미하며, 체계system는 생태계가 서로 유기적인 관계를 맺고 하나의 단위로 작동하는 집합체를 말한다. 즉 환경 속에 살아가는 생물체와 공기, 빛, 물 등 비생물체를 포함한 종합적인 개념이다. 이것을 학습생태계learning ecosystem에 접목시켜보면 학습생태계는 학습을 둘러싸고 있는 환경이며, 학습체계는 학습을 작동시키는 시스템으로 '하나의 학습인을 중심으로 둘러싸고 있는 학습체계'를 뜻한다.

학습생태계는 20세기 교육에 대한 대안적 관점에서 등장하였다. 20세기의 교육은 산업화된 대량생산체제에 적합한 대중교육과 소수 엘리트 양성이 주된 목적이었다. 따라서 학교는 효율성을 중시하는 관료제 시스템으로 운영되었으며, 교육이 이루어지는 장소를 학교에 국한하였다. 이러한 교육시스템은 산업사회에 필요한 교육과정을 교과서로 전달하는 기능을 하였다. 즉, 개인적인 측면보다는 국가 경제적인 측면에서의 필요를 우선하였다. 이른바 개인적으로는 입신양명, 국가적으로는 부국강병에 입각한 교육이었다.

학습생태계는 이러한 20세기 학교교육의 폐단을 극복하고자 하는 새로운 패러다임적 접근이다. 개인, 학급, 학교, 지역의 분절성 극복으로 학습을 둘러싼 학교와 지역사회의 상호작용이 이루어지는 모든 곳을 학습공간으로 여긴다. 또, 학교에서의 배움과 지역사회에서의 실천적 경험을 무엇보다도 중요시한다. 경기, 서울, 전북 교육청에서 시도하고 있는 교육혁신지구, 마을교육공동체, 꿈의 학교, 꿈의 대학 등은 이러한 학습생태계를 실행하기 위한 정책이다. 이른바 보육, 교육, 복지의 통합성을 추구한다.

2. 학습생태계가 추구하는 가치와 철학

교육과 학습은 주체를 달리한다. 교육教育은 가르치고教 기르는育 주체와 가르침을 당하고 기름을 당하는 객체가 내포된 어휘이다. 한 사람은 가르치고, 다른 한 사람은 배운다는 의미가 내포되어 있다. 그러나 학습^{學習}은 주체와 객체가 구분되지 않은 모두가 배우고 익힌다는 의미이다. 따라서 지식의 반감기가 빠른 21세기에서는 교육생태계라는 용어보다는 모두가 배우고 익힌다는 개념인 학습생태계가 더 적합하다. 그러므로 전체론적인holistic 관점에서 학습생태계를 살펴볼 필요가 있다. 따라서 학습생태계가 추구하는 가치는 학습의 공공성, 지역사회의 교육자원화, 앎과 삶의 일치, 구성원 간 연대와 협력 등이라고 할 수 있다. 즉, 더불어 살아가는 공동체적 삶을 지향한다.

가. 공공성

학습은 인간이 최우선적으로 갖추어야 할 공공재이다. 그러나 우리나라는 기형적인 산업자본주의 발달과정에서 학습을 사유재로 간주하고 있다. 따라서 부모의 경제력에 따라서 학습량이 결정되고, 각 개인의 삶에 영향을 미치는 교육 불평등의 근원으로 작용하고 있다. 즉, 학습과 돌봄에 대한 불평등은 사회경제적인 불평등으로 이어지고 이러한 학습 소외 계층의 책임을 개인적 문제로 귀결시킨다.

이러한 학습 불평등은 학습공공성의 개념으로 대체되어 학습을 하고자 하는 이는 누구나 소외나 차별을 받지 않는 사회경제적인 학습 환경이 조성되어야 하며, 유·초·중등 교육은 물론 대학원 교육까지 무상으로 실시하는 시스템이 필요하다. 더 나아가 경제적으로 학습이 어려운 환경에 처한 학습인을 위해서는 장려금 지급을 통해 교육불평등으로 인한 사회경제적 불평등을 극복할 수 있도록 해야 한다.

나. 지역성

지식정보화 사회와 인공지능시대에서의 학교는 제한적인 학습공간이다. 학교를 둘러싸고 있는 지역사회 전체가 더 큰 배움터이다. 지역사회에 존재하는 각종 센터, 도서관, 예술관, 체육관, 박물관 등 다양한 자원을 활용한 효과적인 학습이 요구된다. 단지 교과서와 학교 공간에서의 학습을 넘어서 지역사회의 각종 상점과 회사는 또 하나의 학습이 이루어지는 체험공간이다. 미용기술에 흥미가 있는 학생에게 동네 미용실은 학교보다 더 좋은 학습장이고, 제빵에 관심이 있는 퇴직자에게 지역사회의 제과점은 배움터요, 일터이다. 이렇듯 아이부터 노년에 이르기까지 평생학습시대의 학교는 마을을 품고 있는 지역사회이다.

다. 앎과 삶의 일치성

20세기 교육은 교과서 안의 지식으로 일종의 박제된 지식이었다. 삶과 유리된 지식으로 산업사회의 공장에서 필요로 하는 표준화된 지식이었다. 미래의 자신에게 필요할지도 모른다는 막연한 동경심을 주된 학습동기로 삼았다. 그러므로 특정한 시공간적인 개념이 지배하던 지식이었다. 따라서 학교를 마치면 언제 그런 것을 배웠는가를 기억하는 것은 중요하지 않았다. 오직, 시험과 취직을 위한 도구에 지나지 않았다. 배려, 존중, 참여 등 도덕과 윤리도 시험으로 평가하였다. 시험을 잘 보는 학생은 도덕성도 훌륭한 학생으로 평가되었다. 지식적 요소인 앎이 모든 것을 지배하는 시대였다. 엘리트교육에 의해 우리 사회의 리더가 되었으나, 허약한 도덕성으로 무너지는 경우는 이러한 체제의 문제점을 고스란히 보여준다. 지금도 이러한 지식 우위의 교육이 학교교육을 지배하고 있다. 따라서 학습생태계는 자신이 알게 된 지식을 다른 누구에게 나누어 줌으로써 자신과 타인이 함께 성장하는 공동체의 성장에 기여하는 덕성이다. 그러므로 학습생태계에서는 학교에서 배운 봉사를 학교 안팎의 누군가에게 실제로 적용해보는 실천적인 삶을 지향한다.

라. 공동체성

사회는 다양한 학습계층이 존재한다. 유아, 초·중·고, 청소년, 중·장년, 노년 등 모두가 학습자, 생활인, 사회구성인이다. 어느 한 계층도 소외되거나 차별 받는다면 올바른 사회가 아니다. 그 동안 우리사회에서 각종 정책의 대상과 수혜자는 중장년층에 치우쳐 있었다. 노인, 유아, 장애인을 비롯한 학교 안팎의 청소년은 정책형성에 참여할 수 있는 구조와 대변자가 존재하지 않음에 따라 소외와 차별을 받는 것이 당연시되었다. 이로 인한 결과는 사회 통합의 실패로 나타났다. 서로가 서로를 향해서 자신들의 입장만을 내세우고, 얼굴을 붉히며 등을 돌리는 구조이다. 그러므로 학습생태계에서는 이렇게 약화된 공동체성의 극복을 위해서 계층, 집단, 지역을 묶는 약자에 대한 배려, 연대, 협력 등 더불어 살아가는 삶을 지향한다.

3. 학습생태계 구축 방안

학습생태계가 추구하는 가치는 공공성, 지역성, 앎·삶의 일치성, 공동체성을 기반으로 한다. 이러한 학습생태계의 구축을 위해서는 지역사회 중심의 학습, 지역사회 구성원의 학습주체화, 민주시민교육의 인프라 형성 등의 노력이 요구된다.

가. 지역사회 중심의 학습

산업사회에서는 학교가 교육의 중심지 역할을 하였다. 30세까지의 교육을 바탕으로 30년 동안 사회에서 사용하여도 별다른 지장이 없었다. 그러나 나날이 새로운 지식이 생성되는 지식정보화 사회에서의 개인과 조직은 학습하지 않으면 도태된다. 그러므로 학교중심의 16년간 교육은 부족하며, 학교에서의 학습은 지극히 제한된 시간의 학습에 지나지 않는다. 따라서 학생의 성장을 둘러싸고 있는 온 마을이 학습의 중심지 역할을 하도록 지역사회의 다양한 개입이 있어야 한다. 실제적으로 아이의 돌봄과 학습의 지역사회 개입에 있어서 초등학교 입학 전인 3~5세 단계에서 가장 효과적이라는 연구결과가 있다. 그러므로 지역사회의 학습생태계를 지역의 보육과

학습을 통합하는 방향으로 재설계하고 구축할 필요가 있다.

나. 지역사회 구성원의 학습주체화

지역사회를 다양한 연령과 계층이 함께 누리고 학습할 수 있는 공간으로 만드는 것이 중요하다. 유아와 노인의 돌봄이 더 필요한 지역이 있을 수 있고, 청·장년층 학습이 더 요구되는 지역이 있을 수 있다. 그런데 이것은 지역사회를 기반으로 하고 있는 구성원 모두가 다양한 학습 프로그램의 기획-실행-평가 등 전 단계에 참여할 수 있는 구조가 되어야 가능하다. 학습자인 동시에 기획자로서 각종 학습 프로그램에 참여하여 지역사회 주민이 다함께 지역사회의 요구를 반영하고 실행하도록 할 때 학습생태계가 효력을 발휘한다. 이것은 기존의 학교방식을 탈피하여 지역주민 스스로가 선택·실행·평가하는 주체적인 학습을 의미한다. 이러한 참여과정에서 학습생태계 구성원의 협력성, 창의성, 시민성은 성장하게 된다.

다. 민주시민교육의 인프라 형성

우리나라 민주주의의 불완전성은 어디에서 비롯되는가? 우리 국민 누구도 '교과서에서의 민주주의'를 배웠지 '삶으로서의 민주주의'를 배우지 못하였다. 우리 사회의 가정, 학교, 회사 등 어디에서도 민주주의를 체험할 수 없었던 구조가 원인은 아닐까? 이러한 민주주의의 취약성을 극복하기 위해서 학교와 지역사회가 민주주의 체험학습장 구실을 해야 한다. 그리고 지역사회 구성원들과 각종 사안에 대한 참여를 통한 문제해결과정이 곧 민주주의를 학습하는 과정임을 기억해야 한다. 학교 안에서의 학생자치·적응·동아리·봉사활동을 학교 밖에서 펼치는 활동을 통해 학생의 민주시민역량은 한 단계 더 성장하게 된다. 학생들이 지역사회 현안문제 해결을 위해 스스로 해결방안을 강구해보는 활동은 학생자치, 사회참여 동아리, 청소년 의회 등 교육과정과 연계함으로써 학교 안팎의 민주주의 학습으로 이어지게 된다. 그리고 학부모 역시 지역사회 학습프로그램의 참여를 통하여 내 아이만을 위한 학습이 아니라, 우리 마을 아이들이라는 공공의식이 생길 수 있다. 이렇게 학교와 지역사회를 기반으로 성장한 구성원들의 시민 역량이야말로 우리나라 민주주의의 주춧돌 구실을 하게 된다. 즉, 지식으로서의 민주주의가 아닌 실천적 삶으로서의 민주주의를 익히는 셈이므로 우리나라의 민주주의는 더욱 굳건해질 것이다.

라. 교육과정 실현의 중심지

2015개정 교육과정의 실현을 위해서는 학교에서의 교육으로는 한계를 가진다. 우선적으로 자유학기제, 창의적 체험활동 등을 실행하기 위해서는 지역사회의 인적·물적 자원의 활용 없이는 불가능하다. 박물관, 도서관, 미술관, 각종 센터 등 물리적인 인프라와 함께 지역사회의 예술인, 소규모 사업 경영자, 목수 등의 인적자원 모두는 학습생태계 형성에 중요하고 필수적인 자원이다. 따라서 이러한 지역사회의 인적 물적 인프라의 구축은 자연스럽게 학교 안팎의 배움터를 형성하게 되며, 교육과정 실현의 중심지로 만들 것이다.

4. 나가며

우리교육이 20세기 교육패러다임을 벗어나 21세기 학습패러다임으로 나아가기 위해서 가장 요구되는 것이 지역사회 기반의 학습생태계 구축이다. 일부 지방자치단체에서 시도하고 있는 혁신도시 개념도 다름 아닌 학습생태계를 의미한다. 동사무소가 주민복지센터로 탈피하여 도서관, 헬스장, 노래교실, 마을공부방을 마련하는 것도 다름 아닌 학습생태계를 구축하는 일환이다.

이러한 시점에서 학교, 교육청(교육지원청), 지자체가 협력하여 학습생태계 구축을 위해 보다 적극적인 역할을 수행하여야 한다. 학생과 학부모가 학교를 등지고 경원시하는 것도 문제이지만, 학교교육에 모든 것을 기대하고 연연하는 것도 무의미하다. 유아, 학생, 학부모, 학교 밖 아이들, 청소년 등 모두는 지역사회 구성원의 중요한 자원이며, 학습을 필요로 하지만 방치되어 있는 경우가 많다. 그러므로 학습생태계의 구축을 통하여, 이들이 스스로 미래를 개척하고 열어나가도록 하여야 한다.

학부모 참여교육의
방향과 과제

김혁동(경기도교육연구원 연구위원)

동서고금을 막론하고 부모의 영향을 설명하는 고사성어와 실화가 많다. 맹자, 워싱턴, 에디슨, 한석봉, 이이, 김구에 이르기까지 훌륭한 위인 뒤에는 항상 훌륭한 부모가 있었다. 특히 어머니의 위대함이 돋보인다. 그러나 '문제가정은 있어도 문제아는 없다'라는 말처럼 제대로 된 역할을 못하는 부모로 인해 아이가 엇나가기도 한다. 뉴스에서는 잊을 만하면 가정폭력, 아동학대에 시달리면서 성장하는 아이 문제가 사회문제로 기사화되곤 한다. 부모의 과잉요구나 지나친 기대는 치맛바람, 타이거맘, 헬리콥터맘 & 인공위성맘, 알파맘 & 베타맘 등의 용어를 탄생시켰다.

모두가 그렇진 않겠지만, 많은 우리나라 학부모들은 교육을 공공재보다는 입신양명을 위한 개인적인 차원의 사유재로 여긴다. 즉, '내 아이의 성적'이 '옆집 아이의 성적'보다 나아야 한다는 경쟁을 기초로 한다. 이러한 인식은 우리나라 각종 교육 문제의 근원이 되기도 한다. 따라서 우리나라 교육이 나아갈 방향을 찾기 위해 교육 3주체 중 하나인 학부모에 대해 살펴보는 것은 중요한 의미를 지닌다.

1. 학부모는 학교교육을 어떻게 보는가

현재 우리나라 부모들은 농경사회, 산업화, 정보화라는 3가지가 혼재된 시기를 살아왔다. 격동의 20세기를 보낸 세대이다. 그리고 경제적으로는 GDP 4,500달러에서 15,000달러 시대에 학창시절을 보냈으며, 군사정권, 서울올림픽, 민주화, IMF, 월드컵 등 다사다난한 현대사를 겪었다. 산업화와 민주화를 동시에 경험하였으며 권위주의와 민주주의가 혼재된 사회 문화적 환경에서 유년기, 청년기를 보냈다. 이런 성장 배경은 부모들이 학교교육을 다음과 같은 3가지 잘못된 관점으로 바라보게 만든다.

첫째는 학교교육에서 경쟁이 '필요악'이라 여긴다. 학부모들은 중간·기말고사는 물론 월말고사까지 치렀던 세대이다. 각종 시험을 치르면서 학창시절의 경쟁이 내면화되었다. 학교의 모든 활동은 경쟁으로 상이나 기타 보상이 정해져야 한다고 본다. 아마도 경쟁에 내성(?)이 생긴 듯하다. 한 때 '행복은 성적순은 아니잖아요' 라는 말로 마음을 달랜 적도 있다. 그러나 학교시절부터 사회생활까지 모든 일상이 경쟁이었으므로 학교 공부는 협력보다는 결국 경쟁이라는 생각을 자연스럽게 하게 된다.

둘째는 과정보다는 결과를 중시한다. 배움이 일어나는 과정에서 느끼는 흥미, 동기보다는 성적으로 아이를 판단하려고 한다. 또, 학창시절 객관식 위주 시험을 치르다 보니 객관식 평가방법이 학생의 학업성적을 가장 잘 나타낸다고 본다. 성적은 지식뿐만 아니라 정의·행동 영역을 평가하고, 학생의 성장과 발달은 다양한 측면에서 살펴보아야 한다는 것을 너무 이상적이라고 생각한다. 즉, 과거 학력지상주의에 근거해 지적인 능력만을 평가하면 된다고 여기고, 이것을 점수화하여 아이의 모든 것으로 치환한다. 심지어는 아이의 도덕성 점수까지도 영어, 수학 성적과 같다고 여기기도 한다. 지식 중심의 점수화, 등급화, 서열화하였던 시절에 성장한 학부모의 한계이다. 이러한 객관식 세대의 학부모들이 현재의 수행평가, 논·서술형 평가의 객관성, 공정성, 신뢰성에 대해 의문을 제기하는 게 당연할지도 모른다.

셋째는 학교는 공동체의 삶보다는 자신의 삶을 배우는 곳이라고 생각한다. 이러한 사고방식을 자녀에게도 그대로 투영하는 경우가 많다. 이는 자녀교육에 부정적인 영향을 끼친다. 헬리콥터맘이니 알파맘들은 자녀를 독립적인 인격체나 각각의 성장과 발달의 주체로 보지 않고 일거수일투족을 자신의 기준으로 재단한다. 아이들을 이러한 객체화된 대상으로 여기면서 많은 사회문제가 발생한다. 자녀의 흥미·적성에 초점을 맞추기보다는 부모 자신의 경험·가치관을 최우선시하여 학습, 진로, 진학에서 자녀와 갈등을 겪는다.

이러한 학부모 세대 아래에서 성장하는 아이들은 우울, 불안, 친구관계의 어려움, 스트레스 등을 겪는다. 실제 통계를 살펴보면 서울 지역에서 상담이 필요한 관심군 학생은 28,073명(7.7%)이고, 이 가운데 8,828명(2.4%)은 자살 생각 등 위험수준이 높아 우선조치가 필요한 것으로 나타났다.[1] 학부모의 자녀 이기주의는 학교에서 교권을 위협하기도 한다. 학부모가 자식의 말만 듣고 막무가내로 교사에게 행동하면서 교사는 마음의 상처를 입게 되고, 교사 효능감은 낮아진다.

이러한 상황에서 교육계에서 할 수 있는 일은 무엇일까? 당연히 학부모들의 잘못된 인식을 바꾸기 위해 노력해야 한다. 하지만 전제할 것이 하나 있다. 학부모는 학교교육의 중요한 동반자란 사실이다. 학교와 가정의 동반관계[2]를 구축해야 한다.

2. 아이 모두의 성장과 발달을 위한 관점

OECD 회원국 가운데 우리나라 교육시스템에 대한 신뢰는 35개국 가운데 31위이다(한국교육개발원, 2013). 그리고 2018년 공교육비 예산은 68조이며, 사교육비는 24조원(2017년)이다. 이러한 각종 교육지표는 우리나라의 경제규모 11위, PISA 4, 5위란 사실과 모순된다. 교육문제 1차 책임은 국가(정부)이다. 국가는 중요한 교육정책의 전권을 행사하면서, 교육주체 누구도 의사결정에 참여시키거나 동의를 구하지 않았다. 탑다운top-down 교육정책을 일방적으로 실행하였다. 그러면서 모든 책임은 학생 개인과 학부모에게 부과했다. 잘못된 교육정책의 탓이 아니라 개인의 노력과 능력 부족이 원인인 것으로 해석하게 만들었다. 즉, 공공재인 교육을 사유재로 인식하게 했다.

2차적인 책임은 교원에게 있다. 학교교육의 최일선인 현장에 있으면서 무엇이 옳은지, 옳지 않은지 충분히 알고 있으면서도 수수방관하였다. 정부의 교육정책에 대하여 마땅히 대항할 만한 힘이 없는 불가항력적인 상태를 모면하기 위한 태도다.

3차적 책임을 지고 있는 학부모는 '내 아이만 앞서가면 된다'는 생각으로 불합리한 교육시스템에 대해서는 묵인하였다. 즉, 교육을 사회적 문제로 보기보다는 내 아이에만 몰두하여, 개인적으로 문제를 모면하려고 하였다. 중요한 교육주체로 공공성에 입각한 권한을 행사하기보다는 내 자식의 학업성취도 향상을 중시한 결과이다. 이러한 내 아이 최우선주의는 촌지라는 극단적인 형태로 드러났다. 과정의 정당성보다는 목적을 우선시하는 잘못된 교육풍토가 낳은 문화이다.

5·31교육개혁으로 등장한 학교운영위원회는 학부모가 학교 교육에 참여할 수 있는 제도적 발판을 제공해 주었다. 이전 어머니회가 주축이 된 학부모회는 교원의 학교교육 활동을 도와주는 차원이었다. 앞서 언급한 학교·가정의 동반관계나 진정한 의미의 학부

모회 활동과는 거리가 있다. 학교운영위원회라는 법적인 심의기구는 학부모의 학교 참여를 제도화했다. 하지만 아쉽게도 도입된 지 30여 년이 되었지만, 학부모의 자발적인 참여보다는 관료적으로 접근한 정책실행으로 아직 뚜렷한 정책적 효과를 나타내지 못하고 있다. 학교운영위원회 심의사항을 살펴보면 학교헌장과 학칙 재개정, 학교교육과정 운영방법, 교복, 체육복 등 학부모 경비 부담 사항 등 학교운영의 전반적인 사항을 다룬다.[3] 그러므로 학부모의 학교 참여가 보다 활성화[4]되기 위해서는 학교운영위원회 학부모 위원의 선출, 역할 등에 대한 학부모회의 합의가 선행되어야 한다. 이것은 학교운영위원회의 학부모위원 역할이 지대하기 때문이다. 학운위 위원은 공공성에 입각하여 '우리들의 아이'라는 관점에서 학교교육 발전요인을 찾아내고, 학교특색에 걸맞은 학교운영을 할 수 있는 역할과 책임을 갖고 있다.

3. 학교교육 참여기회 확대를 통해 교육개혁의 동반자로 나아가야

학교혁신을 위해서는 학생, 교원, 학부모 교육 3주체가 자발적인 의지를 동기화해야 한다. 학부모의 교육혁신의지가 동반될 경우 교육개혁의 추진력은 속도를 낼 수 있다. 하지만 현행 학부모교육은 대부분이 학교주도로 필수연수[5]에 한정하여 이루어지고 있다. 가장 우선적으로 요구되는 참여 동기가 상실된 학교주도 학부모연수에서 기대할 것은 없다. 학부모교육(연수)에 대한 새로운 접근방법이 요구된다. 즉, 학부모교육에 있어서는 새로운 패러다임으로 나아가야 할 때이다. 학교 교원중심의 정해진 시간 채우기식의 학부모교육이 아니라, 학부모 스스로가 기획하고 실행하도록 하여야 한다. 기존 학교 차원을 넘어서 지역사회까지 이르는 시민교육 차원으로 연수를 확장할 필요가 있다. 보다 다른 시각에서의 학부모의 학교 참여를 시도할 필요가 있다.

첫째, 학부모의 학교교육 참여가 확대되어야 한다.

학부모가 학교교육의 주체로 자리매김하도록 해야 한다. 학부모는 학교교육에서 지원과 봉사역할에 머물러 있었다. 학교운영위원회와 교원평가 이후 진일보하였지만, 실제로 능동적인 참여를 할 수 있도록 법제화할 필요가 있다. 이를 위해서는 교육주체로서 당당하게 교원임용·초빙·승진 등에 참여하여, 학부모의 목소리를 낼 수 있고 담을 수 있는 구조적 틀, 즉 조례수준을 넘어서 학부모회가 법제화되어야 한다. 그래야 소수 학부모의 참여가 아닌 학부모 공동체의 여론이 형성될 수 있다.

학교교육의 주체로서 학부모의 적극적인 참여를 이끌어내야 교육개혁이 성공할 수 있다. 각종 혁신교육 정책의 대상자는 학생과 학부모이다. 그런데 학부모의 지지와 동의를 얻지 못한다면 혁신교육은 성공하기 어렵다. 시대의 흐름에 적합한 문제해결능력을 기르기 위해서는 일제식 수업이 아니라, 토의토론과 같은 수업형태가 적당하다. 학교에서 독서교육을 할 때, 집에서 책을 읽고 있는 아이에게 쓸데없다고 한다면 아이의 독서 동기는 반감된다. 따라서 어떠한 새로운 교육정책을 펼치기 전에 그 정책의 비전에 대해 사전에 학부모에게 이해를 구할 수 있는 과정이 있다면, 정책의 착근도는 훨씬 높아질 것이다.

둘째, 부모교육, 시민교육으로서 평생학습 차원에서 이루어져야 한다. 아이가 유치원이나 학교에 입학하면서 시작되는 학부모교육은 늦다. 미국 뉴스타트 운동으로 촉발된 학부모교육에 따르면 유아단계에서의 학부모교육이 가장 효과적이라고 한다. 그러므로 결혼 이전부터 부모교육을 생애단계에 맞게 체계적으로 시작할 필요가 있다. 생애주기별 부모교육으로 접근할 필요가 있다. 즉, 유아의 발달단계에 따른 언어, 사춘기 자녀와의 대화, 인터넷 중독 예방, 학교부적응 증상, 교우관계 파악, 진로교육 등 이루 헤아릴 수 없는 많은 부분에서 부모교육이 필요하다. 이러한 부모교육은 학교, 지역사회, 지자체 등에서 평생학습과 시민교육 차원으로 접근할 때 더욱 효과적이다.

셋째, 소외계층 학부모 참여교육이다. 학부모를 대상으로 학교가 제공해주는 학부모 프로그램은 대상이 제한적이고, 프로그램 분야가 국한되어 있다. 학부모의 개인적인 형편을 고려하지 않고 있다. 학부모의 형편에 따라 빈익빈 부익부 현상이 나타난다. 이러한 악순환을 방지하기 위해서는 맞벌이나 소외가정 학부모교육 참여 지원체제를 구축할 필요가 있다. 학교교육 참여율 제고를 위한「학부모 학교참여지원법」을 제정하여, 연간 4회 정도 학교교육참여를 직장과 사회에서 의무화하도록 해야 한다. 또, 소외계층 학부모교육 참여는 학습 바우처제도 등을 활용하도록 하여 부모교육 참여를 활성화할 필요가 있다. 지방자치단체와 학교에서는 학부모교육의 범위와 예산을 대폭적으로 확대해야 한다.

넷째, 자생적인 학부모회에 대한 지원을 강화해야 한다. 우리나라 학부모회가 역사는 오래되었지만, 확장성을 갖지 못한 것은 자생력을 지니지 못했기 때문이다. 학교 당국과 학부모회가 거의 동일시되는 풍토가 되면서 독립적인 위상정립에 실패하였기 때문이다. 학부모회가 한 단계 더 도약하기 위해서는 자생력을 갖추어야 한다. 즉, 학교나 지역별 학부모 모임 공간은 세금으로 지원하되, 운영비는 회비나 자체 수입금으로 운영하도록 할 필요가 있다. 그래야 학교나 지역사회의 교육이나 현안문제에 대해서 독립성을 확보할 수 있으며, 시민단체로서의 위상을 확보할 수 있다.

그동안 우리나라 학부모는 정부주도의 교육정책 실행으로 유명무실한 존재였다. 학교교육 참여도 형식적이고 수동적이었다. 그러나 이제는 보다 능동적으로 학교교육에 참여하고 목소리를 내야 한다. 이를 위해서는 학부모의 학교교육 참여를 가로막고 있는 각종 관행적 요소부터 제거하여야 한다. 교원들은 학부모가 학교교육의 동반자라는 인식부터 정립하여야 한다. 그리고 학부모의 적극적인 학교교육 참여를 가로막고 있는 제도에 대해서도 파악하고 바꾸기 위해 노력해야 할 것이다.

1   2013년도 학생 정서 행동특성 검사결과보도 자료 (교육부 학생건강지원과 보도자료)

2   PTA(Parent Teacher Association)동의어 개념으로 아이의 교육적 사회적 경제적 행복을 중심으로 한 단체이다. PTA가 내세운 목적은 부모와 교사가 아이들을 교육시키는 데 현명하게 협조할 수 있도록 가정과 학교가 좀 더 가까이 연결하는 것이며, 모든 아이들이 정신적·사회적·신체적 교육에서 최상의 혜택을 받을 수 있도록 교육자와 일반대중이 함께 노력하는 것이다. 그러므로 PAT는 교육에 대한 연방정부의 지원, 아동노동에 대한 입법, 교사의 훈련 봉급 채용 기준, 적절한 안전교육, 소외되고 가난한 아이에 대한 특별프로그램. 미성년 범죄 방지 활동 등 다양한 노력을 한다.

3   초·중등교육법 32조, 초·중등교육법 시행령 제59조의 4(의견수렴 등).

4   [교육기본법 제13조(보호자) 2항에는 부모 등 보호자는 보호하는 자녀 또는 아동의 교육에 관하여 학교에 의견을 제시할 수 있으며, 학교는 그 의견을 존중하여야 한다.] 학부모의 학교참여에 대해 소극적으로 명문화한 조항이라고 본다.

5   학부모들이 학교에서 일정시간 정도의 연수를 이수해야 하는 학교폭력예방, 교원능력개발평가 등.

학생부종합전형, 공교육 전문성을 신뢰하느냐

황현정(경기도교육연구원 연구위원)

문제의 해결을 고민할 때, 부분에서 전체를 보느냐, 전체에서 부분을 보느냐에 따라 그 해결 방법이 다를 수 있다. 학생부종합전형을 해결하려고 접근해온 논의는 이 두 관점이 혼재되어 있다. 그래서 학생부종합전형과 관련한 문제를 해결하기 위한 논의들은 늘 평행선을 달리는 이야기일 때가 많다. 문제가 해결될 기미가 잘 보이지 않는 이유이다. 교사와 학생의 이야기는 현장의 목소리이므로 부분의 차원에서 내는 소리이다. 학부모와 정책 전문가들은 과거와 현재의 입시를 경험하거나 혹은 사회 문제로서 입시를 해결하고자 하기 때문에 전체의 관점에서 내는 목소리이다. 이 두 차원이 엉켜서 목소리가 높아지며, 따라서 그 해결의 접점을 찾기란 더 어려운 일일지도 모른다.

　사회 전체 문제로 보면 학생부종합전형은 대학 진입을 통한 지위 상승의 수단으로 혹은 인재 선발의 수단으로 활용되어 왔다. 교사와 학생의 입장에서 보면 학교 안, 그리고 수업 속의 이야기들이다. 앞으로 어떤 삶을 살기 위해서 배워야 하는지, 교사와 학생이 함께 학교생활을 어떻게 일궈나가야 현재를 살고 미래를 대비할 수 있는지에 대한 고민이었다. 학생부종합전형에 대한 개선 문제를 찾고자 진행되었던 대입 공론화 과정에서 이 두 차원은 겹쳐 논의되었다. 사회적 관점에서 해결 방법을 찾으려고 하였지만, 중심이 되는 내용들은 다시 학교와 교사, 학생의 문제로 돌아가서 해법을 찾는 양상들이 되풀이되었다. 따라서 해결 방법을 찾기란 요원할 수밖에 없다. '전체'와 '부분'의 되돌이표 논의가 평행선의 모양새로 이루어졌던 것이다.

　해결 방법이 학교에 있다면 교사와 학생의 '부분'의 이야기에 귀를 기울였어야 하며, 그 실마리를 풀어줌으로써 '전체'의 문제를 해결하고자 노력했어야 하는지도 모른다. 이 두 부분은 맞닿아 있어, 하나를 풀면 저절로 다른 한 차원이 해결되는 것일지도 모르지만, 입시 문제의 공정성을 넘어서서 과연 학교라는 기관을 믿을 수 있느냐, 그리고 교사를 신뢰할 수 있느냐의 문제가 되었다. 전체와 부분의 답이 연결되는 지점은 바로 교사와 학교에 대한 학부모와 학생의 신뢰의 문제였던 것이다. 이 부분의 핫 이슈가 '숙명여고' 사안이다. 사학에 대한 신뢰는 교육 그 어느 분야나 영역보다도 낮은 편이다. 그래서 '숙명여고' 사태는 사학 공공성의 정립 문제이며, 사립학교에 대한 교육 신뢰의 문제인 것이지, 학생부종합전형의 입시 문제가 아닐 수도 있다.

1. 학생부종합전형의 히스토리, 그리고 시선의 전환

학생부종합전형은 이명박 정부 시기에 입학사정관 제도의 도입으로 본격화된 대학 입학전형이다. 그 이전에도 학교 내신으로 대학을 가는 '수시전형'이 실시되었는데, 학교에서 실시되는 평가와 그에 준거한 등급인 내신 성적을 기준으로 선발하던 수시전형에 대한 불신이 있었다. 수시전형으로 입학한 학생의 대학에서의 수학 능력을 담보하지 못한다는 것이다. 따라서 학생의 다양한 활동을 보태어 평가해 입학생을 선발하겠다는 취지로 학생부종합전형이 도입되었다. 이는 수시전형 가운데 교과전형만 실시되었던 것과 달리 기존의 정량평가에 정성적 요소를 추가하여 선발하는 방식으로 보완된 것이다. 학교의 내신 성적이 보여주는 학력을 불신하여 자기주도성이나 학과적합성을 판단하여 입학전형에 반영하고자 하였다.

문제는 바로 정성평가 결과가 당락의 기준이 되는 것에 대해 일반 시민에게 설득력을 가지기 힘들었다는 점이다. 그리고 전형이 하나 더 추가됨에 따라 수시전형의 비중이 갈수록 높아지고 있었다는 점이다. 학생부종합전형으로 입학한 학생들이 학과에도 잘 적응하고 대학 이탈률이 적으며, 진로와 적성을 잘 찾아가는 것으로 나타남에 따라 이 전형의 비중을 대학이 자율적으로 점차 늘려 왔다.

소위 '정시'라고 하는 수능 전형은 수치로 정량화된 성적으로 대학 당락의 기준을 제시하는 것이라 학생과 학부모 나아가 시민에게 정성평가보다 한층 더 설득력 있게 들린다. 정량평가에 익숙한 부모 세대가 이 객관적 수치를 선호한다. 그러나 대입 선발 방식을 수치에 전적으로 의존하여 선발하자는 것은 학력고사가 시행되었던 과거로 회귀하자고 말하는 것과 같다. 수능과 학력고사는 전혀 다른 성격의 시험이지만, 객관식 문제 풀이라는 평가 도구 방식, 정량적 수치로 한줄 세우기의 등급화 등, 이 둘이 동일한 선발 방식이라고 사람들은 대체로 인식하고 있다.

사회가 변화해가는데, 제도는 그대로 간다는 발상은 어불성설이다. 과학기술이나 경제의 변화 속도가 매우 빠른 미래 사회를 살아갈 학생이 어떤 교육을 받아야 자신의 미래를 준비할 수 있는지 고민해야 한다. 지금의 수업처럼 강의식과 문제풀이를 하고 보편적 지식을 암기하는 것이 미래에 대한 준비가 될 수 없으며, 10개 교과로 제한하여 기성세대의 고갱이 같은 지식만을 답습한다면 다가올 미래 사회를 살아가기가 쉽지 않을 것이다. 12년 동안 학교에서 일상의 삶을 살아가는 생활인으로서의 학생이 대학 입학을 위해서만 교육 활동해야 하는가에 대해서도 진지한 고민이 필요하다. 학생부종합전형을 기존과는 입시 전형과는 다르게 바라봐야 할 이유가 여기에 있다.

학생부종합전형 다르게 보기 하나. 교육 활동이 먼저이며, 입시는 나중으로 생각해보기이다. 초·중등교육의 각 학교급별 활동들이 충실히 이루어지는 것이 선행되어야 한다. 교육 이후 형성되는 개개인의 성장과 성숙을 결과론적으로 반영하여 입시를 치르는 것이며, 대학은 이러한 활동을 하였던 학생을 선발하는 것이어야 한다. 입시가 아닌, 학생 개개인의 사회적 삶을 지원하기 위해 12년 공교육이 존재하기 때문이다. 이제까지 대학 입시는 학교교육 정상화에 악영향을 주었다. 암기를 잘해야 대학 입시에 유리했으므로 지식을 암기하고 문제 풀이를 연습하였다. 이에 더하여 개인의 교육 성장을 한 줄로 '정렬'하는 방식을 선호하였다.

이러한 교육이 가능하였고, 대학이 그것을 요구했던 이유는 지난 세대가 산업화를 통한 경제 발전을 중심에 두고 사회 발전을 추구해 왔으며, 교육에서도 대량생산의 시스템이 작동하였기 때문이다. 복지나 개인의 삶과 행복을 살필 여유가 없었다. 사회 변화의 속도에 맞추어 지식의 이해 및 암기, 문제 풀이에 능숙한 인재를 정량적 기준이라는 객관의 잣대에 맞추어 한 줄로 세우는 것이 편리하였다. 그러나 지금의 고민은 그와 현저히 다르다. 저출산고령화 사회에 대한 대비가 큰 사회적 이슈가 되었으며, 학생 개별화 교육이 시대의 대세이다. 이제 학교에서 무엇을 배울 것이며, 대학은 정량적 점수 이외에 어떤 정성적 요소들을 평가에 반영하여 학생들을 선발할 것인가를 고민해야 했다. 어떤 역량을 가진 친구들이 자신의 적성을 잘 살리고 학과에 적응하여 대학 졸업 이후에도 자신의 삶을 잘 설계하며 찾아갈 것인가를 살펴야 했다. 그리하여 학생부종합전형이 합당하다고 판단하였으며, 이 전형이 확대되어 갔던 것이다. 사회가 나아가야 할 방향에 명확히 부합하는 입학전형이다.

학생부종합전형 다르게 보기 둘. 고등학교 교육의 원래 목적을 상기해보아야 한다. 고등학교 교육은 공교육 12년의 마지막 단계이며, 그 자체로 교육이 종결의 의미를 가지는 것이어야 한다. 12년 교육만으로 학생이 사회 구성원으로서 삶을 충분히 영위할 수 있게 해주어야 하며, 고등학교 교육을 의무 교육의 관점에서 접근하는 것도 바로 이 때문이다. 학생부종합전형 논의는 대체로 대학 교육을 완결로 생각하면서 대입 제도를 고민하고, 입학전형을 염두에 둔 고등학교 교육으로 간주하게 하는 오류를 범하고 있다. 기존 입시 전형은 고등학교 교육이 대학 입시에 초점화된 교육이 되는 오류가 용납될 수도 있다. 그러나 학생의 잠재적 역량을 고려하여 선발하는 학생부종합전형의 경우 그러한 오류를 범하는 것이 지양되어야 한다. 삶 속에서의 잠재적 역량이 입시에만 국한될 수 없기 때문이다. 이 학생부종합전형을 시작점으로 하여 12년 공교육 활동이 대학 입시에만 연결되도록 교육해오지는 않았는지 스스로 반성의 질문을 던져볼 필요가 있다.

학생부종합전형 다르게 보기 셋. 입시 전형의 변화가 가져다 줄 수업 내용을 상상해보아야 한다. 입시 제도의 개편은 퇴행해온 것도, 일관성이 없었던 것도 아니다. 사람이 유일한 자원이고 자산인 우리 사회에서 창의적 인재 육성은 포기되지 않았던 교육 정책의 방향이었다. 그리하여 학력고사에서 수능으로 개편될 당시 탐구력이나 사고력을 길러줄 수 있어야 한다는 것이 중요한 논점이었다. 실제로 수능 문제를 출제할 때 탐구력을 측정할 수 있는 문항으로 구성하는 것이 출제자들에게 요구되는 가장 큰 주문이기도 하였다.

그리하여 학력고사에서는 지식의 단순 암기를 묻는 문항들이 출제되었다면 수능에서는 많은 자료를 주고 탐구력을 발휘하여 문제의 해답을 찾아가게 하는 문항으로 구성하도록 노력하였다. 이러한 문제 출제의 변화에도 불구하고, 실제 수업을 보니, 학력고사에서 수능으로 대학 입시 선발 도구는 바뀌었지만, 여전히 수업은 탐구력 향상보다는 기존처럼 문제풀이에 집중되어 이루어졌다. 문제를 잘 푸는 연습과 훈련만이 대입에 유리하게 작동하였다. 따라서 수능이라는 선발도구는 원래 목표로 했던 창의적 인재, 탐구력과 사고력을 키우는 교육 활동이 이어지지 못한 것으로 보기도 하였다.

수업 활동에서 사고력과 탐구력을 키우기 위해 대학 입시 제도를 개편하는 시도를 지속적으로 정책에 반영하려고 노력하였다. 수업의 결과인 학교 내신이 반영되는 수시전형이 도입되었으며,

다음으로 학생의 학교생활을 입시에 고려하기 위해 입학사정관 전형을, 그리고 학생의 수업 속 활동을 입시에 반영하기 위해 학생부종합전형을 도입하게 된 것이다. 수업 속 활동, 학교생활 전반에 걸쳐 창의적인 학생을 길러낼 수 있도록 하는 입학전형이 등장한 것이었다. 이러한 변화에 맞추어 문제풀이를 하는 수업 활동은 점차 발표수업, 모둠활동을 통한 관계 지향의 수업, 학생이 배움을 주도하는 프로젝트 수업 등 다양한 수업 활동으로 학교 현장에서 이루어지게 되었다.

학교와 교사는 이 변화를 힘들어 하고 학생들도 스스로 주도하는 활동이 늘어남에 따라 활동과 배움의 피로감을 이야기하지만, 그 과정에서 성장하는 학생이 있었다. 그러나 교사는 기록 업무의 폭증을 호소하게 되었다. 수업 혁신이라는 교육 본연의 과제와 늘어난 업무 부담을 감당해야 했다. 당연히 교사와 학생은 힘들다. 하지만 이 변화가 필요하다고 보고 있다. 정책의 방향과도 일치한다. 학생이 창의적 인재로 육성되기를 바라며, 이 정책 방향이 수업 속 상황에까지 적용되는 것을 보았다. 이제 대학 입시를 바라보는 관점은 교육 활동이 이루어지는 최종적인 장면, 수업 속 그림을 상상하는 것을 포함하여 한다.

2. 대입제도 개편을 위한 주체의 제언들

공론화를 거쳐 나온 입시제도 개편의 결과에 대해 만족하는 교육 주체는 아무도 없었다. 만족하지 못하는 이유는 다양하다. 공론화 진행 과정 자체에 대한 불신도 그 중 하나다. 대입 공론화는 논의 과정을 공개하는 것과, 결정을 시민단에게 위임한 것을 제외하고는 기존에 교육부가 정책과 관련하여 의견을 들어왔던 '공청회 방식'과 유사한 방식으로 이해되기도 한다. 교육부가 만들어낸 안에 대해 단순히 현장에 참석한 사람들의 의견을 듣거나, 방송을 통해 각각의 안에 대해 설명하거나 혹은 쟁점을 부각하여 여론몰이를 한 것으로 이해하는 시각이 많다. 단순한 비율 조정으로밖에 이해되지 않는 대입 개편의 결론에 대해 더 많은 설득과 홍보가 필요하다. 교육 주체가 바라는 학생부종합전형에 대한 내용적 제언들이 있다.

첫째, 결과의 공정함이 아니라 평가의 설계를 통한 평가 대상의 공정함, 평가 상황이 전개되는 과정에서의 공정함의 입장에서 학생 선발과 대학 입학전형을 고민해달라는 것이다. 대입 제도의 입학전형에서 공정성을 자주 논의하고 언급하고, 그래서 수능시험이 공정하다고 자주 언급한다. 이전의 학력고사 시험이 공정하다고 이야기한다. 그러나 하워드 가드너의 다중지능이론에서 뇌과학자였던 그는 인간의 지능을 여러 가지로 구분하여 설명하고 있다(물론 이후에는 더 많아진다). 인간의 지능은 언어, 논리·수학, 공간, 신체·운동, 음악, 대인관계, 자기 이해 지능으로 표현될 수 있다는 것이다.

하워드의 인간지능 분류를 적용한다면 언어나 논리·수학 지능만을 측정하는 학력고사나 수능시험이 모든 학생들에게 공정한가를 되물을 수밖에 없다. 평가가 언어나 논리·수학 지능만 갖춘 학생들이 유리함에 따라 평가 대상을 선정하는 단계에서 공정함을 잃은 것이라고 볼 수 있다. 대인관계 지능, 자기 이해 지능 등은 정의적 영역으로서 4차 산업혁명에서 요구되는 창의성, 인문적 감수성 등과 연결되는 지능임에도 불구하고 평가 항목에서 누락되어 있다. 정량평가가 주축인 대부분의 학교 시험은 평가 계획 단계에서 이미 '공정성'과 엇박자가 난다는 점을 환기해야 한다.

학생부종합전형은 정성평가이다. 학생이 학교에서 하는 교육 활동 전체에 관심을 두고 있으며, 언어나 논리-수학 지능 이외에도 관계 지능, 자기 이해 지능 등 다른 역량을 발휘하는 학생에게도 동등하게 기회를 제공하여 선발하고자 하는 것이다. 학생들이 소통이나 적극적 참여를 통해 '인간 친화 지능'이나 '신체, 음악 지능' 등 문화 예술 역량을 살펴 볼 수 있는 부분이 있다. 수치로 표현되지 못하는 학생들의 역량을 '공정하게' 인정하여 평가하고, 대학 입시에 반영하고자 하는 노력인 것이다. 정량평가와 정성평가는 바로 이 공정함을 지적하고 있는 것이다. 정의적 영역을 고려한 정성평가가 도입되어야 진정으로 공정한 선발이라고 할 수 있다. 한 걸음 나아가 정성평가의 가장 약점인 주관성이 개입될 여지가 줄어들도록 개선하는 것이 공정한 입학전형으로 나아가는 정책 방향이며 과제라고 생각된다.

둘째, 학생과 교사의 목소리를 경청해 담아내야 한다. 그들이 대학 입학전형의 당사자이다. 학생들은 이구동성으로 학생부종합전형이 '공정한' 전형이라고 하였다. 내신 성적 이외에도 3년간의 다양한 교육 활동을 반영하여 1회의 시험으로 체크되지 못하는 자신만의 역량을 드러내고 싶어했다. 또한 다양한 역량 및 가정환경 요인 등을 고려한 전형 다양화 등이 학생부종합전형의 강점이라고 하며 적극 지지하였다. 학교 밖 여론이 분분할수록 학교 현장, 학생의 목소리에 귀를 기울여야 한다. 학생은 당사자이고, 교사는 전문가이므로, 그들의 이야기에 집중하여야 한다. 학생과 교사가 힘들어 하는 부분을 해결해줄 수 있는 현장 밀착의 정책 마련에 노력해야 한다.

소위 교육 주체라고 하는 학생과 교사의 이야기는 해결 방안 논의에 적극 반영되지 못하였다. 시민단체가 등장하고, 교사의 교육과정 전문성을 논의하는 것이 공론화 장의 핵심 주제였다. 누구에게 물어서 대입제도의 정책 논의를 진행시켜야 하는지 진정 되묻지 않을 수 없었다. 가장 중요한 것은 학생이 학교생활을 통해 자신의 진로나 적성을 찾아갈 수 있도록 하는 것이며, 그를 위해서는 다양한 과목 개설과 학생의 과목 선택 존중, 학생 주도 동아리 활동 등이 논의의 중심이어야 했다. 그리고 교사 기록 업무와 이 기록에 대한 신뢰성 회복 등 보완 정책이 오히려 필요하였다. 또한 학교 밖 청소년, 자퇴생 및 재수생이 학생부종합전형에 지원하는 것에 불이익이 없도록 제도적 장치를 위한 논의가 필요하였다. 이런 보완의 장치로 '공정성'을 담보해야 했었다. 대입 공론화는 본질은 사라지고 주체는 없는 자리에서 빈 껍질만 논의하였던 것이다.

시민단체는 학생부전형에서 사교육 영향력이 강력하다 혹은 아니다 등의 논의를 쟁점화시켰는데, 사실은 학교 현장의 이야기를 제대로 경청하였다면, 그렇지 않다는 것을 금방 확인할 수 있었다. 학생부전형은 사교육 영향력이 말 그대로 '컨설팅 수준'에만 그치는 가장 영향력이 약한 전형이라는 이야기가 일반적이다. 일반적으로 컨설팅이란 도움을 의미하는 용어로, 컨설팅의 결과를 책임지는 것은 아니다. 학생들의 교육 활동을 컨설팅할 수는 있지만, 그 컨설팅 내용대로 학교생활을 하는 것은 학생의 일상을 컨트롤해야 하는 것이어서 불가능한 일이다. 몇몇 논문 컨설팅이나 교내대회 참여 등은 컨설팅으로 독려할 수 있지만 이것이 기록으로 전환되려면 학교에서 여러 단계와 과정을 거쳐야 하기 때문이다. 사교육 영향력이 약하다고 학생들이 답하는 이유이다.

셋째, 4차 산업혁명이 예견되는 미래 사회가 도래하고 있다. 어떤 역량이 과연 학생들에게 의미가 있을까를 고민해야 한다. 학생들의 다양한 사고 역량을 측정할 수 있는 다른 방법으로 구술과 논술 등 평가 도구의 다양화를 시도해볼 필요가 있다. 이 시도들은 기존의 객관식 문답형 시험보다 학생의 사고력을 키워준다는 점에 방점이 있을 것이다. 학교의 내신 성적 산출을 보완하는 다양한 교육 활동과 평가 방식을 도입하는 노력도 진행되어야 한다. 학생의 주도성, 토론 활동, 논술 수행평가 등이 학교 내신 성적 평가에 반영되어야 할 것이다. 수업의 과정에서 다양하게 학생이 주체적으로 배우는 것을 고민할 때, 미래에 대한 두려움이 없어질 것이고, 그에 대비한 역량도 충분히 기를 수 있을 것이다.

입시 제도를 고민할 때, 지속적으로 수업 속 그림을 상상해보는 것이 필요하다. 사고력과 탐구력에서 한 걸음 더 나아가 비판적 사고력을 측정하려는 맥락이 시민교육의 관점에서도 중요하다. 교육이 다들 백년지대계라고 한다. 보수나 진보 등의 정치적 논란은 뒤로하고 지속적으로 추진해오던 사회 구성원으로서의 학생 성장이 교육 정책의 핵심이어야 할 것이다. 개인적으로나 사회적으로 올곧은 시민으로 성장해야 할 학생들에게 필요하고 도움이 되며, 미래 사회 준비에도 부합해야 하는 것은 당연하다. 입학사정관 전형, 학생부종합전형은 이전 정부에서도 지속적으로 추진해왔던 정책이며, 미래지향적 교육 대비를 하고자 하는 문제의식 속에서 추진되었다. 학교 현장의 혼란을 막기 위해서도 정책이 계속 연계성을 가질 필요가 있는 입학전형이라고 볼 수 있다.

3. 학교, 교사 그리고 대학은 전문성을 신뢰받고 있는가

학생부종합전형에 대한 학교와 대학 등 전문가 집단의 긍정적 입장에도 불구하고 학생부종합전형에 대한 일반인의 반대 여론은 상당히 높은 편이다. 학교 교육에서 우수한 성적을 받았던 이들이 사회적으로 높은 지위에 이르는 것, 즉, 성적에 따른 사회 계층화는 하나의 현상이 되었다. 그렇기 때문에 학생부종합전형의 신뢰성과 주관성을 문제 삼으면서 이 전형이 전면화되는 것을 저지하고 한 걸음 더 나아가 폐지를 요구하고 있으며, 공정성 시비가 전혀 제기 될 수 없는 수능 정시 전형을 요구하였다.

부분에서 다시 이 문제를 해결하고자 하면 학교의 현실적인 문제가 난관으로 존재한다. 교사가 전문성이 인정받고 있는가, 혹은 전문가 집단으로 신뢰받고 있는가의 문제이다. 교사는 수업 전문성을 발휘하는 것에서 한 걸음 더 나아가 학생부를 충실히 혹은 신뢰성 있게 기록해주어야 하는 업무가 가중되고 있다. 이 영역에서 전문성을 신뢰받지 못하는 것이 문제이다. 더불어 교사의 업무 도덕성까지 의심받고 있는 상황이다(서부원, 2017). 이런 연유로 학부모와 학생은 대학이 전형의 요소로 중시하고 있는 교육 활동에 대비하기 위해 사교육 컨설팅을 받을 뿐만 아니라, 대학 입시에 유리한 교육 활동 기회를 얻기 위해 지속적으로 학교와 교사에게 스스로 종속되는 경향이 나타났다.

교사 전문성 신뢰의 문제에 그치지 않는다. 교육기관으로서의 학교도 진학이나 진로 교육의 전문성을 의심받고 있는 상황이다. 진로교육은 교육과정 밖에서 이벤트적인 교육 활동으로 진행되고 있으며, 진학 지도는 학교 밖 트렌드를 따라가지 못하고 있다. 학교의 입시 정보에 전적으로 의존하는 경우, 대학 입시에 실패한다는 '괴담'이 돌기도 한다. 학부모의 정보력이 대학을 정한다는 낭설이

나돌고 있는 지경이다.

학생부 기록은 학교 교육 활동과 학생의 생활을 기재해야 하는 데, 차별성을 두기 위해 노력하면서도 일반고의 학교교육 활동은 혁신고, 자사고, 특목고의 것을 벤치마킹하여 학교 자체의 개성과 독창성 있는 교육과정이 많이 사라지고 있는 상태이다. 교내에서는 학생부를 잘 적어주기 위해 교사 간 경쟁 아닌 경쟁도 나타나고 있으며, 온정주의에 따라 잘 적어주기 등의 기록의 신뢰도 문제도 제기된 상태이다. 잘 기록해주는 교사가 인기를 얻고 있으며, 오히려 학생과의 소통보다 기록만을 교사의 전문성이라고 바라보는 시선까지 나타나고 있다. 수학이나 과학 혹은 예체능 교사의 과도한 대회 등으로 기록 업무가 과중되고 있는 것도 현실이다. 고등학교 교육의 총체적 문제가 학생부 기록 민원, 입시 민원으로 집중되어 드러나기도 한다.

선발 주체인 대학의 전문성도 확인받지 못하고 있다. 학생부를 근거로 학생을 선발하고, 학생 자신의 이야기를 듣기 위해 '자소서(자기소개서)'를 받고 있는데, 이에 대한 대학 선발 기준이 사회적으로 설득력이 없는 상황이다. 이 자소서는 사교육의 영역으로 넘어서 '자소설'을 준비하는 양태로 이어져, 학부모와 학생을 괴롭히고 있다. 이를 보완하기 위해 다른 한편으로 면접 및 구술고사를 강화하는 방향으로 나아가고 있기도 하다(김경범, 2017). 이러한 상황에서 대학의 학생 선발 전문성은 인정받고 있다고 볼 수 없다.

학생부종합전형은 학생이 가진 조건이나 환경 등에 따라 다양한 입학의 기회를 제공하고 학교 현장의 교육 활동을 변화시키며, 미래를 준비하는 우리 사회 전체에도 강한 방향성을 제시해준다. 학교 현장은 다소 혼란스러워했지만 학생부종합전형을 정착시키기 위해서 노력해왔다. 이 과정에서 업무 과중, 교사 기록 불신, 컨설팅 사교육 확산, 공정성 논란 등 많은 문제가 불거지고 있지만, 본 전형의 취지 자체에 대해서는 교육 주체인 학생과 학부모, 교사가 모두 공감하고 있다. 우리가 넘어야 할 산은 이것을 다루는 관계자들의 전문성을 키우고 학교 밖에서 교육을 바라보는 교육 주체에게도 인정을 받는 것이다.

영재교육,
모두가 함께할 때

김삼향(경기도안양과천교육지원청 장학사)

1. 들어가며

몇 억 단위의 암산을 해내고, 한 번 봤던 책의 페이지가 그림처럼 머릿속에 펼쳐지며, 한 번 들은 소리를 악보 없이 연주할 수 있는 아이들! 세상은 그들을 영재라 부른다. 최근 쇼 프로그램이나 리얼 다큐멘터리를 통해 다양한 재능을 가진 영재들의 모습이 아이들의 잠재능력이 발현된 계기 등과 함께 소개되면서 많은 사람들에게 부러움의 대상이 되고 있다.[1]

영재는 누구일까? 영재교육진흥법 제2조에 의하면 '영재'는 재능이 뛰어난 사람으로서 타고난 잠재력을 계발하기 위하여 특별한 교육이 필요한 사람이라고 정의하고 있다. 재능이 뛰어나다는 것은 일반 지능, 특수 학문 성향, 창의적 사고 능력, 예술 재능, 신체 재능, 그 밖의 특별한 재능 영역에서 뛰어나거나 잠재력이 우수한 사람을 말한다.[2] 만일 이러한 아이들이 어려서 다양한 잠재능력을 발현시킬 수 있는 가정환경에 있지 못하고, 학교에서도 아이들의 재능을 발견하지 못하여 이들의 빠른 발달속도와 높은 지식 수준에 관심을 두지 않는다면 과연 아이는 어떻게 될까?

재능이 뛰어난 아동을 조기에 발굴하여 타고난 잠재력을 계발할 수 있도록 능력과 소질에 맞는 교육을 실시함으로써 아동의 자아실현을 도모하고 국가 사회에 기여하게 함을 목적으로 실시하고 있는 영재교육은[3] 매우 중요하다. 그런데 지금까지 우리나라의 영재교육은 아동의 지적, 정의적, 교육적 욕구를 충족시켜주어 건강한 삶을 영위하게 하는 인간적인 측면보다는 국가 및 인류 발전에 기여할 수 있는 생산성이 탁월한 인물로 키우기 위한 도구적인 목적으로 추진되어왔다고 해도 과언이 아니다.[4] 그렇기에 경제적으로 궁핍한 국가의 산업 발전을 주도할 인재를 양성하는 데 목적을 두어 1980년대 초에 과학영재교육이 시작되었고, 1990년대에는 과학고 외에도 외국어고, 국제고 설립과 일반 학교로의 속진제 확대 등의 형태로 영재교육이 실시되었다.[5] 2000년 '영재교육 진흥법'이 시행된 이후에는 공교육 체제 하에서 영재교육의 기틀이 마련되고 18년 이상의 시간이 경과했으나, 아직도 영재교육은 과도한 사교육을 유발하거나 사회적 교육 불평등성을 초래하는 원인으로 인식되고 있다. 저소득층이나 불리한 환경의 영재들을 위한 사회통합전형이 시행되지만, 영재교육은 안정된 미래를 보장받기 위한 수단으로 인식되었기에 여전히 우리 사회에서 경제적으로 '가진 자'에게 유리한 교육 서비스라는 이미지가 강하다.

2018년 8월에 발표된 4차 영재교육종합진흥계획(2018~2022)은 다양한 분야의 재능을 가진 학생들이 자신의 재능을 탐색하고, 실험하고, 도전할 수 있는 플랫폼을 제공하겠다는 영재교육의 비전을 제시했다. 이제는 미래 사회의 변화를 반영하여 기존의 도구적 관점을 넘어 개인의 성장과 실존적 관점의 측면에서 영재교육에 접근해야 하는 시기이다. 따라서 본고에서는 영재교육의 현황을 고찰해보고 이를 통해 향후 영재교육이 나아가야 할 방향을 제안해 보고자 한다.

2. 영재교육 현황과 한계

첫째, 영재기관은 어떤 체계로 구성되어 있는가?

현재 우리나라 영재교육은 영재학급, 영재교육원, 영재학교 및 과학고 3개 기관을 중심으로 이루어지고 있다. 영재학급은 초·중·고 단위학교, 지역공동으로 운영하며, 특별활동, 재량활동, 방과후, 주말 또는 방학을 이용한 형태로 교육을 실시한다. 영재교육원은 교육청 소속 또는 대학 부설 형식으로 운영되며 초·중·고등학생을 대상으로 방과후, 주말 또는 방학을 이용하여 교육이 이루어

표1. 영재기관의 종류와 운영체계

교육기관	목적	운영체제	해당학교급
영재학급	기초심화교육, 잠재적 영재 발굴	초·중·고 단위학교 지역공동운영 비정규교육과정	초·중·고등학교급
영재교육원	심화교육	교육청 소속(또는 대학부설) 방과후, 주말, 방학	초·중·고등학교급
영재학교 (과학고 포함)	전문심화교육	정규학교 체제	고등학교급

출처: 김주아(2017). 생애주기별 맞춤형 영재교육 지원 체제 구축 방안 연구. 한국교육개발원

진다. 영재학교 및 과학고는 전문 분야 영재를 대상으로 하는 정규 학교 체제로 고등학교급에서 운영되고 있다.[6]

2017년 GED(영재교육종합 포털) 조사에 의하면 영재학급이 2,114개(85.3%), 교육청 영재교육원이 252개(10.2%), 대학부설 영재교육원이 85개(3.4%), 영재학교 및 과학고가 28개(1.1%)로 분포되어 있다.

하지만 이들 영재교육기관의 역할, 기관별 특성을 고려할 때 각 기관별 연계 운영체제가 미흡한 편이다. 일단, 영재교육이 초등학교 4학년에서 고등학교 단계까지 설계되어 있으나, 유아와 초등학교 저학년 및 고등학교 이후의 영재교육은 사각지대로 남아 있다. 게다가 영재교육 대상자로 선정되었다고 하더라도 계속해서 영재교육을 받을 수 있는 체제가 마련되어 있지 못한 실정이기 때문에 1년 혹은 2년 정도로 끝나는 경우가 많다.

또한 영재학급이나 영재교육원은 일반 학급의 정규 교실 수업과

는 분리된 별도의 독립형 프로그램으로 운영되다 보니 학생들의 다양한 잠재력과 재능을 지속적으로 지원하기 어려운 구조이다.

둘째, 영재교육대상자는 어떻게 선발되는가?

영재의 판별이 어떤 아이가 영재성을 가지고 있는가를 판단하는 것이라면, 영재교육대상자의 선발은 영재교육을 실시하기 위한 교육기관이 그 기관의 특성과 목적에 적합한 영재들을 선발하여 교육하는 것을 말한다.[7]

영재교육 대상자는 2003년 전체학생 수의 0.25퍼센트로 시작하여 2013년을 정점으로 감소 추세로 돌아섰으나, 2017년에는 4년 만에 초등학생은 56,277명, 중학생은 34,685명, 고등학생은 18,304명으로 다시 증가하였으며, 이는 전체 학생수의 1.91퍼센트에 해당하는 수치이다.

표2. 영재교육대상자 비율

연 도	2013	2014	2015	2016	2017
영재교육 대상자수	121,421	117,949	110,053	108,253	109,266
전국 초·중등학생수	6,481,492	6,285,792	6,088,827	5,882,790	5,725,260
비 율	1.87%	1.88%	1.81%	1.84%	1.91%

통계자료 : GED, 2017 교육기본통계(교육부)

1.91퍼센트에 해당하는 학생의 선발은 지역마다 차이는 있으나 대부분 3~4단계에 걸쳐 진행된다. 1단계는 학급 담임이나 교과 교

사가 영재로서 가능성이 있는 학생을 개별적으로 관찰하는 교사 관찰 추천을 통해 이루어진다. 1단계에서 영재학급과 영재교육원의 영재교육대상자 선발방식이 종전의 '시험 선발' 방식에서 '교사 또는 영재 교사에 의한 관찰 및 추천' 방식으로 바뀌었다. 교사관찰 추천의 경우 사교육비 경감, 잠재 가능성이 있는 학생의 발견 측면에서 긍정적이나, 교사의 관심, 영재교육에 대한 이해도, 역량 등 교사의 주관적 판단에 의존하므로 신뢰성에 대한 문제가 많이 제기되고 있다.

표3. 교사관찰추천제 실시기관 비율

구분	2012	2013	2014	2015	2016	2017
교사관찰추천제 실시기관 비율	48.3%	81.2%	83.0%	84.7%	85.5%	87.4%

통계자료 : GED, 2017 교육기본통계(교육부)

이후 2~3단계는 각 영재교육기관이 교사추천서 등 서류를 평가하고 필기시험 및 면접, 합숙 등의 심층 평가로 진행되는 게 일반적이다.[8] 2~3단계에서는 대부분 1회성 지필고사 형태로 시행되는 탓에 영재성이 엿보이는 학생보다 성실하고 학업 성취도가 우수한 학생이 뽑힐 가능성이 더 높은 게 사실이다. 이로 인해 영재 선발 시험을 대비하여 여전히 사교육이나 선행 학습 등이 유발되기도 한다.

셋째, 영재교육기관의 교육과정은 어떠한가?

영재교육 분야별 교육 영역은 수학, 과학 영역이 전체의 77.3퍼센트를 상회하고 있으며 발명, 정보과학, 외국어, 예체능, 인문사회 등의 분야도 일부 개설되어 운영되고 있다.

표4. 2017년 영재교육 대상자수 분야별 현황

구분	수·과학	발명	정보	외국어	예술·체육	인문사회	기타	계
학생수(명)	84,468	4,563	5,193	2,232	4,192	4,192	4,522	109,266
비율(%)	77.30%	22.70%						100%

통계자료 : GED, 2017 교육기본통계(교육부)

아직까지 영재교육기관의 교육 내용은 수·과학 영역 중심의 편중 현상이 해소되지 않고 있다. 초창기부터 한국의 영재교육은 수학과 과학 영역을 중심으로 시작되었다. 언어, 예체능, 발명 영역 등 영재교육 분야가 확대되어 오기는 하였지만, 2017년까지도 수·과학 영역의 영재교육이 전체의 77퍼센트를 상회할 만큼 한쪽으로 편중되어 있다. 물론 수·과학이 여타 학문 탐구의 토대를 형성하고, 지식의 전이 및 응용력이 크다고 본다. 하지만 학생의 능력과 성장에 맞는 교육과정 제공에 초점을 맞추는 관점에서는 다양한 영역에서 영재 프로그램은 더욱 확대되어야 하며, 특히 융·복합적 지식을 바탕으로 한 새로운 영재교육 콘텐츠를 개발하는 노력이 요구된다.

넷째, 영재교육은 누가 담당하는가?

영재교육이 의도하는 목적을 달성하기 위해서는 우수한 잠재적 능력을 지닌 학생들을 잘 판별하여 선발하고, 이 학생들에게 질 높은 영재교육 프로그램을 마련하여 제공하는 것과 더불어 영재교육을 담당하는 교사의 역할이 중요하다. 이를 위해 해마다 영재교육 담당 교원의 전문성 신장을 위한 연수 기회 및 다양한 연수 과정을 확대 운영하여 연수 이수율이 꾸준히 증가하고 있다.

표5. 영재교육 담당교원 연도별 연수 현황

연도별	2013	2014	2015	2016	2017
영재교육 담당교원 (명)	26,814	27,263	23,960	25,218	25,320
연수인원수 (명, %)	7,432 (28%)	7,497 (28%)	8,426 (35%)	11,143 (44%)	14,528 (57%)

출처: GED(2017), 시도교육청 및 유관기관 현황 조사자료

하지만 영재교육기관에서는 교육과정에 맞는 전문성을 지닌 담당 교사 인력풀을 구축하는 것이 쉽지 않은 실정이다. 영재학급의 경우 교육과정 외 방과후에 운영이 되고, 해당 학교의 교사가 이를 위한 업무 및 수업 준비 등을 별도로 해야 하다 보니 담당자가 자꾸 바뀌고 있는 실정이다. 이로 인해 영재교육 프로그램도 학년간 위계나 질적인 측면을 고려하기에는 역부족이다. 영재교육원이나 영재학교(과학고)의 경우도 사정은 비슷하다. 지역적인 편차도 심하고, 일부 지역에서는 승진 및 전보 가산점 등을 부여하고 있으나,

전문성 있는 교사 인력풀을 충원하여 운영하는 데 많은 어려움을 겪고 있다.

영재교육을 처음 시작하는 교사의 경우 수업 프로그램 개발에 많은 어려움을 호소하기도 한다. 이러한 어려움을 극복하더라도 영재교사로의 경력이 쌓여가면서 수업에 전문성이 쌓일 때쯤에는 필연적으로 교사도 점점 지쳐간다. 물론 책임감과 소명의식으로 오랜 기간 영재교육에 헌신하는 경우도 있지만, 일부 교사들의 헌신만으로 국가의 영재교육을 유지, 발전시키려는 것은 한계가 있다.

3. 영재교육의 질적 성장을 위한 제언

영재교육이 사회의 필요를 반영하고, 영재들이 가진 재능을 마음껏 펼쳐나가기 위해 필요한 몇 가지 제언을 하고자 한다.

첫째, 학교 기반 영재교육을 중심으로 영재교육기관과의 연계성 확보가 필요하다. 시대의 변화와 더불어 이제는 영재교육의 질적인 성장을 고민할 단계이다. 초기 단계에서 영재교육의 보편성 확보를 위해 초·중·고 교육과정 안에서 보다 심화된 학습 경험의 기회를 제공하는 것이 중요하다. 소수의 영재 학생을 찾아내 교육과정과 이원화된 프로그램을 제공하는 것보다 각 학생의 능력과 성장에 맞는 교육과정 제공에 초점이 맞추어져야 한다. 이 과정에서 별도의 영재교육이 필요한 학생을 수시로 발굴하여 영재학급, 영재교육원, 영재학교, 대학, 연구소 등 다양한 분야의 기관과 연계하여 지속적으로 관리하고 지원될 수 있는 설계가 필요하다. 즉, 학교는 교육과정에서 심화된 학습 경험을 제공하고, 영재교육기관은 영재교육 대상자가 지속성을 가지고 성장해나갈 수 있는 체계를 구축해 나가는 것이 중요하다.

둘째, 영재교육의 동력으로서 사회적 지원 체제가 필요하다. 위의 학교 영재교육을 중심으로 영재교육기관과의 연계성을 확보하기 위해서는 영재교육의 지원 체제가 더욱 확대되어야 한다. 과거부터 지금까지 영재교육을 이끌어가는 동력은 학교의 교사이다. 하지만 이제는 정규 교육과정에 더해 교사들에게 사명감과 열정만으로 영재교육에 추가적으로 관심을 갖고 헌신해 달라고 요청하는 것에는 분명히 한계가 있다. 교사들이 영재교육에 대한 전문성을 높이고 교육과정을 운영하는 것은 당연한 책무이고 중요한 일이다. 이에 더해 이제는 영재교육을 위해 지역사회의 인적, 물적 자원과 결합한 방식으로 이끌어가는 것이 요구된다. 학생들에게 과학 기술뿐만 아니라 문화, 예술, 체육 등 다양한 분야에서 체험해 보고 도전해볼 수 있는 프로젝트, 대회, 오디션, 아카데미 등의 기회를 제공하는 것이 중요하다. 사회적 지원체계는 학생들이 특정 분야에서 영재성을 꾸준히 발휘하며 성장할 수 있는 기회를 제공하는 동력이 될 것이다.

셋째, 영재교육에 대한 교육공동체의 비전 공유와 공감이 필요하다.
4차 영재교육진흥계획 및 교육청 차원의 영재교육에 대한 비전과 계획이 발표되었다. 영재교육의 내실화를 위해서는 선언적 차원의 발표에서 더 나아가, 비전과 로드맵에 대한 교육공동체와의 공유가 절실하다. 무엇보다 교육공동체 안에서 영재의 다양한 특성을 이해하고 바라보는 관점의 전환이 선행되어야 한다. 학생들에게서 보지 못했던 면을 바라볼 수 있도록 수 있도록 학생들을 이해하고, 학생들을 어떻게 지원할지에 대한 교육공동체의 공감과 소통이 필요하다. 영재교육은 영재업무 담당자, 영재아이를 기르는 부모만이 책임져야 할 문제가 아니라 지역사회를 기반으로 교육공동체가 함께 네트워크를 통해 이해의 장을 넓혀 나가고 함께 해나가는 것이 중요하다.

넷째, 사회통합계층 자녀들을 대상으로 영재교육 기회를 더욱 확대해야 한다. 경제적으로나 지역적·문화적으로 불리한 환경에 처하여 자신의 타고난 능력을 적정 시기에 발굴하지 못하거나 제대로 발달시킬 수 있는 기회를 갖지 못하는 소외 영재들에 대한 다양한 프로그램도 마련되어야 한다. 기존에도 소외계층 학생들에게 영재교육 기회를 제공하기 위한 프로그램이 있었으나 가능성보다는 드러나는 결과에만 관심을 갖고 지원하다 보니 실질적인 수혜를 받는 학생이 제한적이었다. 기초생활 수급 대상자, 한부모 가정, 차상위계층, 조손, 다문화 가정 등 취약계층 자녀가 속한 다양한 환경적 차이를 반영하고 지역적인 차이를 고려하여 방과후, 방학, 주말 등을 활용하여 프로그램을 제공해야 한다. 사회통합계층 자녀들을 위한 맞춤형 영재교육 프로그램을 위해 학교, 지자체, 지역사회와의 긴밀한 협조를 통해 잠재 가능성을 지닌 학생들을 꾸준히 지원해야 한다.

4. 나가며

선발적 관점에서 영재교육이 시작되면서 영재교육 대상자가 되면 성공이 보장될 것만 같아 초기에는 영재교육에 대한 관심이 과열되었다. 하지만 현실은 그렇지 않은 면이 많고, 영재교육을 받은 학생들 역시 대학입시를 통과해야 하다 보니 최근에는 영재교육에 대한 관심이 줄어들고 있는 추세이다. 오히려 영재교육을 받으면 학원 시간 및 학업에 방해가 된다고 여겨 영재교육을 포기하는 학생도 늘어나고 있다.

하지만, 미래사회를 위해서는 창의적 융합적 사고와 문제해결력을 지닌 잠재력 있는 학생을 발굴하고 양성하는 것이 무엇보다 중요하다. 미래 사회의 변화에 유연하게 대응할 수 있는 인재를 양성하기 위해 다양한 영재교육 프로그램을 개발하고 영재교육의 기회를 확대하는 것이 필요하다.

주

1 SBS 영재발굴단.

2 백미경(2015).영재교육상자 선발을 위한 관찰·추천 제도와 그 개선에 대한 수학 교사들의 인식. 한국교원대학교.

3 영재교육진흥법 제1조.

4 김주아(2017). 생애주기별 맞춤형 영재교육 지원 체제 구축 방안 연구. 한국교육 개발원.

5 조석희, 한석실, 안도희, 김미숙, 문수백(2004). 영재성의 발달 및 프로그램 효과 에 관한 종단연구 (2004-2018) : 1차년도 연구(검사도구 개발을 중심으로). 한국교육 개발원.

6 김주아(2017). 생애주기별 맞춤형 영재교육 지원 체제 구축 방안 연구. 한국교육 개발원.

7 2019학년도 영재교육대상자 교사관찰·추천 선발 연수 자료집. 안양과천교육지 원청.

8 백미정(2015). 영재교육 대상자 선발을 위한 관찰·추천제도와 그 개선점에 대한 수학교사들의 인식. 한국교원대학교.

저출산·고령사회 위원회 '초등 3시 하교 정책'에 대한 가능성과 대안

김요섭(인천 마곡초 교사)

1. 들어가며

종종 재치 있고 순수한 초등학생들의 시험 답안지가 화제를 모으기도 하는데, 최근 초등학교 1학년 학생의 설문 대답이 큰 이슈가 되었다. 그 대답은 바로 '치사하다'이다. 왜 이 어린이는 '치사하다'는 답을 한 것일까?[1]

'저출산·고령사회 위원회(이하 저출산위)[2]'는 초등교육과 관련하여 지난 1년간 학교 운영 시간 연장의 필요성, 방과후학교와 초등 돌봄교실 확충 및 내실화 등의 주제를 다루어왔다.

지난 여름에는 '초등교육의 변화 필요성과 쟁점(놀이를 더해 행복을 키우는 우리 아이들)'이라는 주제로 포럼을 개최하였다. 여기서 저출산위는 '더 놀이학교(가칭)'를 제안하며 전국 모든 초등학교 1~4학년 학생들의 하교 시간을 일괄 오후 3시로 늦추는 안을 제시하였다.

저출산위의 초등 저학년 3시 하교 제안

- 초등학교 1~4학년의 하교 시간을 일괄 오후 3시 경으로 연장한다.
- 정규수업을 늘리는 방식이 아닌, 놀이·활동 위주로 학교가 선택 운영한다.

[선택 예시]
(가) 놀이시간 확보를 통한 긴 휴식을 보장하는 안
(나) 방과후활동을 정규시간에 배치하는 안
(다) 오전에 교과수업을 하고 오후는 특색활동(숙제시간, 신체활동시간, 보충지도시간 등)을 하는 안

- 이를 위해 2019년부터 5년간 시범사업 및 교실환경을 개선하고, 2022년 교육과정을 개정하여, 2024년에 모든 초등학교에서 전면 시행한다.

우리나라는 2017년 기준으로 역대 최저 출산율(1.05명)과 출생아 수(35만명)를 기록하였다. 지난 10년간 저출산 대책에 120조의 예산[3]을 쏟아 부었지만 도리어 출산율은 뒷걸음치고 있다. 이제 저출산 문제는 우리 사회의 최대 화두이자 국가의 미래가 걸린 문제라고 해도 과언이 아니다. 최근 정치권도 여야 할 것 없이 아동수당의

표1. '더 놀이학교(가칭)'의 주요 내용 도입 체계도[4]

초등학교 저학년 학생의 하루 일과				정책 내용 ⇒ 기대효과
	지금까지(AS-IS)		앞으로는(TO-BE)	
오후 7시	부모 (가정)		부모 (가정)	③ 근로시간 단축 등 일·가정 균형 정책 ⇒ 부모 퇴근 후 학교에서 아이를 데려가는 가족 중심 사회 시스템
오후 6시 (부모 퇴근) 오후 5시	아동 혼자, 형제끼리, 친인척, 부모(전업)	학원	돌봄교실 + 방과후 학교	학원	② (2단계) 돌봄교실 운영시간 조정 검토(13~15시->15~19시) ⇒ 나홀로 방치 아동 해소, 돌봄 목적 사교육 참여 축소, 여성 경력단절 예방 등
오후 3시 오후 2시 (3~4학년 수업종료) 오후 1시 (1~2학년 수업종료) 오전 9시	돌봄교실 + 방과후 학교 학교 (정규 운영시간)	학원	학교 (정규 운영시간)		① (1단계) 1~4학년 시간표 유연화 (정규 하교시간 1~2시간 연장) ⇒ 놀이와 휴식이 있는 학교 생활 ⇒ 학교 내에서 최대의 교육적 성과 도달(상담, 추수지도 등) ⇒ 사교육 참여시간 구조적 축소 ⇒ 학생 수 급감에 대비, 신 수요 창출을 통해 학교근무자 일자리 유지 <저학년 하교시간 연장 운영(안)> ○ 교과 수업시간은 현행과 동일하게 유지 (학습량 동결, 놀이·활동 중심 운영) ○ 확보된 1~2시간은 학교 재량으로 운영 - 저학년일수록 더 여유있게 배우고 생활 ＊ 놀이 시간과 각종 활동 등 ○ 교원 업무는 현재수준 유지 - 교사 근무방식 근본적 개선, 저학년 교사에게 일과 중 여유시간 제공

범위 확대, 파격적인 출산장려금 지급 등 출산장려정책을 꺼내들고 있는 현실이다.

저출산위는 초등학교가 교육과 돌봄 기능을 함께 수행하는 것은 현대사회의 큰 흐름이고, 세계적으로도 초등학교 모든 학년이 오후 3시 이후에 동시 하교하는 것이 일반화되어 있다[5]고 말한다.

아이를 키워본 부모라면 아이가 어린이집, 유치원, 초등학교에 입학하는 변화의 시기에 생기는 복잡한 고민들을 이해할 것이다. 특히 초등학교 입학을 앞두고 맞벌이 부모, 워킹맘의 경우는 고민이 더욱 깊어진다. 초등학교의 하교시간이 오후 12시 40분~2시이기 때문이다. 늦은 시간까지 다양한 보육서비스를 받던 어린이집 시절을 생각하면 하교 이후에 해결해야 할 상당히 복잡한 문제들이 발생한다. 아이를 맡길 곳이 마땅치 않아 사실상 홀로 방치하거나, 소위 학원 뺑뺑이를 돌려야 한다. 이런 불안정한 환경 속에서 아이들의 안전 문제에 대한 부모들의 걱정도 이만저만이 아니다. 사교육비에 대한 부담도 만만치 않은데, 부모의 퇴근시간을 맞추려면 하교 후 2~3개의 사교육은 기본적으로 받아야 한다.

현재 초등교육 현장은 돌봄과 관련한 사회적 요구에 따른 돌봄시스템을 갖추고 있다. 돌봄시스템이란 크게 돌봄교실과 방과후학교를 의미한다. 돌봄교실과 방과후학교는 학교와 지역마다 편차가 있지만, 일반적으로 돌봄교실은 저학년(1~2학년) 대상 오후 돌봄 17시, 연장형 돌봄 19~20시까지 운영되며, 방과후학교도 학생이 원하는 프로그램을 수강하며 15~17시까지 운영되고 있다.

하지만, 학교가 돌봄시스템의 구조를 갖추는 것만큼 수요자의 요구를 양적, 질적으로 충족시키는지가 중요한 문제이다. 먼저 돌봄교실의 경우 초등 1, 2학년이 주로 이용하고 있다. 그런데 돌봄 강사와 프로그램의 질이 학교마다 천차만별이다. 돌봄 강사의 고용형태도 정규직과 비정규직, 시간제 일자리 등으로 편차가 크고, 이는 돌봄의 질 저하로 연결되고 있다. 돌봄교실 장소는 또 어떠한가? 교실이 부족한 학교에서는 별도의 돌봄교실을 마련하지 못해 방과후에 일반교실을 빌려 사용하기도 한다. 이마저도 돌봄교실 대상자로 선정되었을 때의 이야기다. 많은 학교에서 제한된 인원만 수용이 가능해 대상자 선정에서 탈락하게 되면 부모 입장에서는 어떻게 할 도리가 없다. 결국엔 휴직을 하거나 일을 그만두어야 한다. 한 연구결과에 따르면,[6] 지난 10년간 3세 이하 영유아와 4~6세 미취학 자녀가 어머니의 고용에 미치는 부정적 효과는 크게 감소한 반면, 초등학생 이상 취학 아동의 결과는 반대로 나타났다고 한다. 아이들이 입학하면 결국 일을 그만둘 수밖에 없다는 직장인 여성들의 고충과 현재의 시스템이 연관되어 있을 가능성이 높다는 것이다.

방과후학교 프로그램의 경우도 돌봄교실과 마찬가지로 희망하는 모든 학생을 물리적으로 수용할 수 있는 공간이 부족한 경우가 있고, 학생 수가 많은 학교는 추첨 혹은 선착순으로 일부학생만 수강이 가능하다. 특히 선호하는 방과후 강사일수록 수강생이 많아 강사료를 많이 받을 수 있는 큰 학교에서 일하고 싶어 하기 때문에 학교 규모가 작을수록 방과후학교 프로그램의 양과 질이 떨어질 가능성이 높다. 더불어 방과후학교 프로그램의 수강료 부담도 학부모 입장에서는 무시할 수가 없다.

이런 상황에서 학교의 정규교육은 다른 곳보다 비교적 안전한 공간에서 이루어지고 있고, 일정 수준 이상의 질을 담보하고 있다. 그래서 일하는 부모 입장에서는 아이를 믿고 맡길 수 있어 초등 정규 교육 내에서 돌봄에 대한 수요를 충족시켜주기를 원한다. 이에 저출산위는 '더 놀이학교'를 제안하였고, 이를 통해 국가적으로도 저출산 상황을 개선하고, 학부모의 사교육 부담을 낮추며, 아동의 낮은 행복도를 높일 수 있을 것이라 기대하고 있다.

2. 놀이를 통한 아동의 행복도 증가

'더 놀이학교'라는 이름에서 알 수 있듯이 하교시간 연장의 방안으로 '놀이'를 강조하고 있다. 이와 관련하여 저출산위는 국내 시도교육청의 놀이교육 확대 사례를 참고하였다. 초기 모델로 검토한 강원도교육청의 '놀이밥 공감학교'의 사례가 대표적이다. 놀이가 밥처럼 중요하다는 의미를 담은 '놀이밥' 프로그램은 2018년 강원도 내 40개 초등학교를 '놀이밥 공감학교'로 지정하여 시범적으로 실시하고 있다. 놀이시간을 제도적으로 보장해서 아이들의 신체적, 정서적 발달을 돕겠다는 원리이다. 아침, 점심, 방과후 등 다양한 놀이 시간을 학교에서 선택하도록 하고 있으며 이중 일부 학교에서는 엄마들이 학부모놀이지원단을 만들어서 놀이 연수를 받고, 자격증을 취득하여 전래놀이를 가르치기도 한다. 유사한 사례로 전라북도교육청의 '놀이밥 60+ 프로젝트', 충청북도교육청의 놀이시간 확대 정책 등이 있다. 해당 시도교육청의 놀이교육 확대 사례는 놀이를 통해 학생들의 행복 추구를 강조하고, 학생들에게 놀이 시간을 많이 부여할 것을 권고하고 있다. 이를 통해 아동의 정서 만족감과 낮은 행복도를 높이고자 한다.

이 정책을 바라볼 때 가장 먼저 고려해야 할 점은 초등학교 1~2학년, 더 나아가 3~4학년은 중·고등학교와 다르다는 것이다. OECD기준의 수업시수를 근거로 하더라도 중·고등학교에서 3~5시 하교가 가능한 것과 초등학교 1~4학년 학생이 학교에 늦게까지 머무르는 것과 같다고 생각하면 안된다. 중·고등학교 학생들은 독립적인 자율활동이 가능하기 때문에 안전에 크게 신경을 쓰지 않아도 되지만, 초등학교 저·중학년에게는 이런 것이 불가능하다. 결국 많은 것을 고민하지 않고, 무조건적인 시행을 한다면 안전을 이유로 교실에 감금시켜놓는 사실상 학대에 가까운 방치를 할 가능성이 존재한다. 결코 이런 상황을 학생과 학부모가 원하지는 않을 것이다. 이를 염두하면서 아래와 같은 조건을 구체적으로 생각해볼 수 있다.

첫째. '초등 3시 하교정책'은 현재의 초등학생들에게 해당되는 정책이 아니라, 2017년 출생아가 초등학교에 입학하는 2024년에 이뤄진다는 점이다. 2018년 현재 초등학교 1~2학년 학생 수는 각

각 약 47~49만명이지만, 2017년 출생아가 초등학교 1학년이 되었을 때의 학생 수는 약 35만명으로 학생 수가 30퍼센트 정도 줄어들게 된다. 그에 따른 교육 환경(학급당 학생 수, 유휴 교실 수, 교사의 수, 학교 통폐합)이나 교육적 요구(맞춤형 개별화 교육, 교육과 돌봄의 병행)도 지금과는 많이 달라질 것이다. 따라서 현재의 초등학교의 모습에서 이 제도를 바라보지 말고, 2024년의 시점에서 고민해보아야 한다. 무엇보다 해당 정책에 대한 폭넓은 의견수렴이 필요한데, 미래 당사자인 현재 영유아를 키우고 있는 부모들을 대상으로 설문조사를 실시하는 등 의견을 수렴하고 사회적 합의를 이뤄낼 필요가 있다.

둘째, 놀이를 통한 하교 시간 연장의 필수 조건은 바로 놀이 환경의 구축이다. 심화되는 기후변화로 인한 혹서기, 혹한기, 황사, 미세먼지로 야외활동이 어려운 시간이 늘어나고 있으므로 실내 환경이 아주 중요하다. 현재의 네모 모양의 반듯한 교실, 차갑고 딱딱한 바닥, 조금만 뛰어도 위험한 학교 내외의 시설에서 내실 있는 놀이교육이 이루어지기는 어렵다. 향후 여유 교실(예정 포함)을 활용하여 전국적으로 놀이 친화적인 환경으로 개선하는 작업이 중요하다. 국정과제 49-2 '온종일 돌봄체계 운영·구축 계획'에 따라 일부 교실 공간을 안전하고 편안한 전·겸용 돌봄교실로 활용하기 위한 혁신적 리모델링 사업에 국고도 지원될 계획이라고 한다. 현재 학교 내 돌봄교실 1~2실을 늘리거나 개선하는 부분과 연계하여 정확한 예산 계획을 세워 놀이 환경 구축을 준비해야 한다.

셋째, 교육자치를 넘어 학교자치를 향해가는 시대적 흐름 속에서 단위학교 구성원의 선택권을 충분히 보장해야 한다. 일련의 논의들은 일하는 부모와 방과후에 돌봄이 필요한 학생의 필요에서부터 출발하였다. 그러나 현재 시스템 안에서 정규교육을 마치고 학교에 더 남아 있지 않고, 이른 시간 하교 후 가정에서 자녀들을 돌보기 원하는 학부모의 요구 또한 무시해서는 안 될 것이다.

넷째, 젊은 세대가 결혼을 포기하고, 아이를 낳지 않는 이유는 과연 무엇일까? 여기에는 폭등하는 부동산 문제, 질 낮은 일자리 문제, 육아휴직 및 연차 사용이 보장되지 않는 직장 문화와 같은 사회적 문제가 근본적으로 자리 잡고 있다. '아빠,엄마 함께하는 더불어 돌봄-초등 2학년까지 최대 24개월 유연근무제[7] 도입' 같은 대통령 공약사항이 교육 정책과도 협업하고 조율되어 저출산을 개선할 수 있도록 사회구조 개혁이 함께 이루어져야만 한다.

3. 대안

첫째, 초등 1~2학년을 기준으로 연장되는 수업(주당 약 7차시)에 대한 '교과활동 선택제'를 생각해볼 수 있다. 현재 초등 1~2학년은 국어, 수학, 통합교과(바생,슬생,즐생), 창의적체험활동 등을 배우고 있다. 현재 교과별 시수를 유지하되, 연장되는 부분은 각 교과의 특성, 학생과 학부모의 희망, 학교 및 지역의 여건을 고려하여 선택적으로 운영해볼 수 있다. 예를 들어, 한글교육이 필요한 학생을 위한 한글 학습, 국어교과와 연계한 독서활동, 수학교과와 연관된 수학 놀이, 통합교과 관련 심화형 체험활동, 그 외 상담활동, 신체활동, 보충학습 등이 그 예이다. 현재 1~2학년 담임교사뿐 아니라 향후 확대 배치 예정인 사서교사, 상담교사와 연계 지도하는 방안도 생각해볼 수 있다. 전제되어야 할 것은 이미 초등 1~2학년 담임교사는 타학년 담임교사와 비슷하거나 많은 수업시수를 담당하고 있으므로 학교당 교과전담교사의 추가 배치, 교원행정업무 지원인력 배치, 창의적인 프로그램 운영을 위한 예산 지원 등의 행·재정적 지원이 함께 이루어져야 할 것이다.

둘째, 연장시간을 놀이교육, 예체능교육 등을 중점으로 실시할 경우, 외부의 다양한 지원인력과 연계하는 방안이다. 현재 시도교육청별로 진행되고 있는 놀이지원단의 확대, 예술강사 및 스포츠강사 등의 저학년 우선 배치, 각 지자체 특성에 맞는 마을 강사 활용, 각 기관의 교육기부 프로그램 연계, 우수 학부모의 강사 위촉 등으로 학교와 지역 특성에 맞는 프로그램을 초등 저학년 대상으로 집중 운영해볼 수 있다. 이를 위해서는 학교, 교육청, 지역사회가 함께 힘을 모아 뜻을 공유하고 협력체계를 갖추어 지원 시스템을 구축해야 한다. 지자체에는 학생들의 교육에 도움을 줄 수 있는 고급인력이 많음에도 불구하고 효과적으로 활용하기 어려운 구조를 개선해야 한다. 혁신교육지구 등에서 실시하는 돌봄교실과 방과후 학교를 지자체에서 주관하여 맡는 방안이 학교라는 장소 활용과 연계하여 정규교육 내에서 가능한 부분을 모색해볼 수 있다.

셋째, 점심시간과 쉬는시간을 늘리고 학생들의 휴식을 보장하는 안이다. 현재 초등학생의 일과 시간은 일반적으로 40분 수업, 10분 휴식, 40~50분의 점심시간으로 이루어진다. 학생들의 쉬는 시간이 10분으로는 충분하지 않다는 의견은 오래전부터 교육계 안팎에서 제기되어 왔다. 쉬는 시간과 점심시간을 늘리고, 일주일에 1회 정도 2차시의 특별프로그램을 운영한다면, 교육과정 개정 없이도 평균적으로 2시 30분~3시 사이에 하교가 가능할 수 있다. 다만 앞에서 밝혔듯이, 학생의 충분한 쉼이 보장되는 실내외 물리적 환경, 놀이환경이 확보되어야 한다. 또한, 단번에 3시 학교로 나아가는 것이 아니라 시범학교 운영을 통해 주 5회 2시 하교(현재는 주 3회는 점심식사 후 하교, 주 2회는 2시 하교임) 시행 후 보완할 점을 살펴보면서 단계적으로 나아가는 방향으로 이루어져야 한다.

4. 나가며

저출산 문제의 심각성, 그리고 그것을 해결하기 위해서는 정부의 모든 부처, 기관, 국민들이 힘을 모아야 한다. 그 연장선상에서 초등교육 영역에서도 사회적 책임을 가지고 동참해야 한다. 현재 사교육에 의존하여 학원 뺑뺑이를 돌리고 있는 사실을 교육계는 외면하기 어렵다. 그리고 사회의 변화에 발맞추어 교육계가 먼저 변화하여야 한다. 이런 변화를 주체적으로 주도하지 않는다면 외부의 개혁·개방 요구로부터 자유로울 수 없을 것이다. 다만, 무조건적인 수용이 아니라 제도적인 변화에 대한 가능성을 중앙정부에서 먼저 보여주어야 한다. 특별법과 같은 형태로 인구감소대비 차원의 법적·제도적 장치가 구축되고, 그 일환으로 이 정책이 추진될 때 교육계는 받아들일 준비를 할 수 있을 것이다.

그동안 교육부와 중앙정부에서 했던 인센티브(승진가산점, 예산 투입, 연구시범학교)의 방식에서 벗어나 제도적인 뒷받침을 미리 한 뒤 의지를 보여주고 교육계에 손을 내밀어야 한다. 사업으로 던지는 방식은 지양해야 한다. 일반자치-교육자치에 자율권을 주고, 허용적인 범위 내에서 주도권을 지역사회에 주는 모델도 필요하다. 획일적으로 정책을 추진하던 산업화시대는 지났다.

교육부와 시도교육청, 학교 내 교육전문가들의 목소리, 다양한 상황에 처해 있는 교육수요자인 학부모에 대한 폭넓은 의견 수렴도 이루어져야 한다. 무엇보다 초등 저학년 학생의 입장에서 어떤 정책 방향이 아이들의 행복, 안전, 성장에 도움을 줄 수 있을지 숙고해야 한다. 지금까지 많은 교육정책들이 현장에서 빛을 보지 못한 것은 예산과 인력 등에 대한 체계적인 준비나 고민 없이 임기응변식으로 투입된 것과 무관치 않음을 기억할 필요가 있다.

주

1 실천교육교사모임이 2018년 8월 21일~25일 전국 17개 시도 초등학생을 대상으로 '하교시간 연장'에 대해 실시한 설문조사(학급밴드, 클래스팅, 단체 카카오톡방 등 SNS활용) 중 '어른들에게 하고 싶은 말'에 대한 초등 1학년 학생의 서술응답.

2 정부가 주도하는 저출산과 고령화 문제와 관련된 정책의 컨트롤타워이다. 2005년 9월, 참여정부 시절 낮은 출산율과 급속한 고령화 사회에 대비하기 위해 대통령 직속으로 발족하였다. 현재 대통령을 위원장으로, 7개 부처의 장관 및 민간위원 17인으로 구성된 제6기 위원회를 운영 중이다.

3 저출산고령사회위원회 공식블로그(https://blog.naver.com/futurehope2017/221257418146).

4 저출산고령사회위원회 주관 포럼 '초등교육의 변화 필요성과 쟁점' 자료집(저출산위 발제문).

5 권중혁(2018.8.29.). 국민일보. 정재훈 서울여대 교수 발언. '초등 저학년 오후 3시 하교' 추진에 "업무 많다" 반발하는 교사들 기사 중.

6 김정남(2018.10.2.). 이데일리. 김대일 교수 논문 결과. 자녀 학교 때문에 일 그만두는 여성 부쩍 늘었다 기사 중.

7 8세 또는 초등 2학년까지 최대 24개월 범위 안에서 임금 삭감 없이 오전 10시부터 오후 4시까지 유연 근무.

진정한 아동학대 예방을 위해

장지혜(수원 영화초 교사)

1. 학생 지도가 두려운 교사

　모든 대한민국 교사들의 공분을 일으킨 사건이 있었다. '아동학대'에 대한 경각심을 깨운 대구 휴게소 사건이다.

　2017년 5월 대구의 모 초등학교는 독립기념관으로 현장체험학습을 갔다. 휴게소를 10여 분 앞둔 지점에서 학생이 복통을 호소했다. 기사는 도로에 정차할 공간이 없다고 했다. 결국 교사는 달리는 버스 안에서 비닐봉지에 용변을 보게 했다. 학생은 수치심에 현장체험학습장에 가지 않겠다고 했다. 이후 교사는 학생 부모에게 연락했고, 학생을 가까운 고속도로 휴게소에 내려주면 데리러 가겠다는 말을 들었다. 이미 학생을 태우고 휴게소에서 30~40m가량 출발했지만 부모와 통화 후 차를 멈춰 휴게소에 내리게 했다. 해당 학생은 부모가 도착할 때까지 1시간가량 혼자 휴게소에 있었고 학부모가 이를 문제 삼자 학교 측이 아동학대 관련 기관에 신고했다. 결국 교사는 아동복지법 위반(아동유기·방임) 혐의로 1심에서 벌금 800만 원을 선고받았다. 아동복지법에 따르면 '아동학대 관련 범죄로 형 또는 치료감호를 선고 받아 확정된 사람은 10년 동안 아동관련기관에 취업할 수 없다.' 이 교사는 향후 10년간 학교와 유치원은 물론 아이들이 다니는 학원과 교습소에서 일하는 것이 불가능하다.[1]

당시 교사들은 본인 일처럼 판결의 부당함을 토로했다. 전교조와 교총 등 교원단체에서는 판결을 비판하는 성명을 냈으며 교사들이 올린 국민청원이 청와대 게시판에 빗발쳤다. 학생을 가르칠 자격이 없는 몰상식하고 부도덕한 교사가 '아동학대'로 처벌받는 것은 교사들도 당연히 동의한다. 판결에 수긍하기 어렵다고 한 목소리를 내는 건 그 교사가 다수의 평범한 교사와 다를 바 없다고 생각하기 때문이다. 비슷한 상황에 처했을 때 내가 그 초등학교 교사보다 더 잘 대처할 수 있었을까 하는 질문에 그렇다고 대답할 수 있는 교사는 많지 않다.

학교 현장에서 교사들이 학생을 훈육하는 과정에서 '아동학대'로 몰리는 일이 빈발하고 있다. 서울 한 초등학교 학예회 연습시간에 지도교사는 줄을 제대로 맞추지 않는 학생의 소매 등을 흔들며 "줄 좀 똑바로 서라. 네가 구멍"이라고 질책한 일로 지난 1월 교단을 떠났다. 폭행 혐의로 기소돼 50만 원 벌금형을 받았기 때문이다. 교사가 자신을 성추행한 학생의 뺨을 때렸는데 아동학대로 몰린 경우도 있다. 기사에 의하면, 한 학생이 여러 번에 걸쳐 특정 신체 부위를 교사에게 밀착시키며 성추행을 했다고 한다. 당황한 교사가 학생의 뺨을 때리면서 훈계하자 학생도 잘못을 인정했다. 그러나 이 사실을 전해 들은 학생 부모는 '교사가 뺨을 때린 행위는 중대한 학생 인권침해이자 아동학대'라며 변호사를 선임해 교사를 형사 고소했다. 학부모 측은 "우리 아들은 (아직 어려서) 처벌돼도 전과에 남지 않지만, 교사는 아동학대법에 걸리면 교직을 떠나야 한다."고 협박했다. 그러면서 교내방송으로 공개사과하고 다른 학교로 떠날 것을 요구했다. 교사는 결국 선고유예 판결로 옷을 벗지는 않았지만 죄인처럼 다른 학교로 옮겨야 했다. 주변 교사들은 "학생들을 더는 지도할 수 없을 정도로 교사가 충격을 받았다."고 전했다.[2]

이미 교사들 사이에선 학생들 훈육·생활지도를 포기하는 분위기가 팽배해 있다. 학생과 갈등상황에 놓이기 쉬운 학생생활지도부장은 기피업무가 된지 오래이다. 한국교총이 전국의 유·초·중·고 교사를 대상으로 실시한 설문 조사에서 응답자의 98.6퍼센트가 과거보다 학생 생활지도가 어려워졌다고 답했다.[3] 교사의 정당한 교육적 지도도 잘못하면 아동학대로 몰릴 수도 있다는 두려움 때문이다. 학생을 열심히 지도하려 해도 돌아오는 것이 법적책임이라면 교사들은 교육을 포기하고 멀찌감치 서서 학생을 보게 될 수밖에 없다.

2. 아동학대란 무엇인가?

상황이 이렇다 보니 교사들 사이에서는 아동학대에 대한 온갖 오해와 소문이 난무한다. 도대체 아동학대가 정확히 무엇이며 구체적인 내용은 어떻게 되는지 알아보자. 보통 아동학대 하면 가정에서 일어나는 경우를 많이 떠올린다. 실제로 아동학대의 대부분은 가정에서 일어나며[4] 아동학대 관련 자료나 연구들은 대개 가정 내 아동학대에 대해 말한다. 하지만 이 글에서 다룰 아동학대는 '학교'에서 일어나는 아동학대에 초점을 맞추고자 한다. 최근 아동학대 관련법에 가장 민감한 사람들은 교사들이다.

아동복지법 제3조 7항에 의한 아동학대의 정의는 다음과 같다. 아동학대란, 보호자[5]를 포함한 성인이 아동의 건강 또는 복지를 해치거나 정상적 발달을 저해할 수 있는 신체적·정신적·성적 폭력이나 가혹행위를 하는 것과 아동의 보호자가 아동을 유기하거나 방임하는 것을 말한다. 보통 아동에게 신체적 고통을 가하는 경우만 생각하지만 이는 학대의 네 가지 유형에서 한부분만을 가리키는 좁은 의미의 정의에 불과하다. 법에서 제시하는 아동학대는 일반 사람들이 흔히 생각하는 것보다 범위가 넓고 포괄적이다. 아동학대 유형 중 가장 대표적인 신체적 학대[6]는 직접적으로 신체를 가해하는 행위(손, 발 등으로 때림, 꼬집고 조름 등), 도구를 사용하여 신체를 가해하는 행위(도구로 때림, 뾰족한 도구로 찌름 등), 완력을 사용하여 신체를 위협하는 행위(강하게 흔듦, 신체부위를 묶음 등) 등을 말한다. 둘째, 정신적 학대[7]는 원망적/거부적/적대적 또는 경멸적인 언어폭력, 형제나 친구 등과 비교/차별/편애하는 행위 등이다. 셋째, 성적 학대[8]는 자신의 성적 만족을 위해 아동을 관찰하거나 아동에게 성적인 노출을 하는 행위, 아동을 성적으로 추행하는 행위 등이며 마지막으로 유기나 방임[9]은 기본적인 의식주를 제공하지 않는 행위, 아동에게 필요한 의료적 처치를 하지 않는 행위, 아동을 보호하지 않고 버리는 행위 등을 말한다.[10]

본래 아동학대 관련법은 부모에 의한 아동학대를 막기 위해서 등장했다. 우리나라에서 아동학대에 대한 국민적 관심을 갖기 시작한 것은 1998년의 '서영훈·서보람'사건[11]부터이며, 이를 기점으로 아동보호에 대한 법적인 개입의 필요성이 요구되었다. 이에 1998년 7월에 시행된 '가정폭력범죄의 처벌 등에 관한 특례법(가정폭력처벌법)'에서는 가정폭력에 대한 사회와 국가의 법적개입을 제도화하였고, 2000년 7월의 개정아동복지법에서는 아동학대에 대한 정의와 금지유형을 명확히 규정함과 동시에 아동학대에 대한 신고를 의무화하였다. 그리고 2012년 8월의 개정아동복지법에서는 아동보호전문기관의 친권상실 선고 청구제도 마련, 신고의무자군 확대, 아동학대예방 홍보 강화 등의 내용이 도입되었다. 하지만 학대아동에 대한 다양한 제도적 장치가 마련되었음에도 불구하고, 우리사회는 아동학대 문제에 대한 심각성과 이에 대한 사회 전반적인 인식은 여전히 미흡한 실정이었고, 아동학대 행위 또한 줄어들지 못한 상태에 있었다. 이러한 가운데 2013년 8월의 '칠곡계모

사건'과 10월의 '울산계모사건'이 매스컴의 집중적인 조명을 받게 되면서 아동에 대한 강력한 보호조치의 필요성이 제기되었다.[12] 이에 2013년 12월 31일 국회는 「아동학대범죄의 처벌 등에 관한 특례법(이하 '아동학대처벌법'이라 함)」의 제정 및 「아동복지법」의 개정안을 의결하였다. 위 법률들은 2014년 9월 29일부터 시행되었다.[13]

개정된 아동복지법 제3조 7항에서는 '아동학대'를 법적으로 정의해 법적 구속력을 발휘한다. 같이 제정된 아동학대처벌법은 '아동학대범죄의 처벌 및 그 절차에 관한 특례와 피해아동에 대한 보호절차 및 아동학대행위자에 대한 보호처분'에 관한 것으로 아동복지법에는 '아동학대 관련 범죄전력자가 아동관련기관에 취업하는 것을 제한하는 등 아동학대의 예방 및 피해자 지원'에 관한 내용이 추가되었다. 지금과 같은 내용의 법이 완성된 지 불과 5년 정도 밖에 안 된 것이다. 최근 학교 내 아동학대에 관한 기사가 많이 등장하는 것도 이 때문이다.

아동학대에 관한 법률은 교사와 학부모가 아동의 복지를 위해 서로를 견제하는 긍정적인 역할을 했다. 교사들은 강력해진 아동학대처벌법에 의해 아동학대 신고의무자[14]로 지정되어 학부모에 의한 아동학대를 신고할 의무가 생겼다. 아동학대 신고의무자는 정당한 사유 없이 신고의 의무를 지키지 않으면 최대 500만 원의 과태료를 물게 된다. 이전에는 미심쩍더라도 가정에서 일어나는 일상적인 훈육으로 넘어가야 했던 걸 신고해야 할 근거가 생긴 것이다. 이는 쉬쉬되어 드러나지 않았던 가정 내 아동학대를 수면 밖으로 끌어냈다. 보건복지부와 교육부, 법무부 등으로 구성된 범부처 아동학대대책협의회는 2016년 아동학대 관련 신고가 전년 대비 54.4퍼센트 증가한 2만 9,669건 접수됐다고 밝혔으며 최근 4년 간 연평균 30퍼센트 이상 증가했다고 발표했다.

또 개정된 아동복지법은 학생인권조례와 맞물려 학교에서 공공연히 이뤄지던 체벌을 법적으로 금지시켰다. 과거에는 교사에 의한 학생 체벌을 당연시했고 그 중에는 '사랑의 매' 수준을 넘어 '폭력'에 준하는 과잉 체벌을 하는 교사들이 존재했던 것도 사실이다. 일부 교사들은 개인적인 감정을 실어 학생을 때리기도 했다. 대개 회초리 등 도구를 사용했지만 손, 발을 사용한 체벌도 심심찮게 일어났다. 아동학대 관련법은 교사에게 체벌에 대한 경각심을 심어 주었으며 교사로 적합하지 않은 이들을 몰아냈다. 2018년에도 공립 고등학교 교사가 반 아이들이 보는 교실 앞에서 차례로 학생 2명의 얼굴과 옆구리 등을 주먹과 발로 각각 3차례, 5차례 폭행해 교사가 공개적으로 사과한 일이 있었다.[15] 지금은 기사에 실릴 정도로 드문 일이지만 아동학대 관련법이 없었더라면 이런 일이 만연했을 것이다. 이제 학교에서 교사에 의한 폭력은 용납되지 않는다. 교사들은 신체적 체벌은 물론이고 정서적 학대도 의식해 말 한 마디도 조심해야 한다는 인식을 가지고 있다.

하지만 좋은 취지로 만든 법임에도 불구하고 부작용이 드러나기 시작했다. 의도치 않게 아동학대로 몰리는 교사들이 생긴 것이다. 2018년 아동학대 의심을 받던 김포의 30대 보육교사가 스스로 목숨을 끊은 사건이 대표적이다. 당시 한 시민이 "보육교사가 축제장에서 원생을 밀쳤다."며 학대 의심신고를 했고 이후 인터넷 맘 카페에서는 교사가 아동학대를 했다는 내용의 글이 올라왔다. 일부누리꾼이 교사의 실명과 사진까지 공개하면서 교사를 가해자로 단정 짓고 비난하는 댓글이 이어지자 교사가 자살이라는 극단적인선택을 한 것이다. 심지어 사건은 여기서 끝나지 않았다. 이후 김포 어린이집 보육교사 사망 사건과 관련해 학대를 당한 것으로 의심받은 아동의 어머니가 어린이집 원장과 부원장을 검찰에 고소했다. 아동의 어머니는 고소장을 통해 "어린이집 원장이 아동학대 신고 의무를 제대로 이행하지 않았고 부원장은 아이의 신상정보를유출했다."고 주장한 것으로 알려졌다. 그러면서 원장에 대해서는아동학대범죄의 처벌 등에 관한 특례법 위반 혐의로, 부원장에 대해서는 개인정보보호법 위반 혐의로 처벌해 달라고 요구했다.[16] 좋은 의도로 도입된 법이 어디까지 악용될 수 있는지 보여주는 극단적인 사례이다.

3. 아동학대 관련법의 취지를 살리려면?

아동학대 관련법 자체가 악법은 아니지만 지금까지 일어난 사회적 현상들을 봤을 때 미비한 점이 있는 건 분명하다. 우리나라에서아동학대가 왜 논란이 되는지, 법의 어떤 부분에 문제가 있어서 개선이 필요한지, 아동학대 예방이라는 법의 취지를 진정으로 살리고 부작용을 최소화하기 위한 방안에는 무엇이 있을지 고민해야할 시점이다.

첫째, 아동학대 관련법에는 위헌성의 소지가 있으며 법 적용의 기준이 명확하지 않다. 현행 아동복지법은 아동학대 관련 범죄의 유형이나 경중, 재범위험성 등에 대한 고려 없이 형만 확정 받아도 획일적으로 10년간 취업을 제한한다.[17] 이는 범죄와 제재 간의 비례원칙과 과잉금지원칙에 반하는 위헌성을 근본적으로 안고 있다. 단돈 5만 원만 선고받아도 교직을 떠나야 한다는 소리이다. 교사들은 '교사가 봉'이라는 자조적인 농담을 주고받으며 언제 잘릴지 모른다는 불안감에 시달린다. 다행히 이 문제는 아동복지법 개정안이 국회에서 통과하며 바로잡히고 있다.

2018년 6월, 헌법재판소는 아동학대관련 범죄로 유죄판결을 받은 교사에 대해 10년 동안 아동관련기관인 체육시설이나 학교를 운영하거나 취업 또는 노무를 제공하지 못하도록 한 아동복지법 제29조의3(아동관련기관의 취업제한 등) 제1항이 헌법이 정한 직업선택의 자유를 침해한다고 재판관 전원 일치의 의견으로 결정했으며 같은 해 11월 23일, 아동복지법 개정안이 국회 본회의를 통과했다.

이번에 개정된 내용은 취업제한의 기한을 10년을 상한으로 하고, 재범의 위험성이 현저히 낮은 경우나 그밖에 취업을 제한해서는 안 되는 특별한 사정이 있다고 판단하는 경우에는 취업제한을 하지 않도록 하는 조항도 마련했다. 이밖에도 법 개정 이전에 아동복지법 위반으로 확정판결을 받아 10년 취업제한을 일률적으로 적용받던 사람들에 대해 형의 경중에 따라 차등하여 새로운 취업제한기간을 적용토록 하는 부칙을 마련했다. 이에 대해서도 부당하거나 취업제한을 해서는 안 되는 특별한 사정이 있을 경우 취업제한 기간의 변경이나 면제를 신청할 수 있도록 법원에 불복할 수 있는 절차도 규정했다.[18]

부칙 제3조(종전의 규정에 따라 아동학대 관련범죄를 범하고 확정판결을 받은 사람의 취업제한기간 등에 관한 특례)

1. 3년 초과의 징역 또는 금고형이나 치료감호를 선고받아 확정된 사람: 5년
2. 3년 이하의 징역 또는 금고형이나 치료감호를 선고받아 확정된 사람: 3년
3. 벌금형을 선고받아 확정된 사람: 1년

하지만 여전히 법 적용의 기준이 명확하지 않다는 문제는 해결되지 않고 있다. 이는 우리나라가 현재 아동복지법 개정과 아동학대 처벌 조항이 생긴 지 채 10년도 안된 과도기이기 때문에 나타나는 문제이기도 하다. 특정 행위가 아동학대인지 명확히 알 수 없으니 교사들은 혼란스러워하고 내가 하는 행위가 아동학대일까봐 불안해한다. 예를 들어, 수업을 방해하는 학생을 교실 뒤편에서 타임아웃 시키는 것은 아동학대인가? 실제로 경기도 학생인권옹호관

에게 문의한 결과, 학생을 잠깐 세우는 것은 괜찮으나 너무 길어져서 학생에게 고통을 주어서는 안 되고 그 과정에서 학생이 위협감을 느끼지 않아야 한다고 했다. 또한 학급규칙으로 타임아웃이 있는 건 문제가 될 수 있다고 대답했다. 하지만, 타임아웃은 우리나라보다 아동학대에 더 민감한 미국 공교육에서 일반적으로 쓰이는 생활지도법[19]이다. 아마 옹호관도 자신을 보호하기 위해 문제되지 않도록 소극적으로 답했을 것이다. 하지만 이 속에서 교사는 움츠러들 수밖에 없고 할 수 있는 것이 없단 생각에 무기력해진다. 이에 청와대 국민청원 게시판에는 '교권을 확립하고, 학생지도 매뉴얼을 만들어주세요'라는 제목의 글이 올라오기도 했다. 청원에서는 학생인권 매뉴얼에서 가능한 지도 방법은 친절한 말로 타이르는 것뿐이며 하지만 이것도 학부모가 자기 아이가 아동학대 당했다고 고소하면 교사가 잘못한 것으로 되는 세상이라며 실질적으로 운영할 수 있는 학생지도에 대한 제도와 매뉴얼을 요구한다. 사실 학생지도 방법에 관한 사항은 학교장재량의 영역[20]으로 필요하면 학교에서 규칙을 제정할 수 있다. 하지만 교사들이 실질적인 방안을 제안해도 관리자가 위험하다고 거부하면 소용이 없다. 교육청이나 교육부 등 더 큰 단위에서 실질적인 매뉴얼을 제시하면 학교도 움직일 근거가 생기니 그런 청원이 올라온 것이다.

둘째, 현재 학교교육환경이 아동복지를 뒷받침하지 못하며 오히려 아동학대를 방조하고 있다는 것이다. 우리나라에서는 교사가 아동학대 관련법을 준수하는 것이 거의 불가능하다. 한 기자가 보육교사 한 시간 체험에 아동학대를 두 번 저질렀다는 웃지 못 할 기사도 있다. 기자는 담장을 넘어 탈주(?)하는 아이를 붙잡는 동안 다른 아이들을 방치해 방임 및 유기로 '아동학대' 딱지를 받았으며 매트 아래로 기어들어가 노는 아이를 잡아 끌어 꺼내고 무섭게 주의를 줬다는 이유로 정신적, 신체적 학대로 '아동학대' 딱지를 또 받았다고 한다.[21] 아동학대는 교사 혼자서 한 교실에 20~30명 정도 되는 아이들을 책임져야 하는 구조 속에서 의도치 않게 일어날 수 있다. 교실 속에는 교사의 특별한 지도가 필요한 아동들이 존재한다. 반 전체를 데리고 수업을 하면서 이들을 같이 지도하는 과정에서 엄격한 의미의 아동학대는 불가피하다. 교사에게 욕설을 하거나 정당한 지시에 불이행하는 등 교권을 침해하는 학생이나 분노조절을 못해 책상을 엎고 친구와 싸우는 학생도 교실 밖으로 분리시킬 수 없으며 교사가 교실에서 '책임'지고 데리고 있어야 한다. 학생을 교실 밖으로 혼자 보내는 순간 유기·방임 및 학습권침해에 해당되며 교사가 따라가서 상담을 하더라도 교실에 있는 다른 아이들을 유기·방임한 셈이 되기 때문이다. 그래서 교사는 어쩔 수 없이 교실에서 이들을 지도할 수밖에 없는데 그 과정에서 소리가 커지게 되면 이는 정신적 학대가 될 수 있다.

우리나라 교육은 한 명의 교사에게 반 아이들 모두에 대한 교과지도, 생활지도의 모든 책임을 지운다. 이를 온전히 감당하는 것은 현실적으로 불가능하니 교사들은 번아웃 상태에 빠져 포기하거나 감정적으로 대응하게 되기 쉽다. 학교에서 아동학대가 일어나지 않게 하려면 학생 지도의 책임을 같이 수행하는 인력과 그에 따른 제도가 뒷받침 되어야 한다. 오래 전부터 학생 체벌이 금지된 미국에서는 이미 여러 인력이 학생지도를 함께 하고 있다. 학교 붕괴 상황을 우려했기 때문이다. 학생 생활지도를 위해 2팀이 투입되는데 평상시에는 회복적생활교육팀이, 특별상황에는 행동개입팀이 활동한다. 여기에 학교에 상주하는 스쿨 폴리스도 있다. 학생이 액팅 아웃acting out을 할 때는 담임교사 외에 다른 성인이 투입돼 학생을 안정시키고 관리자가 부모에게 연락해 아이를 데리고 갈 건지 묻는다. 담임교사는 액팅 아웃하는 학생으로부터 반 아이들을 보호한다. 또 교사의 지시에 불응하거나 말썽을 부린 학생들은 생활지도주임이 관할하는 디텐션룸Detention Room에 보내져 딘Dean이라고 불리는 생활지도주임과 상담한다. 학생은 딘이 주는 과제는 무조건 이행해야 하는 벌을 받는다. 때론 교장실에서 교장선생님과 면담을 하기도 한다.[22]

현재 우리나라는 교실에서 문제가 발생할 시 도움을 요청할 사람이 없는 건 물론이고 상담실조차 없는 학교가 수두룩하다.[23] 미국과 같은 많은 인력이 투입되는 것이 이상적이지만 현실적으로 어렵다면 우리나라에도 최소한 상담실은 설치하고 그곳에 상주하는 담당자를 배치해야 한다. 또 필요하다면 수업시간에도 학생이 그곳에 갈 수 있어야 한다.

상담이나 생활지도에 관한 부분을 따로 전담하는 교사 외에 교실에 인력을 추가 배치하는 방안도 고려할 만하다. 성장배려학년[24]

이나 지원이 필요한 위기학급에는 1교실 2교사제를 실시하는 것이다. 이렇게 하면 공교육의 내실화를 도모할 수도 있으며 아동학대가 벌어질 수 있는 극단적인 상황을 피할 수 있다. 한 명의 담임이 30명의 서로 다른 속도와 개성을 가진 모든 학생을 책임지게 하는 것은 비현실적이다. 낙오되는 아이들이 생길 수밖에 없다. 출생률 감소로 학령인구가 줄고 그에 따라 티오감[25]으로 생기는 유휴 교사들을 어떻게 할 것인지 문제가 되고 있다. 하지만 이들을 활용하면 오히려 공교육을 바로 세우는 기회가 될 수 있다. 학습부진으로 수업을 따라오지 못하는 학생을 도와주고 심리·정서적 부적응 학생의 수업을 지원하는 역할을 맡기는 것이다. 그 때, 단 한명의 아이도 포기하지 않는 진정한 책임 교육이 실현될 수 있다.

셋째, 아동학대에 대한 책임이 학교와 교사에게 편중되어 있다. 법적으로 같은 보호자이지만 교사와 학부모가 지는 책임이 다르다. 교사는 아동학대 및 지도에 대해 거의 무한한 책임을 지고 엄격한 기준을 적용받는다. 하지만 학부모는 별다른 책임 없이 최소한의 의무를 수행하며 교사에 비해 느슨한 기준을 적용받는다.

교사가 6학년일지라도 학생을 홀로 방치한 것은 법적으로 분명 아동학대이다. 선진국에서는 이미 일정 연령 이하의 어린이를 잠깐이라 할지라도 성인의 관리나 감독 없이 혼자 둔다면 이를 아동학대로 규정하고 처벌하고 있었다. 대구 초등교사에게 내려진 판결도 이와 맥락을 같이한다. 하지만 외국은 이 기준을 교사뿐 아니라 같은 법적 보호자인 '부모'에게도 똑같이 적용한다. 2017년 괌으로 여행을 가서 자녀를 차에 두고 45분간 쇼핑한 한인 부부가 경찰에 체포돼 벌금형을 받은 적이 있다.[26] 우리나라에서는 아무도 아동학대라고 인식하지 않기 때문에 평소에 하던 대로 행동했지만 이는 유기 및 방임에 따른 아동학대로 범죄였다. 하지만 우리나라에서는 부모가 아동을 몇 시간 방치했다고 처벌당한 적이 없다. 대구 휴게소 사건에서 교사가 유기 및 방임이라는 아동학대를 저질렀다면 부모에게는 아동학대의 책임이 없는가. 부모는 자녀가 장염인 것을 사전에 인지했다고 한다. 그런데 장시간 버스에 타는 현장체험학습을 보내고 휴게소에서 내리게 해달라고 요청한 것에 대한 책임은 아무도 묻지 않는다.

아동학대 관련법이 가정과 학교에서 긍정적 역할을 할 수 있었던 것은 상호견제가 가능하기 때문이었다. 하지만 아동학대 관련 재판 결과들을 보면 법이 교사에게만 엄격하게 작동하고 있는 것을 볼 수 있다. 교사만 아동 복지의 의무가 있으며 책임을 지는 것처럼 보인다. 한쪽에만 책임을 묻는 지금과 같은 힘의 불균형 속에서는 아동학대가 계속 일어날 수밖에 없으며 공교육은 무기력함에 휩싸여 제 기능을 하지 못한다.

아동학대를 막으려면 부모와 함께 가야 한다. 아동학대 가해자의 80퍼센트는 부모이다. 이들이 학교와 함께 아동 복지의 의무를 다하는 데 법의 초점이 맞추어져야 아동학대를 실질적으로 예방할 수 있다. 학부모에게도 책임을 지우고 부모의 역할을 다하게 하는 제도가 필요하다. 우리나라는 학교나 교사가 학생에 대해 학부모 상담을 요구해도 부모가 무시하는 경우가 있다. 학교생활에서 학생의 심각한 문제점이 발견돼 가정의 지도가 필요하지만 상담을 거부하면 대처할 수 있는 방안이 없다. 반면 미국은 학부모가 학교의 질문과 소환에 성실히 응해야 하고, 불응하면 경찰 고발도 가능하다고 한다. '학부모 소환제'가 보편화된 미국은 학교가 무단결석, 지각이 잦은 학생의 부모·보호자에게 개선을 요구하고, 개선되지 않으면 학교 청문회로 소환할 수 있다. 이를 무시한 학생, 부모는 청소년법정에 소환된다. 미국 캘리포니아 주의 경우 지역 교육청에 출석 업무를 담당하는 감독관과 변호사, 공무원이 있고, 미출석 횟수에 따라 학부모가 벌금을 물기도 한다.[27] 이외에도 정신적인 문제로 상담과 약물치료가 권장되는 학생은 학부모가 의무적으로 병원에서 진료를 받게 하는 등 학부모로서 책임을 다하게 하는 방안도 고려할 만하다. 교사가 학생의 교육과 복지를 위해 교사로서 해야 할 책임과 의무가 있듯이 부모가 자녀를 위해 기본적으로 해야 할 책임과 의무가 있다. 그 책임을 다하게 하는 것이야말로 진정으로 아동의 권리를 지킬 수 있는 길이다. 학교는 부모가 할 일을 대신 해주는 곳이 아니다.

4. 아동학대 예방을 넘어 아동복지로

지금 교사들은 그들에게 주어진 법률적 책임들로 손발이 묶인 채 수업을 하는 것 같다고, 할 수 있는 게 없다고 탄식한다. 교육청에 문의해 아동학대법에 위반되지 않으면서도 생활지도를 할 수 있는 대안에 대해 알려달라고 하면 '회복적 생활교육'을 하라는 의미 없는 답이 돌아온다. 관리자에게 고충을 얘기해도 '그러니까 학생들을 잘 구슬려야 한다, 학부모에게 평소에 잘해두면 아동학대에 걸리지 않는다.'는 식이다. 물론 일리가 있는 말이긴 하지만 이는 결국 교사하기 나름이며 문제가 발생했을 경우 교사가 잘못한 것이라는 의미를 내포하고 있다. 이 말을 들은 교사는 자책하게 되고 속으로만 앓는다. 결국 문제는 아무것도 해결되지 않고 각자도생한다. 우리나라 교사만 책임감이 없고 무능한 건 아닐 것이다. 다들 회의감을 느끼는 현실 속에서 교사 개인에게만 탓을 돌려서는 안 된다. 현재 우리나라는 아동학대 관련 법 자체는 선진화되었지만 아직 아동학대에 대한 공통된 사회적 인식이 정립되지 않고 법 시행을 위한 제도적 뒷받침은 미흡한 과도기 상태이다. 먼저 높은 수준의 아동복지를 시행한 국가들의 제도가 어떠한지 살펴봐야 한다. 그리고 이를 우리나라 실정에 맞게 도입해야 한다. 그렇게 할 때 아동학대 예방을 넘어 아동복지로 나아갈 수 있을 것이다.

관념이나 제도가 '자연스럽다'고 생각할 때는 고통의 책임을 아무에게도 묻지 못하거나 고통을 겪은 당사자에게 묻게 된다. 그러나 정치적인 관점에서 보자면 우리가 아니라 관념이 문제일지도 모른다고 상상하게 된다.

-알랭 드 보통, 『불안』-

주

1 2018년 11월 8일, 대구지법 형사항소1부는 항소심에서 벌금 300만 원을 선고하고 해당 선고를 유예한다고 밝혔다. 선고유예는 경미한 범죄에 대해 일정한 기간 선고를 연기해 형의 선고를 면하는 제도를 말한다. 2년이 지나면 형의 효력이 사라져 전과 기록이 남는 집행유예와는 다르다.

2 김형원(2017.12.11.). 조선일보. 교사가 자기 성추행 학생 뺨 때려도 아동학대?

3 2017년 10월 한국교총이 전국의 유·초·중·고 교사 등 1,196명을 대상으로 실시했다.

4 2016년 아동학대 신고를 살펴보면 학대 가해자는 1만 8,573건(80.7%)로 부모에 의한 학대가 가장 많았다. 그다음으로는 어린이집·유치원·초등학교 교직원 등 대리양육자에 의한 학대 2105건(11.3%), 친인척이 가해자인 학대 790건(4.3%)순이었다.

5 "보호자"란 친권자, 후견인, 아동을 보호·양육·교육하거나 그러한 의무가 있는 자 또는 업무·고용 등의 관계로 사실상 아동을 보호·감독하는 자를 말한다(아동복지법 제3조 제3항).

6 아동의 신체에 손상을 주거나 신체의 건강 및 발달을 해치는 신체적 학대행위(아동복지법 제17조 제3항).

7 아동의 정신건강 및 발달에 해를 끼치는 정서적 학대행위(아동복지법 제17조 제5항).

8 아동에게 음란한 행위를 시키거나 이를 매개하는 행위 또는 아동에게 성적 수치심을 주는 성희롱 등의 성적 학대행위(아동복지법 제17조 제2항).

9 자신의 보호·감독을 받는 아동을 유기하거나 의식주를 포함한 기본적 보호·양육·치료 및 교육을 소홀히 하는 방임행위(아동복지법 제17조 제6항).

10 중앙아동보호전문기관. (http://www.korea1391.org).

11 이는 계모와 친부가 남매를 학대하여 누나는 앞마당에 매장되고 동생은 죽기 직전에 발견된 사건이다.

12 '칠곡계모사건'은 계모가 의붓딸을 마구잡이로 폭행으로 숨지게 한 혐의로 계모와 친아버지가 구속 기소된 사건이고, '울산계모사건(일명 '서현이 사건')'은 계모가 맨손과 맨발로 의붓딸을 때려 갈비뼈 16개를 부러뜨려 사망에 이르게 한 사건이다.

13 최영진, 아동학대에 대한 법적대응, 2013. p.1-2.

14 직무를 수행하면서 아동학대 범죄를 알게 된 경우나 그 의심이 있는 경우에는 아동보호 전문기관 또는 수사기관에 즉시 신고하여야 한다(아동학대처벌법 제10조 제2항).

15 고교 교사가 학생들 주먹·발로 폭행…"감정 못 다스려" 공개사과. 연합뉴스(2018.11.8.).

16 지홍구(2018.11.20.). 매일경제. '보육교사 자살'…김포 어린이집 원장·부원장 피소.

17 아동복지법 제29조의3(아동관련기관의 취업제한 등) ① 아동학대관련범죄로 형 또는 치료감호를 선고받아 확정된 사람(이하 "아동학대관련범죄전력자"라 한다)은 그 확정된 때부터 형 또는 치료감호의 전부 또는 일부의 집행이 종료(종료된 것으로 보는 경우를 포함한다)되거나 집행을 받지 아니하기로 확정된 후 10년까지의 기간 동안 다음 각 호에 해당하는 시설 또는 기관(이하 "아동관련기관"이라 한다)을 운영하거나 아동관련기관에 취업 또는 사실상 노무를 제공할 수 없다.

18 교총보도자료(2018.11.23.). 아동복지법 개정안 국회 본회의 통과에 대한 입장.

19 토머스 W. 펠런 외, 박종근, 정유진 옮김(2016). 행복한 교실을 위한 1-2-3 매직. 서울: 에듀니티.

20 학교의 장은 교육상 필요한 경우에는 법령과 학칙으로 정하는 바에 따라 학생을 징계하거나 그 밖의 방법으로 지도할 수 있다. 다만, 의무교육을 받고 있는 학생은 퇴학시킬 수 없다(초·중등교육법 제18조 1항).

21 최규화(2018.9.8.). 베이비뉴스. 한 시간 체험에 아동학대 두 번… "그냥 사표 쓸게요".

22 이상미(2012.5.30.). 한국교원신문. 교권수호, 외국은 어떻게 하나.

23 2018년 11월 1일 국회 교육위원회 소속 김해영 의원이 교육부로부터 제출받은 '초·중·고 Wee클래스 현황'에 따르면, 전국 초등학교의 Wee클래스 설치율은 39.2퍼센트에 불과하다. 중학교와 고등학교도 각각 82.2퍼센트, 81.8퍼센트로 10곳 중 1곳 이상은 상담실이 설치 또는 운영되고 있지 않았다. Wee클래스가 설치됐다고 전문상담교사나 상담사가 상주하고 있는 것도 아니다. 초등학교의 경우 설치율도 낮은데 전문상담사 및 상담교사 상주 비율은 53퍼센트에 불과하다. 중학교와 고등학교의 전문상담사 및 상담교사 상주 비율은 각각 89퍼센트, 83퍼

센트였다. 상담사나 상담교사가 없는 학교들은 각 지역에 배치된 순환교사가 필요할 때마다 학교를 방문해 상담을 진행하는 방식으로 상담실을 운영한다.

24 2017 경기도교육청 교육과정 주요 정책 중의 하나인 '성장배려학년제'는 초등학교 1~2학년 및 중·고등학교 1학년 학생이 행복한 학교생활을 시작할 수 있도록 학습·생활지도·인성교육 등의 측면에서 타 학년의 학생보다 배려해 운영하는 제도이다.

25 그 학교의 교육과정상에 그 학교에서 필요한 교직원을 증감하는 것이다.

26 천인성(2016.1.18.). 중앙일보. 법조인 부부의 '치욕스런 꽝 여행'.

27 정문영(2017.10.5.). 굿모닝충청. 교총 "학교·담임 뿐 아니라 학부모 역할 강화 필요".

학생인권 관점에서 고교학점제 고찰과 향후 과제

주주자(경기도교육청 장학사)

1. 들어가며

최근 고등학교 교육정책의 뜨거운 화제는 단연 고교학점제다. 고교학점제는 현 정부의 중요한 교육정책 공약이며, '고교학점제 도입 및 단계적 확산'은 교육 분야의 핵심 국정과제로 설정되었다. 고교학점제는 입시와 경쟁 중심의 교육에서 벗어나 학생들의 진로 설계와 성장을 지원하는 것이 목적이며, 고교교육 전반의 혁신을 위한 핵심 정책으로 중장기적 관점에서 도입이 필요하다고 보았다 (교육부, 2017). 최근 교육부는 '2022학년도 대학입학제도 개편 방안 및 고교교육 혁신 방향(2018.8.17.)'을 통해 고교학점제의 중장기적 로드맵을 제시하기도 했다. 자료에 따르면 현행 교육과정 안착을 통해 고교학점제 도입 기반을 마련하고, 2019년 입학생부터는 진로선택과목에 있어서 성취도를 대입 전형자료로 제공하며, 2022년에는 교육과정 일부에 대해 개정안을 적용해 학점제로 전환하며, 2025년부터는 전 과목으로 확대해 새 교육과정을 적용하고 대학입시에 성취평가제를 반영한다는 것이 주요 골자다.

고교학점제는 학생이 자신의 진로에 따라 다양한 과목을 선택해 이수하고, 누적 학점이 기준에 도달할 경우 졸업을 인정받는 교육과정 이수 운영제도이다(구자억 외, 2011; 교육부, 2017). 법정 단위만을 이수하고 출석일수를 충족해 학년이 올라가면 자동으로 졸업하는 것이 아니라, 이수한 학습의 양과 질을 종합적으로 평가해 졸업을 인정하는 제도라 할 수 있다(김주아, 2011). 학급 전체가 똑같은 시간표로 과목을 선택하고 출석일수가 확보되면 학년 진급이 이루어져 졸업하는 폐쇄적이고 경직적인 교육과정 운영에서 벗어나 개별 학생의 진로와 능력에 따라 선택한 과목을 수강하고 최소 성취수준 이상에 도달한 경우 졸업을 인정하는 개방적이고 책임교육에 충실한 학사제도인 것이다. 따라서 학생들의 과목 선택권이 확대됨에 따라 학생의 교육과정에 대한 정보제공이 더욱 중요해지고, 진로교육이 강화될 뿐만 아니라, 한 명의 교사가 좀 더 다양한 과목을 담당할 확률이 높아지게 된다.

한편 2018년 고교학점제 연구·선도학교 운영 사례를 살펴보면, 고교학점제는 학교 여건에 따라 다양하게 전개되고 있음을 알 수 있다. 교사들의 학생선택 중심 교육과정에 대한 이해와 공감, 교육과정과 진로상담교육, 강사수급, 학생 평가유형, 교과 전담 교실과 수강시스템 지원 등 다양한 부분에서 학점제가 실행되고 있었다. 또한 2015 개정 교육과정이 도입되면서 고등학교 교과에서 공통과목 이수에 따라 교사 편성이 조정될 필요가 생겼고, 학생 급감으로 인한 학급 감소와 교사 감축까지 이루어지면서, 학생 선택을 중심으로 한 교육과정의 편성과 운영에서 학교는 도전적 상황에 직면하게 되었다.

이런 상황에서는 많은 사전 준비와 지원을 필요로 하고 있으나, 무엇보다 중요한 것은 교사의 변인이라고 할 수 있다. 고교학점제 연구·선도학교뿐만 아니라 일반 학교에서도 강조되어야 하는 것은 왜 고교학점제가 필요하고, 그것의 정당성은 무엇이며, 교사들은 어떻게 준비해야 하는지에 대한 구체적인 상이다.

본 글에서는 학생의 학습 선택권 강화와 성취의 질 관리를 핵심으로 하는 고교학점제를 학생 인권 관점에서 접근하려고 한다. 고교학점제는 학생들의 인권인 '교육받을 권리로서의 학습권'을 교과 운영을 통해 보장해주기 때문이다. 다양한 적성을 지닌 학생들이 다양한 진로를 선택할 수 있도록 교육과정을 제공하고, 일정 수준의 학업을 성취하도록 지원함으로써 개별 학생을 공평하고 평등하게 대우하는 교육과정을 어떻게 운영해야 하는지 그 원리를 고찰하고, 이를 위한 과제와 방향을 제안할 것이다.

2. 학생 인권으로서의 학습권과 고교학점제 실천 방향[1]

가. 학생 인권으로서의 학습권이라는 인식 전환

고교학점제는 학생의 선택 중심으로 교육과정이 운영되며, 특히 공통과목 이수 후에 학생들은 자신의 진로와 적성에 따라 자유롭게 교과목을 선택할 권리가 있다. 따라서 학생의 진로와 적성에 따른 과목선택권과 일정 수준의 성취를 강조하는 고교학점제에서는 일차적으로 학생들에게 과목 선택권을 확대해주는 것이 학생 학습권을 존중하는 것이고, 이것이 결과적으로 학생 인권 보장과 연관이 있음을 이해할 필요가 있다. 고등학교 학생들은 재학하는 동안 자신의 잠재력을 개발하고 전인적인 성장을 위한 학습 경험의 기회를 평등하게 제공받아야 할 권리가 있다는 것이다. 이는 학생들의 학습권으로서 우리나라 헌법과 교육기본법에서 보장하고 있다.

대한민국 헌법 제31조 1항에서는 "모든 국민은 능력에 따라 균등하게 교육을 받을 권리를 가진다."라고 명시하고 있다. 여기서 교육을 받을 권리는 '학습권'으로서, 태어나면서부터 교육과 학습을 통해 인간적으로 발달하고 성장해갈 권리라고 할 수 있다(김철수, 2008). 따라서 학습권은 교육과 학습을 통해 인격을 형성하고 인간의 존엄과 가치를 실현하며 인간적으로 성장하고 발달할 기회를 보장하며, 국가권력이나 제3자로부터 학습의 권리를 방해받지 아니 할 학습의 자유를 그 본질로 삼아야 한다(노기호 외, 2008: 10). 학습할 권리를 개개인이 자신의 인격을 완성하고 인간으로서의 존엄을 실현하기 위해 요구되는 '자유권'으로 해석하면 이는 헌법 제10조의 "인간의 존엄과 가치 및 행복추구권"에서 그 헌법적 근거를 찾을 수 있다. 인간의 존엄과 가치 및 행복추구권에서 파생하는 인격권에는 인격 형성 및 인격 유지와 관련하여 알 권리, 읽을 권리, 들을 권리 등의 학습권을 구성하는 권리가 내포되며, 행복추구권에는 일반적인 교육에 관한 행동자유권이 포함되기 때문이다(김철수, 2008). 또한 국가나 제3자로부터 학습의 자유를 방해받지 않는다는 소극적 의미에서의 학습권을 실질적으로 보장하기 위해서는 국가에 대해 학습여건 조성을 적극적으로 요구할 수 있는 '생존권'에서 법적 근거를 찾을 수도 있다. 이와 같이 학습권을 자유권과 생존권으로 접근하게 될 경우 학습권은 학생의 인권으로 접근할 수 있다. 다시 말하면 출생과 더불어 자연스럽게 갖게 되는 자연적인 권리이며, 이것은 공권력에 의해 제한받을 수 없는 인간으로서의 기본적인 권리인 것이다.

한편 학생의 학습권은 법률 수준에서도 보장되고 있다. 교육기본법 제3조에서는 학습권을 "모든 국민은 평생에 걸쳐 학습하고, 능력과 적성에 따라 교육받을 권리"라고 정의하고 있으며, 제4조에서는 교육의 기회균등에 대해 "모든 국민은 성별, 종교, 신념, 인종, 사회적 신분, 경제적 지위 또는 신체적 조건 등을 이유로 교육에서 차별을 받지 아니"하고, "국가와 지방자치단체는 학습자가 평등하게 교육을 받을 수 있도록 지역 간의 교원 수급 등 교육 여건 격차를 최소화하는 시책을 마련하여 시행하여야 한다"고 명시하고 있다. 또한 제12조에서는 "학생을 포함한 학습자의 기본적 인권은 학교교육 또는 사회교육의 과정에서 존중되고 보호되며, 교육내용·교육방법·교재 및 교육시설은 학습자의 인격을 존중하고 개성을 중시하여 학습자의 능력이 최대한으로 발휘될 수 있도록 마련되어야" 한다고 명시하고 있다. 이와 같은 법적 근거를 볼 때 학습권은 결국 자유롭고 균등하게 교육을 받을 권리이며, 이를 위해 국가에 적극적인 배려를 요구할 수 있는 권리라고 할 수 있다. 이때 적극적인 배려는 학교 선택권, 교육과정 결정에 대한 참여권, 교육내용의 선택권, 교육방법 및 교재 선택에 대한 참여권 등을 포함한다고 할 수 있다(허종렬, 2000: 24).

이와 같이 학습권의 외연은 점차 확대되는 경향이 있다. 예를 들어 학습이 이루어지기 위해 반드시 학교라는 장소가 전제되는 것이 아니고(김재웅, 2000), 정보화의 진전으로 교육내용이나 교과 선택권, 교수 방법 선택에 대한 참여권이 커지고 있다(허종렬, 2000). 즉 학교 밖 학습이나 온라인을 통한 학습 내용과 방법은 학생들에게 자유롭고 평등한 학습경험의 폭을 넓혀준다고 할 수 있다.

요약하면, 고등학교에서 학점제로 교육과정을 운영하는 것은 학생들의 인권인 교육받을 권리로서의 학습권을 보장해주는 역할을 한다. 학급이나 학년 단위로 획일적으로 듣는 것이 아니라, 개인의 자유로운 의지와 선택에 따라 학습이 이루어지고 자유롭게 학습경험을 쌓는 것에 강조점을 두기 때문이다. 이렇게 볼 때 진정한 의미의 학습권을 보장해주기 위해서는 학생들의 수요가 반영된 충분히 다양한 선택지들을 마련하는 것이 중요하다.

나. 교육과정의 다양화를 통한 진정한 학습 선택권 부여: 선택할 권리, 선택하지 않을 권리, 중도에 취소할 권리

우선 학점제는 학생의 진로와 적성, 흥미, 수준에 따라 자유롭게 과목을 '선택할 권리'를 확대하는 것에서 시작할 필요가 있다. 그러나 학생들의 단순하고 즉흥적인 희망이 아니라, 내실화된 진로교육을 통해 학생들의 진정한 적성과 흥미에 맞는 교과목을 어느 영역에서, 어떤 수준으로 개설할 것인지 학교 차원에서 합의가 있어야 한다. 이를 위해서는 먼저 학교에서 몇 명 이상부터 과목개설을 할 것인지 합의해야 한다. 사회탐구와 과학탐구, 제2외국어와 생활교양 과목과 같이 우선 학생들의 흥미에 맞는 영역부터 선택권을 보장하는 것도 좋은 방법이다. 다음으로 단위학교 내에서 해결 가능하지 않은 경우는 고교 간 공동 교육과정을 운영해 학생들에게 과목선택권을 확대해야 할 것이다. 여기서 핵심은 우수한 학생들만을 위한 강좌 개설이 아니라 다양한 필요를 지닌 학생들의 수요가 반영되도록 과목을 다양하게 개설할 필요가 있다. 일반고, 일반고 내 중점학교, 특성화고, 특목고 등 다양한 특성화 교육과정을 지닌 학교들이 연계할 경우 학생들의 과목 선택의 폭은 매우 커진다. 또한 핵심 교과 위주로 편성된 고등학교 교육과정에서 다루기 어려운 영역은 마을 단위로 활발하게 운영하고 있는 마을학교나 대학에서 개설 가능한 전문영역 강좌를 인증을 통해 학생들에게 가르칠 수 있을 것이다.

　다음으로 학생들에게 특정 교과목을 '선택하지 않을 권리'를 인정함으로써 진정한 선택이 이루어지도록 하는 것이다. 학습권the right to learn은 학습할 권리로서 교육받을 권리와, '교육에서 차별당하지 않을 권리' 모두를 포함한다. 학습권은 교육받을 권리에 더하여 학생이 교육의 주체로서 능동적으로 자원에 접근하고 학습할 권리를 지니는 것이며, 외부에서 주어지는 특정 교과의 획일적인 이수로 인하여 자신에게 필요한 교육과정이 제공받지 못하는 경우에는 그 과목을 선택하지 않을 권리도 주어져야 하기 때문이다. 2015 개정 교육과정 상에서 국어, 수학, 영어는 공통과목 포함하여 각각 10단위씩 이수 한 이후에는 기초 교과를 더 이상 선택하지 않고, 자신의 진로와 적성에 맞는 다른 교과 과목을 선택할 수 있도록 허락할 때, 학생들의 학습할 권리를 더욱 보장하는 것이다.

　마지막으로 여기에서 더 나아가 궁극적으로는 학습하는 과정에서 학생에게 '중도에 취소할 수 있는 권리'를 보장하는 것이다. 학생들은 이수 과정에서 부득이한 상황이 있을 경우 선택한 강좌를 취소할 수 있어야 한다. 과목에 대한 왜곡된 정보, 혹은 오해로 인해 처음 의도한 취지에 맞지 않거나, 진로가 변경되어 부득이하게 과목 이수가 어려운 경우, 해당 학기의 학업 진행이 어려움에도 교과목 이수에 대한 부담을 계속 주는 것은 학생을 극심한 스트레스 속에 방치할 뿐, 학생 인권으로서의 학습권에도 전혀 부합하지 않기 때문이다. 단 반대급부로 중도취소에 대한 기록을 남겨 무분별한 사용을 제한해 책임성을 강화하는 보완장치는 필요하다.

다. 학습의 질 관리 측면: 학생 맞춤형 수업과 과정 중심의 교사별 평가

고교학점제는 교육과정 다양화와 함께 교과 영역에서 일정 수준의 성취를 보이도록 학습 경험의 질 관리가 핵심이다. 따라서 고교학점제가 제대로 구현되어 다양한 학생들이 성공적으로 일정한 성취수준에 도달하기 위해서는 무엇보다도 교실수업이 맞춤형 수업differentiated instruction으로 진행될 필요가 있다. 맞춤형 수업이란 교사가 교육과정과 성취기준을 바꾸지는 않지만 가르쳐야 할 개념, 교수학습 방법, 학습자가 보여주어야 할 생산물 등을 학생들의 준비도readiness, 흥미interest, 그리고 학습자 특성learning profile에 맞게 차별화하여 교수학습 전략을 펴는 것이다(주주자, 2013). 학습자로 하여금 동일한 내용을 자신이 개인적으로 선호하는 학습 양식에 부합하는 방식으로 제공함으로써 학생들의 맥락에 맞는 유의미한 수업이 가능하여 학습의 효과성을 높이고, 학생들의 성취도를 높이는 데 기여할 확률이 높다(Tomlinson, 1999; Tomlinson & McTighe, 2013).

이를 위해서는 먼저 모든 학생들은 성공할 수 있다는 성취에 대한 기대를 갖게 하고, 학생에 대한 사전 지식과 특성들을 제대로 진단하고, 교수하고자 하는 성취 기준에 대한 재구성을 통하여 다양한 학생들에게 적합하게 성취 기준이 함양될 수 있는 방식으로 교수전략을 설계해야 할 것이다. 예를 들어 프로젝트 학습이 학생들의 자기주도성과 문제해결력, 창의성과 같은 고차원적인 사고력과 협동과 소통능력과 같은 역량을 길러준다고 하더라도, 교사는 학생들의 성향과 수준을 고려하여 학생 주도의 프로젝트 수업, 또는 일정 영역에서 교사 주도의 프로젝트 수업을 진행할 수도 있는 것이다.

다음으로 학습의 과정에서 지속적인 피드백을 통해 학생 성장을 유도하고 일정 수준의 성취를 성공적으로 달성하도록 '사전적으로' 지원해야 한다. 질quality이란 어떤 것이 소유한 우수성의 정도 혹은 어떤 대상을 좋거나 나쁘게 할 수 있는 특성이라고 할 수 있다. 질 관리quality control에서 핵심은 낮은 수준의 결과물이 나오기 전에, 기말시험 전에 그것을 피하는 것이다(Wiggins, 1992, 22). 학생 평가의 방향은 상대적으로 얼마나 잘 하는지보다 무엇을 얼마나 잘 하나 쪽으로 무게중심이 이동하고 있다(김순남 외, 2013). 따라서 성취평가에 근거한 학생들의 성장 지원이 요구되는 것이다.

과정 중심 평가로 이루어지는 교사별 평가가 확대 실시되어야 할 것이다. 교사별 평가는 학급별 평가로서 교사가 자신이 담당한 학급 학생들에게 자신이 지도한 내용에 따라 문항을 출제하고 평가하는 것을 말한다. 현재 '학교생활기록 작성 및 관리지침'에 의하면 중등학교 수행평가 영역에 있어서 교과 담당교사의 자율성이 높게 인정되고 있지만 지필평가의 경우 교과 담당교사 간 공동출제로 교사별 평가가 어렵게 되어 있다(주주자 외, 2017). 한편 2019년 입학생부터는 진로선택 과목에 있어서 성취평가가 대입에 반영됨에 따라 상대적 서열이 아닌 성취 기준에 근거한 교사별 평가가 확산될 수 있을 것이다.

학급별 평가인 교사별 평가를 인정한다는 것은 교사의 수업권을 존중하여 평가의 자율권을 인정하는 것이라고 할 수 있다. 한 명 한 명의 학생이 일정 성취에 도달할 수 있도록 수업의 과정에서 다양한 형태의 평가를 통해 성취 수준을 판단하고, 수업 전략을 수정하고 다양한 지원 전략을 모색함으로써 교사의 수업, 평가 전문성과 책무성이 제고될 확률이 높다.

라. 인권 친화적 교육과정 기획자로서의 교사

학생의 자유로운 학습 기회를 확대하는 과정에서 일선 학교에서는 교육과정 다양화와 특성화가 이루어지는 경우가 많다. 이를 위해 우선 교사들에게 교육과정 문해력이 필요하다. 문해력literacy의 사전적 의미는 기본적으로 글을 읽고 이해하는 능력을 말한다. 기존 문헌에 나타난 교육과정 문해력에 대한 개념정의를 살펴보면, 벤페레츠(Ben-Peretz, 1990)는 교사가 기존 자료에 기초해 자신의 교육과정 아이디어를 개발할 수 있도록 그들의 교육 과정적 통찰력, 교육학적 지식, 전문적 상상력을 사용하는 것이라 정의했다. 정광순(2012)은 교사가 국가 수준 교육과정에 대한 자율권을 행사하기 위해 갖추어야 할 능력으로 보았으며, 백남진(2013)은 교사의 교육과정 재구성에서 교육과정 문해력이 필요함을 피력하였고, 유사한 맥락에서 김세영(2014)은 주어진 교육과정을 해석하는 기준에 부합하는 수업을 설계하여 실행하여 평가하는 교육과정 상용 능력이라고 하였다. 즉 교육과정 재구성과 관련한 교사의 교육과정에 대한 이해력과 통찰력이 필요한 것이다.

이와 같은 교육과정 문해력이 인권친화적 교육과정 기획력으로 확장될 필요가 있다. 선행연구에 의하면(주주자 외, 2017) 학교 교육과정을 특성화하여 운영하는 과정에서 중요한 것은 교사에게 단지 교과적인 교수학습 평가 역량뿐만 아니라 다양한 능력이 요구된다는 것이다. 경우에 따라서는 교사의 교육과정 기획력과 교과 교육과정 운영에 대한 경영자적 마인드가 필요한 경우도 다수 존재하였다. 경영자란 기업경영에 관하여 최고의 의사결정을 내리고, 경영 활동의 전체적 수행을 지휘, 감독하는 사람을 말한다. 교사가 자신의 교과목에서 교육과정 경영자manager가 된다는 것은 교육과정의 전체적인 기획과 운영, 예산과 지출 등에 있어서 어떻게 운영할 것인지를 총체적인 입장에서 결정하고 집행하는 전문가라는 것이다.

따라서 교과 교사는 교육과정 문해력을 지니는 것에서 더 나아가 교육과정에 대한 기획력과 편제, 경영할 수 있는 역량을 지닐 필요가 있다. 교육과정 문해력은 교사가 국가 수준 교육과정에 대한 자율권을 행사하기 위해 갖추어야 할 능력이나, 주어진 교육과정을 해석하는 기준에 부합하는 수업 설계 및 실행과 평가하는 교육과정 상용능력에서 더 나아갈 필요가 있다. 지금까지 소외되어왔던 학생들을 포함하여 모든 학생들의 선택이 존중되는 교육과정을 적극적으로 편성하고 설계하는 단계에서부터 교육과정을 재구성하고 실천하는 전 과정으로 확장하여 인권 친화적으로 교사가 담당하는 교과교육 과정을 경영할 수 있는 역량이 필요한 것이다. 인권 친화적으로 교육과정을 이해하고 기획하고 설계한다는 것은 교육과정이 특정한 학생에게 유리하게 설계되면 다수의 소외된 학생들의 학습권이 침해되고 그러한 과정에서 성장의 기회가 제한적일 수 있다는 감수성을 지니는 것과 관련된다. 따라서 인권 친화적으로 교육과정을 기획하는 것은 학생 한 명 한 명의 삶을 존중하는 맥락에서 그들의 진로와 적성, 흥미에 맞도록 교육과정이 질적으로 우수하게 설계되어 모두의 성공을 위한 맞춤형의 설계가 되었는지 검토하는 성찰적 접근이 필요하다.

3. 질 높은 성장을 위한 정책적 과제

고교학점제 도입과 관련하여 중요한 내용은 성취평가가 내실 있게 이루어지도록 하는 여건을 마련하여 학생의 질 높은 성장을 지원하고 잠재력이 발휘되도록 하는 것이다. 교육과정과 학생평가 방식이 대입과 연계되는 구조 또한 고교학점제가 어떠한 모습으로 안착될 수 있는지에 많은 영향을 미친다. 현재 학생평가와 관련하여 대입 종합전형에서는 학생 교육과정 이력과 성장에 대한 질적인 기록이 반영되지만, 그렇지 않은 경우에는 상대평가 중심의 내신평가가 대입에 반영되고 있다. 따라서 수능의 위상, 수능의 유형, 대입제도 등이 현재 고등학교 교육과정과 매치되는 방식으로 재구조화될 필요가 있다.

지난 8월 17일 교육부 발표 자료에 의하면 2019년 입학생부터는 진로선택 과목에 대하여 학생의 성취도가 대입 전형자료로 제공되고, 석차등급과 표준편차는 제공되지 않으며, 2025년 입학생부터는 전 과목에서 성취평가제가 도입된다. 최소한 2019년 입학생부터는 진로선택과목에 있어서 자유로운 선택과 성장이 가능한 제도적 틀은 갖추어진 셈이다. 단 단위학교 간 편차, 단위학교 내 교사 편차, 단위학교 간 동일 교과교사 간 편차 등에서 비롯될 수 있는 문제, 즉 성취평가 결과에 대한 신뢰도 부분이 평가 공정성 문제와 관련하여 다소 우려되는 부분이 있다. 교사별 평가가 가능해지는 중요한 요건 중 하나인 성취평가제 도입은 그와 동시에 교사 평가의 신뢰, 성적 부풀리기 등의 문제에 맞닥뜨릴 위험이 있다는 지적 때문이다. 2010년 고교교육력 제고사업 당시에도 시범학교들에서 기초, 심화과목에서의 이수와 재이수 운영의 어려움은 결국은 교사평가 결과에 대한 신뢰와 관련한 민원제기, 성적 부풀리기, 낙인 등 다양한 요인들에서 비롯된 측면이 컸던 것으로 보고되고 있다.

따라서 오랫동안 고교학점제를 운영해오는 미국의 경우 학생 성취에 대한 평가 신뢰문제를 고교 졸업 자격 제도를 통해 접근할 필요가 있다[2]. 졸업 요건 설정과 학생들의 기초학력 관리 등의 노력이 고교학점제가 원만하게 운영되도록 하는 요인으로 작용하는 측면이 있다. 모든 학생들의 기초학력 관리함으로써 최소한의 성취를 이루도록 지원하고, 졸업 요건을 설정하면 학교와 학생이 일정 부분 고른 역량을 갖추게 하는 효과가 생기기 때문이다. 실제로 학점제를 실시하고 있는 많은 나라에서는 중등학교 수준에서 다양한 형태로 졸업 요건을 설정해 학생들이 반드시 필요한 역량은 성취하고 성장하도록 지원하고 있다(주주자, 김위정, 2018). 다음은 미국 뉴저지주의 고교 졸업 요건을 나타낸 것이다.

---

1. 주와 지역의 읽기, 쓰기, 수학에서 숙달 기준 충족 및 표준화고사에서 등급통과
2. 최소 110학점과 최소 요구되는 수업시간을 성공적으로 이수해야 함
3. 60시간의 봉사활동을 마쳐야 함

위의 첫 번째 조건과 관련하여 2018 학년도 입학 학생의 경우 졸업 기준은 다음 셋 중의 하나를 충족하는 것이다. 표준화 시험인 고교 PARCC시험[3]에서 영어와 수학 통과점수, SAT나 ACT 같은 대안적 평가에서 특정 점수 취득, 나머지는 뉴저지교육국 포트폴리오 인정 과정을 거친 학생 포트폴리오 제출이다. 그러나 2015년 새로 개편된 컴퓨터 기반 표준화 시험인 PARCC는 난도가 너무 높아 학생들이 많은 시간을 할애해 따로 공부하는 부담이 큰 것을 이유로 학생들이 응시를 거부하고, 교사와 학부모도 반대하는 문제에 부딪치자, 2021년에 입학하는 학생부터는 2가지 선택 중 하나로 졸업 조건을 인정하는 것으로 바뀌었다. 이전 버전에 비해 훨씬 간략

해졌으며, 수능형 표준화고사로 간주되는 SAT가 삭제된 것, 교육국 수준의 포트폴리오 기준 조항이 확대되어 자격이 다양화된 것이 주된 특징으로 보인다.

표1. 미국 뉴저지주 2021년도 고교학생 졸업요건

방법	영어 어학(English Language Arts)	수학(Math)
PARCC 통과하기	PARCC ELA 10학년- 750(레벨4)이상	대수학1 750(레벨4)이상
포트폴리오 인정	뉴저지주교육국의 영어 포트폴리오 기준 충족하기	뉴저지주교육국의 수학 포트폴리오 인정 기준 충족

출처: 뉴저지 고등학교 졸업 평가 요구 사항

따라서 향후 모든 학생들이 인간으로서의 삶을 살아가는 기본적 터전이 되는 인권으로서의 학습권을 보장받고, 누구나 자신이 선택한 과목에서 최소한의 성취와 최대한의 잠재력을 개발하여 삶의 역량을 함양하도록 돕기 위해서는 그것을 가능하도록 하는 시스템을 구축하는 것이 중요하다. 교사들의 교사별 평가 역량 강화뿐만 아니라, 성취평가제 안착을 위한 교사 역량 지원, 중·고등학교를 포함하는 졸업 요건 설정, 기초학력[4] 강화, 학교 간 고른 역량함양 지원, 기초학력 강화를 위한 교육지원청 시스템 구축 등이 이루어져야 할 것이다. 무엇보다 학교의 교육과정 운영이 학생들의 성취를 이끌고 잠재력 향상시키면서, 동시에 대입과도 유기적으로 연계되는 졸업제도, 수능시험 개편, 입시제도에 대한 연구를 계속해서 합리적인 개선 방안이 모색되어야 할 것이다.

참고문헌

- 교육부(2017). 「고교학점제 추진 방향 및 연구학교 운영 계획」. 교육부.
- 교육부(2018). 「2022학년도 대학입학제도 개편방안 및 고교교육 혁신방향 발표」. 교육부.
- 구자억, 박제윤, 이수광, 김희규, 김복영, 남궁지영(2011). 학점제 도입 방안. 한국교육개발원.
- 김세영, 정광순(2014). 초등교사의 교육과정 이야기. 「교육과정연구」. 32(2). pp. 133-161.
- 김순남, 강이화, 김병찬, 박삼철, 유진은, 이은송, 전명남, 조훈희(2013). 「창의인재 육성을 위한 학생평가 정책 연구: 국제 사례를 중심으로」. 한국교육개발원.
- 김주아(2011). 기초·심화과정 등 고교 교육력 제고 정책 실행 상에 나타난 교육과정 쟁점 분석. 「교육과정연구」. 29(2), pp. 1-22.
- 김재웅(2000). 교사의 교육권과 학생의 학습권: 학교와 홈스쿨링을 중심으로. 「아동권리연구」. 4(2), pp. 57-75.
- 김철수(2008). 헌법학개론. 서울: 박영사.
- 노기호, 안주열(2008). 고교다양화 정책과 학생의 학습권 보장. 「한양법학」. 23, pp. 5-44.
- 백남진(2013). 교사의 교육과정 해석과 교육과정 잠재력. 「교육과정연구」, 31(3). pp. 202-225.
- 심성보(2008). 학교는 모두에게 평등한가-기회의 평등을 넘어 결과의 평등으로. 「초등우리교육」. 1, pp. 36-40.
- 정광순(2012). 교사의 교육과정에 대한 문해력. 「통합교육과정연구」. 6(2), pp. 109-132.
- 주주자, 김위정, 이현미, 이동배, 박수진(2017). 고교 무학년학점제 구현 방안 연구. 경기도교육연구원.
- 주주자, 구정화, 김상도, 이현진, 최영아(2017). 과정중심 평가로서 수행평가 현황 및 개선방안 연구. 경기도교육연구원.
- 주주자, 김위정(2018). 고교학점제 해외사례 연구. 경기도교육연구원.
- 주주자(2013). 교육평등 실현을 위한 다문화 교육에서의 차별화 수업. 「법과인권

교육연구」. 6(2), pp. 133-163.

- 한국교육개발원(2015). 「중등교육에서의 학습권 제고를 위한 온라인수업 내실화 방안 연구」. 한국교육개발원.

- 허종렬(2000). 사이버스페이스에서의 학습권과 교육권. 「헌법학연구」. 6(3), pp. 21-49.

- Ben-Peretz, M. (1990). The teacher curriculum encounter: Freeing teachers from the tyranny of texts. Albany: State University of New York.

- Tomlinson, C. A. (1999). The differentiated Classroom: Responding to the Needs of Alll Learners: Association for Supervision & Curriculum.

- Tomlinson, C. & McTighe, J. (2013). Integrating differentiated instruction & understanding by design: Connecting content and kids, Alexandria, VA: Association for Supervison and Curriculum Development. (김경자 외 역, 2013. 맞춤형 수업과 이해중심 교육과정. 서울: 학지사).

- Wiggins, G. (1992). Standards, Not Standardization: Evoking Quality Student Work. Educational Leadership. 48(5), pp. 18-26.

주

1   본 장은 법과인권교육연구 제 11권 2호「학생인권과 평등교육 관점에서 고교학
    점제 검토 및 그 적용 방향 탐색」의 일부를 재구성하였음을 밝힘.

2   평가 신뢰도와 관련해서는 교사 간 평가 공동체 구성을 통한 평가 혹은 특정 영
    역에 있어서 외부 평가전문집단에 의한 평가 등 다양한 방식을 생각해 볼 수도
    있으나, 여기서는 학생들의 최소성취 도달 지원이 궁극적으로는 평가신뢰도와
    연관이 되어 있다고 보고 졸업요건 설정에 초점을 두고자 한다.

3   교육국은 기존의 표준화 시험인 PARCC(Partnership for Assessment of readiness for
    College and Careers)를 폐지하고 좀더 새로운 형태의 표준화시험으로 대체한다고
    보고했음. 온라인 기반 표준시험인 PARCC는 2015년 전면 도입된 바 있음(미주
    중앙일보, 2018. 3. 8.).

4   일반고에서 부적응으로 자퇴하는 전체 학생(4,140명) 중 학습부진, 무동기, 무의
    욕적 태도 등의 학업 관련 부적응으로 인한 자퇴학생은 1,973명으로 약 37퍼센
    트를 차지함(교육부 교육통계연보, 2016).

우리가 교육정책을 공부하는 이유

대담 일자 및 장소

2018년 12월 30일, 미금역 스터디카페

참석자

김삼향(안양과천교육지원청 장학사), 김영자(경기도성남교육지원청
장학사), 명인희(경기도성남교육지원청 장학사), 임재일(용인 서원
초 교사), 장지혜(수원 영화초 교사), 주주자(경기도교육청 장학사),
홍섭근(경기도교육청 장학사)

교육정책디자인연구소와 소모임은 내게 어떤 의미인가

홍섭근 나에게 교육정책디자인연구소와 정책팀이라는 이 소모임
은 어떤 의미가 있는지 간단하게 말씀해주시면 좋을 것 같
아요. 저는 삶의 원동력인 것 같아요. 교실에서 수업하는
선생님이나 교육청 장학사님이나 다람쥐 쳇바퀴 돌 듯이
일상생활을 하는데, 에너지 충전이 없이 굉장히 소모적인
거예요. 제가 지금은 학교를 떠나왔지만, 외부에 가서 학
교 현장 얘기할 때, 여기 있는 선생님들 얘기를 듣고, 급이
다르지만 중등 분들의 얘기도 듣고, 내가 경험하지 않았
던 것들을 생각이나 얘기를 통해서도 경험하니까 그런 간
접경험이 굉장히 중요한 힘이 돼요. 연구소가 저를 충전해

주는 곳인 것 같아요. 그리고 소모임은 더 가족 같은 분위기 속에서 어떤 주제에 대해서 내가 몰랐었던 이면을 알게 해줘요. 사실 사람이 전부를 다 경험할 수도 없고, 또 그런 완벽한 사람은 존재하지 않잖아요. 뭔가를 보완해나가는 느낌. 경험하면 경험할수록 제가 부족한 존재구나, 하는 것을 느끼게 되는 곳이에요.

임재일   저는 교육디자인네트워크 오기 전과 후로 나누어지는 것이 있는데, 그 전에는 교사로서 일선형의 삶을 살았어요. 뭔가 문제가 있으면 해결을 했고, 1단계가 있으면 2단계로 갔어요. 그것을 잘하려고 했어요. 하지만 연구소에서 3년 가까이 지내면서 입체형으로 변하게 되더라고요. 아까 말한 대로 초등이지만 중등 선생님과 함께 호흡하고, 장학사님이나 다른 교장, 교감선생님과 함께 이야기하고, 지역사회랑 이야기하면서 어떤 문제가 하나의 원인이 아니라 여러 가지 복합적인 문제라는 것을 알게 됐어요. 아직도 정책에 대한 정의를 못 내리는 제가, 정책과 관련된 것이 굉장히 큰 힘을 발휘할 수 있구나 하는 생각을 해서 조금씩 배우고 연구소에 도움이 되는 사람이 되고 싶어졌어요. 그러다 보니까 요새 그런 공부를 해서 그런지 '이제 임재일 2.0이라는 것이 느껴질 정도로 내가 진화했구나' 하는 게 솔직한 마음입니다. 그래서 선으로만 가는 게 아니라 입체로까지 가는 공간 확장이 되는데, 그게 어느 순간 시간의 개념이 들어오면서 입체가 되는 것 같더라고요. 그래서 나이, 성별, 신분, 지역을 떠나서 이렇게 하는 활동이 저에게는 굉장히 큰 성장 포인트가 되었어요. 정책팀에서 어느 대학원에서 배우는 것 못지않은 내용, 특히 경기교육에 관련된 내용을 다루니 올 때마다 얻어 가는 것이 있어서 기분 좋게 학습을 했습니다. 많이 성장했고 배웠고 앞으로도 그런 선생님들과 함께 나아가고 싶다는 그런 생각이 드네요.

장지혜 학교에 있다 보면 교사들이 짊어져야 할 책임 같은 것들이 너무 과중하게 느껴지더라고요. 그런 상황에서 선생님들은 보통 불만을 토로하지만 아무것도 해결되는 것이 없거든요. 그래서 자포자기하기 쉬운 것 같아요. 그런데 모임 나와서 정책을 공부하면 교실에서 볼 수 없었던 큰 그림을 보니까 좋더라고요. 문제해결을 위해 노력하시는 분들이 분명히 계시고 그분들이 만든 정책들이 시행되는 모습을 보며 무기력에서 벗어날 수 있었어요. 저는 처음 교사생활 시작할 때부터 모임을 함께 하고 이제 3년 차인데, 처음에는 아무것도 몰라서 듣기만 했죠. 근데 서당 개 3년이면 풍월을 읊는다는 속담이 괜한 말이 아닌 게, 들으면서 배우고 생각도 많아지면서 관심 분야가 생기고 공부하고 싶은 마음이 강하게 들더라고요. 대학원에 진학해 나만의 전문 분야를 만들고 더 공부하고 싶어지는 마음을 갖게 해준 건 연구소 덕분이었어요. 제게 연구소는 '동기부여'의 공간입니다.

임재일 장지혜 선생님은 첫 발령 때 6학년 담임이었는데 너무 힘들어서 교사 그만하겠다고 했었는데, 이렇게 성장했어요. 2~3년 전을 보면 정책팀이 아주 큰 인큐베이팅을 해준 거예요. 동반자인 거죠.

김삼향 교육정책디자인연구소는 저에게 거울과 같은 곳이에요. 그동안 제가 가진 작은 견해에 갇혀 살아왔는데, 교육정책디자인연구소에 들어와 다양한 분야에서 연구하고 실천하는 선생님들과 함께 교류하다 보니, 저의 부족한 점을 많이 느끼게 되더라고요. 그러면서 생각도 많아지고 일하면서 보지 못했던 것, 느끼지 못했던 것들을 많이 알 수 있게 되었고요.

그리고 정책팀은 제가 혼자 고민하고 어려움을 겪고 있을 때 늘 멘토 같은 역할을 해줬어요. 혼자 생각했었던 것보다 확장된 더 좋은 결과를 이끌어낼 수 있었습니다. 또 연구하면서 여러 주제에 대해 간접경험도 많아지고, 깊이 있게 연구도 하게 되더라고요. 정책팀은 멘토로서 저를 성장시켜 주고 있습니다.

명인희 연구소가 저한테는 나침반의 진북을 가르쳐주는 역할을 했어요. 사막을 가다가 길을 잃어버릴 때 하늘의 북두칠성을 보며 길을 가잖아요. 여기에 들어오게 된 것 중의 하나도 제가 너무 많이 흔들렸기 때문이었어요. 저희가 2주에 한 번씩 모였잖아요. 모임 올 때마다 늘 고민을 했죠. 포기해야 하는 것들이 있어서요. 그런데 여기서 같이 이야기 나누고 갈 때는 도서관에서 열심히 공부하고 돌아갈 때의 상쾌함 같은 느낌이 들었지요. 뭔가를 할 때 취지는 이것이고, 이런 맥락이고, 앞으로 이렇게 전개될 수밖에 없고, 그러니 이게 힘들더라도 우리가 나아가야 할 방향인 것 같다고 학교에 설명하고 있더라고요. 이게 어디서 비롯됐을까 생각해봤더니 우리가 함께 이슈 리포트를 쓰고 공부하는 데서 나온 것 같아요. 학교와 마찬가지로 교육청에 있으면 하루하루가 소모전이라는 느낌이 들어요. 그렇게 소모되고 흔들리다가 여기 와서 2주에 한 번씩 채워지면 이제 흔들리지 않을 수 있을 것 같은데, 교육청 가면 2주 동안 또 흔들려요. 그러다 여기 오면 다시 또 흔들리지 않을 자신이 생겼다가, 또 가서 흔들리고 그러면서 어느 정도 단단해지는 것 같아요.

김영자 저는 전직을 하면서 고인 물이 된다는 생각이 들었어요. 발령 초기부터 항상 제 주변에는 교육을 바꿔야 한다. 그래야 사회가 바뀐다는 말씀을 하시는 분들이 많았는데 전직을 하면서 그런 분들이 주변에 없는 거예요. 왜냐면 정책을 실행하는 사람들이기 때문에 오더가 떨어지면 그대로 해야 하거든요. 그런데 거기에서 불합리한 것도 많고 하나하나가 파장이 크니까 공부할 곳을 찾았는데 거기가 교육정책디자인연구소였어요. 교육정책디자인연구소는 저에게 있어서는 탯줄이나 마찬가지예요. 왜냐면 교육자로서 세상에 대한 책무성이 있잖아요. 뭔가 변화를 시키려면 알고 있어야 하는데 그 앎을 다방면으로 저희가 끊임없이 꼭 붙잡고 있죠. 소모적이지 않은 산소방 같은 느낌이 들어요. 숨을 쉬다가 가는 느낌이 들어요. 아까 말씀하신 것처럼 교육청에서 흔들릴 수밖에 없는 이런 것들이 있잖아요. 그러한 문제들이 발생할 때 와서 이야기 듣고 나가면 '아 그랬구나, 가서 이렇게 적용을 해야겠구나' 그리고, 다른 데서 어떻게 하셨는지 얘기를 듣고 나면 조금 숨이 트여서, 말씀하신 것처럼 성장하면서 책임을 지는 사람으로 나아가고 있습니다.

책이 나오기까지의 과정

홍섭근   이제 책 나오기까지의 과정을 이야기해볼 거예요. 이슈 리포트를 쓰면서 상당히 고민하셨던 부분들이 있을 거예요. 왜냐면 책을 많이 내신 분들도 있지만 이제 초기이신 분들도 있고 또는 장지혜 선생님처럼 경력이 얼마 안 돼서 삶을 되돌아보기는 쉽지 않을 수 있는데, 그냥 개인적인 얘기를 해주셔도 돼요. 저는 두 챕터를 썼는데 상당히 무거운 주제들이었어요. **교육과 정치**라는 부분, 색깔론이 나올 만한 주제인데, 사실은 모두가 알면서 얘기를 안 하는 부분이거든요. 그리고 이게 선결되지 않으면 흔히 하는 얘기로 '교사 패싱'이 되고 교사 소진이 되고, 교사 불신을 만들 수밖에 없는 환경이에요. 그래서 저는 이 시점에는 누군가는 얘기해야 하지 않나 생각했어요. 아마 공개가 되면 비판을 넘어서 비난이 좀 있을 수도 있어요.

온종일 돌봄과 관련해서 이야기하자면, 사실 제가 이 건으로 인해 중앙 정부도 만났는데, 그냥 부처 논리 정도에요. 우리 아이들의 돌봄을 책임지겠다는 개념으로 접근하지 않더라고요. 이런 상황에서 교사들이 어떻게 보면 유일하게 남은 희망일 수 있어요. 돌봄 같은 것을 가장 정상적으로 보는 사람들은 교사밖에 없어요. 그런데 학부모들은 내 아이를 위주로 바라보죠. 그게 물론 비정상이라고는 얘기할 수는 없지만, 내 아이가 주가 되다 보니까 다른 것들을 굉장히 왜곡해서 요구하게 되죠. 학부모는 그렇게 이익 집단화되지만, 교사들은 중립적으로 학교 현장을 바라보는데 대부분 소외되어 있잖아요. 우리가 이 책을 통해 다루는 모든 챕터 대부분이 그럴 거예요. 현장이 제외되어 있는 거예요. 그러고 난 다음에 무리하게 정책 추진을 하는 과정에서 어떤 문제가 일어나는 거죠. 그래서 거기에 관해서 쓴 건데 고민이 많아요. 토론회나 공청회 갈 때마다 그 자리에서는 세게 얘기하지만 돌아보면 상당히 후회도 되고 왜 이렇게까지밖에 안 되나 그런 생각도 드는데, 현실은 인정해야 할 것 같아요. 이게 교사나 학교를 바라보는 현실이고 이것을 제대로 직시해야지만 미래가 보이거든요. 그런데 현실을 너무 아름답게 미화하거나 포기했을 때는 앞으로 더 큰 문제가 생기잖아요. 그래서 우리가 현재에 있는 문제들을 외면하지 말고 직시하고 고민하고 이것을 담아내서 외부에 알리는 역할을 지속적으로 했으면 좋겠다는 생각입니다.

임재일 저는 첫 번째 주제가 그 당시 너무 뜨거웠어요. 2018년 되자마자 조기영어교육이 나오고 제목을 '**조기영어교육이란**'이라고 했어요. '란'자가 어지러운 란이에요. 조기영어교육이 어지럽다. 그런데 개인적으로 좀 기분이 좋았던 것은요. 제가 영어에 대해서 한 번 울고 한 번 웃고 이런 경험들이 많았던 사람이에요. 지금은 초등에 있지만, 중등에 있었을 때도 영어를 열심히 했고, 좌절도 너무 많이 느꼈던 사람으로서 밖에서 보니까 한국 영어교육이 더 잘 보였던 것 같아요. 해외에서 봤을 때 왜 한국 사람들은 저렇게 문법 위주에, 수능 점수에, 중간 기말고사에 가르쳤던 문제풀이를 하면서 점수를 높이는 것에 열중했을까 하잖아요. 그리고 대학 가서 다시 인터체인지라는 기초영어를 보면서 그제야 듣기와 말하기를 하는 이런 모습들이 10년이 지났는데도 안 변하는 걸 보며 되게 마음 아파했죠. 교육자로서 초등에서는 그런 것들을 개선하고자 음성

언어를 많이 하는 그런 모습으로 가르쳐왔어요. 초등영어 연구회에 지금 오래전부터 가입되어 있으면서 여러 가지 사명감이 있었던 주제였습니다. 그래서 처음부터 다 훑어봤습니다. 저한테 좀 힘들었던 것은 너무 민감하니까 정책적으로 결정이 날 것 같은 거예요. 출판된 후에 결정이 날 상황인데 거기에 대해서 여지를 주는 게 제 주제로는 굉장히 쉽지 않았어요. 정책적 민감성이 글을 쓰는 사람한테 굉장히 중요한 책무 중의 하나라는 생각이 들었어요. 그래서 여지를 좀 남겨두고 이게 바뀐다면 나중에 내가 제2호에 같은 주제의 이슈 리포트를 또 쓸 수 있겠단 생각도 했죠. 마지막으로는 제일 중요한 부분인데 제가 생각하는 것을 다른 분한테 부담 없이 설득시켜주고 싶었어요. 그게 논문을 읽어서 권위에 호소해서 그런 게 아니라 우리가 경험한 것을 바탕으로 하면 좋겠다고 생각했어요. 이슈 리포트를 쓰는 과정이 저한테 엄청난 공부가 됐고요. 이 부분에 대해 물어봤을 때 대답을 할 수 있는 사람이 됐다는 것은 1년 전 저하고 달라진 모습인 거죠. 그리고 오히려 제가 대답을 못 하는 질문을 하는 것이 더 반갑죠. 제가 그걸 알아야 메타인지가 발동이 되니까. 그런 시점이 되어서 이 주제로 이슈 리포트 2호를 쓰는 것도 1년 후쯤에는 저한테는 숙제거리이지 않을까 그런 생각을 해봅니다.

장지혜　저는 기초학력과 아동학대에 관해 썼어요. **기초학력**에 관해선, 제가 작년에 만난 제자가 2학년인데 흔히 하는 말로 낫 놓고 기역 자도 모르는 그런 애였거든요. 문자 습득은 초등학교 2학년이 마지노선이라고 하더라고요. 내가 얘를 지금 책임지지 않으면 얘는 평생 한글을 제대로 배우지 못하고, 배워도 더듬더듬 읽을 수 있겠다고 생각했어요. 어떻게 가르칠지 고민하며 공부하는 과정에서 기초학력에 관심이 생기고 그래서 이 주제를 쓰게 됐어요. 제가 원래는 얘한테 3R(읽기, 쓰기, 셈하기)을 가르치는 방법에 초점을 두었으면, 기초학력 이슈 리포트를 쓰면서는 이런 학생이 우리나라 교육에 생기지 않게 하려면 어떤 제도적인 개선이 필요한가 그런 고민까지 하게 되더라고요. 그런 과정들을 공부하는 것이 좋았어요.

　아동학대의 경우에는 고통받는 교사와 학교의 상황을 보면서 주제를 정한 거예요. 아동학대 관련 기사를 보면 너무 불합리한 경우가 많더라고요. 이런다고 아동학대가 예방될 것 같지도 않고, 오히려 학교가 더 이상한 모습으로 바뀔 것 같은 거죠. 아동학대로 인해 벌금형을 받으면 교사생활을 그만둬야 할 수 있잖아요. 내가 하는 행동이 아동학대인가 궁금증이 일더라고요. 시중에 떠도는 소문에 의하면 아동학대일 것 같은데 그러면 아동학대 안 저지르는 교사가 과연 있을까 하는 고민을 하면서 제대로 파헤

치고 싶어졌어요. 아동학대에 대한 소문과 뉴스들이 많은데 내가 관련 지식을 쌓아서 이 주제에서 좀 더 당당할 수 있었으면 좋겠다고 생각했어요. 그래서 공부할 겸 글도 쓰자는 마음으로 주제를 선정했습니다.

김삼향   저 같은 경우는 자유학년제와 영재교육에 대해서 이슈 리포트를 썼는데, 현재 하는 일을 좀 더 면밀히 살펴보고 정리하면 좋겠다고 생각해서 선택하게 되었어요. 그러다 보니 조금이라도 학교에 도움이 되게 일하려고 노력했던 거 같아요. 자유학년제와 영재교육은 표면적으로는 잘 정착이 되었지만, 함께 고민할 부분이 참 많았습니다. 특히 자유학년제는 중학교 전체 교육과정의 틀 속에서 총체적으로 연계해야 하는지에 대한 것, 영재교육의 경우는 구조적인 틀을 다시 설계해야 하지 않을까, 그런 생각을 많이 했습니다. 제 위치에서는 무엇을 할 수 있는지 많은 고민을 이어가는 중입니다.

명인희   저는 **학교폭력**과 **자사고 외고 폐지 논란** 관련해서 살펴봤는데요. 이 문제를 살펴봤더니 모두를 힘들게 하는 것은 정책 때문이더라고요. 두 개의 이슈 리포트를 쓰면서 느낀 것은 정책의 힘이 이렇게 큰 것이구나. 그래서 정책은 선한 의지를 가진 사람들이 올곧은 생각으로 먼 미래를 보면서 해야 하는 거구나, 하는 것을 크게 깨달았어요.

주주자　**고교학점제**는 계속 공부해왔어요. 작년에 고민했던 것 중 하나가 학점제가 이제는 어떤 학사 제도 혹은 교육과정 운영 원리 이런 게 아니라 어떤 사람, 학생이라는 어떤 실천적인 사람을 대상으로 하는, 학생 본인에게는 중요한 인권의 문제일 수 있겠다는 거예요. 그러니까 이것은 내가 해줘도 되고, 안 해줘도 되는 것이 아니라 어떤 학생들을 위해서 우리가 반드시 해야 하는 의무로 접근을 하고 싶었어요. 성취 수준의 질 관리가 제대로 될 수가 있을까, 성적 부풀리기 없이 많은 학교가 교사별 평가를 했을 때 그것을 신뢰받을 수 있을까에 대해 계속 고민을 했어요.

독자에게 하는 기대

홍섭근　저는 선생님들이 교육전문가라고 자신 있게 얘기할 수 있었으면 좋겠어요. 그러려면 사실 어떤 것에 대한 히스토리를 알아야 해요. 현재의 문제를 안다는 것은 과거의 히스토리를 알고 미래를 예측할 수 있다는 거거든요. 그래서 선생님들이 교육전문가라면 그냥 자기들 스스로 위안만 하실 게 아니라 외부에 그 주제에 대해서 적어도 한두 시간 이상은 자신 있게 얘기할 수 있는 사람이 돼야 하는 거예요. 전문가는 말과 글이 가능해야 해요. 혼자 얘기한다고 되는 게 아니라, 말과 글로 인정을 받아야 하는 거예요. 그래서 저는 선생님들이 집필 활동도 많이 하고 강의도 많이 다니고 해야지, 교실 안에서 학생들한테 지시만 하는 존재가 되지는 않았으면 좋겠어요. 앞에서도 얘기했지만, 정책이라는 것이 현재의 흐름이잖아요. 교육의 흐름이에요. 그러면 정책에 관해서 관심을 가진 사람은 지금 현재는 장학사, 장학사를 준비하는 사람, 교감, 교장 정도예요. 아주 제한적이죠. 그들도 그 자리에 오른 이후에는 진지하게 공부하는 사람은 많지 않아요. 저는 교육자라면 계속 현재진행형으로서 사람들이 공부해나갔으면 좋겠다고 생각해요. 제가 독자에게 바라는 건 이 공부가 어렵다, 재미없다가 아니라 나의 삶, 다시 말해 교육자의 삶에 좀 더 적극적인 관심을 가졌으면 좋겠다는 거예요.

김영자 저는 이 책을 모든 교사가 읽어야 한다고 생각해요. 신규교사나 경력교사나 똑같은 교육을 하고 있거든요. 그래서 난 신규라서 몰라, 난 경력이라서 다 알고 있어 같은 관점은 옳지 않은 것 같아요, 전체 교사가 읽었으면 좋겠어요.

명인희 자존감을 가지고 학생을 만나기를 원하는 선생님이 읽었으면 좋겠어요. 그래서 그 선생님들한테 위로가 되었으면 좋겠어요. 지금 내가 헤매고 있는 것은 내 잘못, 내가 미숙해서가 아니라 좀 더 본질적인 문제 때문에 내가 지금 힘든 거다. 그래서 함께 문제의식을 공유했으면 하는 생각이에요.

김삼향 대부분 교사가 입장이 같을 거라서 모든 교사가 읽었으면 좋겠고, 학부모님들도 어떻게 보면 아이들을 지도하는 교사일 수 있거든요. 그래서 학부모님들도 함께 꼭 읽어줬으면 좋겠다고 생각해요. 선생님들이나 학부모님들이나 마찬가지일 건데 뭔가 한 번쯤 주춤거렸던 시간이 있을 것 같아요. 뭔가 내 의지로 되지 않는 불편함 그런 것들이죠. 거기서 끝나지 말고 이 책을 읽고 그런 고민을 함께하고 있다는 걸 느꼈으면 좋겠어요. 학교에서 그런 고민이 있어도 또 물어봐도 누구 하나 답변해줄 사람이 많지는 않았을 것 같거든요. 그래서 이 책을 통해서 그런 궁금증이나 불편함에 대해서 어떤 실마리를 풀어갔으면 좋겠어요. 그래서 현장을 바꿔가는 데 함께할 수 있는 실마리가 될 수 있는 그런 가능성을 열어줬으면 좋겠습니다.

장지혜 저는 교실 속에서 무기력했던 교사들이 이 책을 보면 어떤 실마리를 찾을 수 있지 않을까 해요. 그리고 교실을 벗어나서 큰 그림을 보고 싶고 정책에 관심이 있는 분들이 보면 좋을 것 같아요. 이 책에 모든 궁금증에 대한 답들이 적혀 있지는 않아요. 독자 분들이 책을 보고 나서 '이건 더 알고 싶다' 하는 부분에 대해 본인들이 더 공부하게 되는 계기가 되었으면 좋겠습니다.

임재일 저는 김삼향 장학사님과 의견이 비슷한데 처음에는 교사 대상으로 쓰는 게 맞는다고 생각이 들다가 영어교육이 학부모하고 민감하게 맞물려 있고 정책에 큰 영향을 줄 수 있어서 교사들이나 학부모나 정책을 하는 사람들이 봤으면 좋겠다는 생각이 들었습니다. 정책을 하시는 분들도 일반교양으로 읽어보면 좋지 않을까 합니다.

주주자 저는 교육계 종사자들이 전반적으로 읽어봤으면 좋겠어요. 우리가 쓴 것들이 하드한 주제도 있고 소프트한 것도 있고 다양하잖아요. 저는 집단지성을 믿는데 어떤 사람이든지 경험치들이 다양해서 뭐를 읽고 나서 그 안에서 통찰력이나 상상력은 그 사람들의 몫인 것 같아요. 그래서 관심사나 주제에 따라 책을 읽다가, 아무튼 상상력이나 통찰력을 발견할 수 있으면 좋겠어요.

교육정책에 대해 의견을 제시한다면? 교육계는 어떻게 변화할 것 같은가?

홍섭근   지방정부라는 표현이 나올 정도잖아요. 이제 국가 중심의
방식에서 벗어나서 지방분권으로 가겠다, 하는 상황이에
요. 시·도교육청이 상당히 진화하고 있는 상황에서 교육
부나 중앙정부가 따라가기가 힘들단 말이에요. 학교나 지
역의 상황에 맞게 적용하기가 힘들어요. 그래서 저는 중앙
정부나 교육부나 최소한의 방향성 정도만 제시하는 게 맞
는다고 생각해요. 지금 국가교육위원회의 얘기가 사실은
그런 거잖아요.

     학령인구가 감소하고 경제상황도 안 좋다며 불안하게

얘기하는데, 전 오히려 미래사회가 더 좋을 수도 있다고
봐요. 위기는 곧 기회니까. 학령인구가 줄어들면 유·초·
중등교육 쪽에서는 일시적으로는 타격을 입을 수밖에 없
을 거예요. 왜냐면 교원 숫자가 구조조정되어야 할 상황이
언젠가는 올 수도 있잖아요. 그건 저는 아까 말씀드렸듯
위기가 곧 기회로서, 어떤 시스템에 대한 분화라든지 훌륭
한 교육과정이라든지, 이런 걸 만드는 학교에 사람들이 몰
리고 그 지역은 아이들을 더 많이 낳고 이럴 수 있거든요.
그만큼 교사나 학교에 많은 권한을 줘서 다양하게 분화돼
서 진화할 수 있도록 계기를 만들어주는 것이 우리의 역할
이 아닐까, 이런 생각도 들어요.

김영자　저는 중앙정부나 교육청 교육정책 가장 중요한 것은 학생
에 기초한 인간 중심의 사람이 중요한 정책을 펼쳤으면 해
요. 근시안적으로 가지 말고 미래교육은 미래사회가 불안
정하니까 같이 가야 한다고 생각하는데, 그래서 교사들이
창의성을 발휘해서 학생 교육을 할 수 있게끔 변화되어야
하지 않을까, 좀 더 능동적으로, 갇혀 있지 말고 좀 더 넓은
관점으로 그렇게 교육을 하는 것으로 준비하셔야 하지 않
을까 싶습니다.

명인희　정책을 할 때는 아까도 얘기했지만 선한 의지를 갖추고 학

생과 학교를 중심에 두고 해야 할 것 같아요. 그리고 앞으로 교육계는 교사의 역량이 더 중요할 것 같아요. 국가 수준의 획일적인 것들이 아니라 교사별 교육과정으로 가니 교사들의 역량이 더 중요할 수밖에 없고 그 과정에서 교사들의 역량은 결국 동료성에서 나올 수밖에 없을 것 같아요. 점점 교사학습공동체는 더 견고해지지 않을까, 그리고 그렇게 되어야 하지 않을까 하고 생각합니다.

김삼향 그동안 교육정책의 방향이 상명하달이었잖아요. 그러다 보니까 여러 가지 부작용이 많았고, 또 지금 교육수요자들의 요구나 다양성이 너무 방대해졌기 때문에 일괄적인 흐름으로는 그것을 만족하게 해주는 것은 어렵다고 봐요.

앞으로 미래교육의 방향성도 그렇게 교육 수요가 다양해지고 다양한 사회 변화를 반영해야 하다 보니까 뭘 배워야 할지에 대한 고민이 다시 본질적으로 이뤄져야 할 것 같고, 시간적인 것도 고민이 될 것 같아요. 그럼 지금 청소년기에만 배워야 할까 하는 그런 시대는 조금 벗어난 것 같아요. 시간, 그럼 학교라는 곳에서만 배워야 될까 하는 공간의 문제도 마찬가지죠. 학교 교육의 미래의 모습이 굉장히 많이 변할 것 같거든요. 그랬을 때 교사들은 어떻게 해야 할까를 들여다보면 제일 중요한 것이 교육과정 재구성하고 자신만의 전문성을 가져야 할 텐데, 그것이 지식만을 가르치는 그런 전문성이 아니라, 창출을 할 수 있는 그런 역량인 것 같아요. 교과전문성도 중요하겠지만 코칭이나 퍼실리티라든가 그런 역할을 해주는 교사들의 모습이 더 있어야 하지 않을까 생각이 듭니다.

장지혜 저는 최근 중앙정부나 교육청 교육정책이 학부모를 포함한 국민의 의견과 따로 가는 것 같다는 느낌을 받았어요. 교육부나 진보적인 교육감이 있는 그런 교육청에서 어떤 정책을 한다 했을 때 반응들이 별로 그렇게 좋지 않은 거예요. 포털의 댓글들을 보면 교육정책에 대한 오해들이 많더라고요. 입시가 해결되지 않는 한 이 오해들을 해소하기 쉽지 않겠죠. 그래도 미래교육에 희망이 살짝 보이는 건 인구가 감소하고 있잖아요. 모두가 취직 걱정에서 벗어나고 일손이 한 명이라도 더 귀해지는 시대가 오면 좀 자연스럽게 해결될 수도 있지 않을까 해요.

임재일 인구학적 변동이 생겨 인구가 줄어든다면 수능도 계속 선별할 수 있는 평가체제로 갈 건가, 그게 아니라고 했을 때 그 절차적·방법적 지식이 정말 제대로 뽑힐 수 있는 시대가 정말 올 수 있다고 미래교육을 예측하고 싶어요. 아까 역량 기반의 교육과정들이 나오고 그게 습득되기를 우리가 기대하고 있는데, 저는 영어 공부하면서 굉장히 창의적으로 사람이 변했거든요. 다양한 이름들, 상황들, 문화에 접근하면서 알게 된 그런 모습에 창의성의 역량이 있었고, 그 안에서 다른 사람과 언어로 의사소통해야 하는 의사소통역량이나 공동체 역량도 있었고, 주어진 지식을 정보처리해야 되는 지식정보처리 역량과 이게 제 꿈과 연결돼서 여기까지 왔거든요. 자기관리역량도 마찬가지고요. 영어영문학과를 나와서 그런지 감수성 역량도 아주 많고요. 영어에 핵심역량이 다 있다고 보이는데, 놀이 중심이고 활동 중심이고 체험 중심으로 그렇게 융합적으로 접근할 수 있는 쉬운 교과일 수도 있다. 삶으로서 느껴지는 생활의 언어로 접근한다면 이 영어교육은 미래교육에 굉장히 괜찮은 교과 중의 하나가 되지 않을까 생각이 들었어요.

　마지막으로 드리고 싶은 말은 중앙 정부나 교육청에서 추진하려는 교육정책이 있다면 이런 의견을 전달하고 싶어요. 뭐 하나 고장 났다고 해서 그걸 고쳐내는 그런 고장 난 차나 난파된 배가 아니라 고장 난 차가 달리게 할 수 있는 도로를 만들어줘야 할 것 같고 난파된 배가 움직일 수 있는 바닷물을 가져다줘야 한다고 생각해요. 하나만 고쳐서 될 문제가 아니라 정책은 여러 가지 복잡한 내용을 충분히 움직이게 해줘야 하는 게 중요한데 그런 토양과 토대를 만들어주는 것이 윗선에서 해줄 수 있는 거죠. 아까 말한 것 중에 선한 의지란 말이 참 좋은 것 같아요. 요즘 말하는 유명한 용어 중에 public interest가 굉장히 중요한데 그게 아까 또 말씀하신 인간 중심인 것 같기도 하고, 그런 기류로 가는 게 좀 좋지 않을까, 그래야 배나 자동차가 고쳐져서 잘 달릴 수 있지 않을까 하는 생각입니다.

주주자 저는 교육정책 담당자의 역량이 정말 중요하다는 사실을 알았어요. 저도 사회 쪽을 전공해서 구조가 중요하다, 틀이 중요하다, 법이 중요하다 하지만 사실은 다 개인의 역량에 따라 그 모든 것을 뛰어넘을 수 있거든요. 단기적으로는요. 그런데 그 역량이라는 게 단순한 지식역량이 아니라 예를 들면 관계역량 아까 말씀하신 공공성, 교육의 공공성, 아니면 교육의 본질, 사람에 대한 어떤 가치와 철학을 바르게 가진 거죠. 그래서 정책을 입안하고 실행하는 사람의 역량이 정말 중요하다고 생각해요. 플라톤이 주장한 '철인 정치'가 있잖아요, 저는 왜 그렇게 사람에 의지를 많이 했나 했는데, 지금 보니까 정말 중요하더라고요. 정책을 실행할 때, 사람들한테 신뢰도 주고 뭔가 한다는 제스처를 줘야 사람들이 움직이고 변할 수 있잖아요.

그다음에 미래교육을 예측하면, 저는 다양화가 키워드 같아요. 우리 사회가 저출산이다 뭐다 결국은 지속가능하려면 외국인이 오든 다문화인이 오든 우리 사회가 다양화가 될 것 같고, 그렇다면 지금과 같은 이런 교육은 안 되죠. 우리 교사 역할이 지금과 같은 교과교육만으로는 안되고 정말 다양해져야 해요. 지위나 직위가 아니라, 교사의 종류가 다른 거예요. 여러 유형의 교사가 되면 전체 교육 중 특정 부분을 담당했을 때 민첩하게 갈 수 있지 않을까 생각했어요.

앞으로 다루고 싶은 주제 및 자신의 향후 활동 계획

홍섭근 계속 쟁점이 되는 주제들이 있잖아요. 그 시기에 핫한 주제들이 있는데 대부분은 교사들이 분노하고 가라앉고 잊어버려요. 망각해버려요. 그래서 그 시기에 그 일이 일어났을 때 왜 이 일이 일어났을까에 대한 적극적인 팩트 확인에서부터 시작해서 그 일이 일어나지 않기 위해서, 또 이걸 해결하기 위해서 대안 같은 것들을 우리가 계속해서 고민하면 좋겠어요. 이게 쌓이면 책도 낼 수 있지만, 한 5년 정도 후면 정말 이 분야의 전문가가 되는 거죠. 제가 단독저서는 2016년에 『공교육은 왜』를 쓰고 이제 더는 안 쓰려고 했어요. 그런데 2019년 초에 시간이 나면 한 번 더 단독저서를 내볼까 생각하고 있어요.

김영자 저는 2019년이 반반으로 나뉘게 되는데 2분의 1은 교육혁신지구, 혁신지구 마무리를 하려고요. 제가 1년 동안 고민했던 그런 과제 중에 '지역거버넌스 구축'이 있어요. 그걸 좀 해놓고 싶어서 관련 공부를 할 거예요. 또 하나는 영어교육이 좀 미약해지면서 교사 연수가 좀 약해져 있죠. 제가 석사 논문을 못 썼기 때문에 그걸 주제로 논문을 써보려고 해요. 현시대에 초등학교의 영어 교사 연수를 어떻게 하는 것이 가장 바람직한 건인가, 파행적으로 운영되지 않기 위해서는 어떻게 해야 하나, 이 두 가지로요.

명인희 저는 개인적으로 계속 성장하면 좋겠어요. 2018년 2.0이 되었으니 우리 소모임과 함께하면 2019년에 3.0이 될 수 있지 않을까요? 그다음에 또 하나는 잘 다듬어진 정책들이 학교에 안착해서 학생이 행복하고 선생님이 자존감을 가지고 학교생활을 할 수 있고, 또 학부모님은 학교를 신뢰할 수 있었으면 좋겠어요. 그러기 위해 내가 할 수 있는 역할이 뭘까에 대해서 학습하면서 일하려고 합니다.

김심향 저희가 현장에서 고민하고 힘들어하고 궁금해하는 부분들에 대해서 소통하면서 시작이 됐었잖아요. 그래서 부족하지만 책을 쓰면서도 기분이 끝까지 좋았어요. 보람도 있었고요. 그런데 2019년에도 저희 소모임이 계속된다고 하니까 같은 방향으로 했으면 좋겠는데 단지 조금 더 추가하고 싶은 것은 2018년에는 주제를 저희가 선정하고 저희 나름대로 제안해서 진행했었잖아요. 그런데 현장 학교 선생님들이 더 궁금해하고 아주 작은 범위의 주제일지라도 더 답답해하는 부분은 또 다를 수도 있을 것 같거든요. 또 학부모님 측면에서도 다를 수 있지요. 그런 주제를 받아 공부하면 더 도움을 줄 수 있지 않을까 생각합니다.

장지혜 저는 2019년도 학교에서 별 사고 없이 무사히 보냈으면 좋겠다는 생각을 했습니다. 그리고 대학원 준비를 하는 중이에요. 대학원을 결심하게 된 데는 정책팀 소모임 활동이 한몫했어요. 공부할수록 더 깊이 공부하고 싶더라고요. 지금은 선생님들이 말씀하시면 아는 것이 없으니까 다 맞는 말 같고 고개만 끄덕이고 있는 것 같거든요. 더 공부해서 어떤 주제에 대해 들었을 때 저의 것으로 나름 소화할 수 있는 역량을 쌓았으면 좋겠어요. 그리고 실은 저도 힘든 신규교사 시기를 거치면서 생각을 정리하고 또 후배들한테 알려주고 싶은 걸 책으로 쓰려고 하고 있어요. 시중에 신규 시절에 했던 고민이나 신규교사 입장을 다룬 책이 없더라고요. 10년, 20년 차의 경력교사가 쓴 학급경영법에 관한 것만 있거든요. 막 교직에 발 디딘 이들을 위해 저경력 교사로서 느끼는 현장의 실질적인 이야기를 다룬 글을 쓰고 싶어요.

임재일 한 해를 돌이켜봐야 다음 해가 나오는 것 같더라고요. 저는 2018년을 이렇게 살 줄 몰랐어요. 정말 빨리 지나갔고, 대신 밀도는 있었던 것 같고, 조금 건조한 것도 있었죠. 저는 팔방미인이 된 것 같아요. 다방면을 알지도 못하는 제가 알게 되었거든요. 2018년도는 정말 부단히 바쁘게 살았던 것 같고 그게 성장으로 좀 환원된 게 있어서 만족감을 많이 느끼고 있습니다. 그렇게 살면서 저도 느끼지 못하는 속도가 생겼어요. 빨리 초고를 쓴다든지, 하루에 두세 건씩 일이 있는데 그것에 부담을 느끼지 않고 소화를 해내게 되더라고요.

　제가 하나 하고 싶은 것은 책을 쓰는 거예요. 제가 영어영문학과 출신이었는데 교육학과 복수전공을 했거든요. 그래서 중등 교사들도 많이 알고 있다가 초등에 와서 초등교육을 하고 석사 때 초등교육을 전공한 다음에 교육과정으로 박사를 왔어요. 그다음에 교육정책모임에 온 건데, 교육정책 중에 가장 관심이 있는 게 시민교육, 특히 민주시민교육이에요. 이런 흐름을 다 엮었을 때 이걸 묶어서 제가 말할 수 있을 게 뭘까 했는데 책 제목이 나오더라고요. '학생을 사랑한다는 건'이라고 제목을 쓰고 싶어요. 지금까지 말했던 제가 쓸 수 있는 내용과 삶의 경험과 주변

에 있는 간접경험들을 집대성해보는 거죠. 책을 쓰는 것은
아직 그렇게 능통하지 못해서 많이 배우고, 2년 계획으로
잡고 쓰고 싶어요.

교육정책 스포트라이트

vol. 1

2019년 1월 28일 초판 1쇄 발행
2021년 11월 5일 초판 2쇄 발행

지은이   교육정책디자인연구소 정책팀
펴낸이   이형세
책임편집   윤정기
교정교열   김성수
디자인   강준선
인쇄제본   제이오엘앤피
펴낸곳   테크빌교육(주)
주소   서울시 강남구 언주로 551, 프라자빌딩 5층·8층
전화   02-3442-7783(333)
팩스   02-3442-7793
ISBN   979-11-6346-009-1 13370
정가   15,000원

이 도서의 국립중앙도서관 출판예정도서목록(CIP)는 서지정보유통지원시스템
홈페이지(http://seoji.nl.go.kr)와 국가자료공동목록시스템(http://www/nl/
go/kr/kolisnet)에서 이용하실 수 있습니다. (CIP제어번호:CIP2019001695)